LA MUSA HERMANA

ESTUDIOS SOBRE LA CREACIÓN LITERARIA BILINGÜE

LA MUSA HERMANA

ESTUDIOS
SOBRE LA CREACIÓN LITERARIA BILINGÜE

Jordi Julià y Dolors Poch, eds.

UNIVERSITAT DE VALÈNCIA

NEXUS

18

© De los textos: los autores y las autoras, 2024
© De esta edición: Universitat de València, 2024

Coordinación: Maite Simón
Maquetación: Celso Hernández de la Figuera
Diseño de cubierta: Celso Hernández de la Figuera
Corrección: David Lluch
ISBN: 978-84-1118-458-8
Depósito legal: V-3979-2024
Impresión: Safekat, S. L.

ÍNDICE

Prefacio, *Jordi Julià y Dolors Poch* 9

Sueño y realidad de los estudios ibéricos, *Joan Ramon Resina* 19

Conceptualizaciones y metáforas de la diversidad literaria ibérica, *Santiago Pérez Isasi* ... 29

Origen y estilo de *Misterio de Quanaxhuata* de Josep Carner: una obra de teatro en español, *Jordi Julià* ... 49

«Sesenta pesos de delirio»: el cuento mexicano de Avel·lí Artís-Gener, *Sílvia Mas i Sañé* ... 77

Fenómenos lingüísticos de contacto entre español y catalán en las creaciones literarias, *Cristina Illamola* ... 99

Las dos voces de Joan Margarit: la creación poética en catalán y en castellano, *Dolors Poch Olivé* ... 121

La experiencia autotraductora de Quim Monzó: de *El millor dels mons* (2001) a *El mejor de los mundos* (2002), *Margarita Freixas Alás* ... 147

El plurilingüismo en la obra de Ponç Pons, *Andrea Pereira* ... 167

La escritura bilingüe, o cómo contar historias en dos lenguas, *Lluís Oliván Sibat* 185

La poesía con disparador: sobre lenguas, escritura y traducción (entrevista a Marta Pessarrodona), *Jordi Julià y Dolors Poch* ... 201

La forma siempre es monolingüística: creación literaria y traducción (entrevista a Fabio Morábito), *Jordi Julià y Dolors Poch* ... 229

La ficción es imbatible: sobre escritura narrativa bilingüe y autotraducción teatral (entrevista a Sergi Belbel), *Dolors Poch y Jordi Julià* ... 257

Colaboraciones ... 277

PREFACIO

Jordi Julià
Dolors Poch
Universitat Autònoma de Barcelona

Con motivo del Congreso de la Lengua Catalana de 1906, el poeta mallorquín Joan Alcover (1854-1926) pronunció un discurso en el Ateneo Barcelonés en el que expuso sus experiencias como escritor, y evocó cuando en su juventud empezó a elaborar poesía a imagen de las creaciones que de muy joven había leído en una antología titulada *Pensil de las musas castellanas*. Aunque no creyó necesario recordarlo, por entonces ya contaba en su haber con cuatro libros de versos en castellano, alguno de los cuales vio la luz tras haber ejercido de diputado a Cortes, entre 1883 y 1885, por el partido liberal de Antonio Maura: *Poesías* (1887), *Nuevas poesías* (1892), *Poemas y armonías* (1894) y *Meteoros* (1901). En dicha conferencia, destacó que en un pasado había preferido la lengua española, y se había dejado seducir por la Musa del ingenio, de la invención, de la gracia y de la fantasía, prefiriéndola a la Musa del sentimiento, que permitía las francas expansiones del alma. Sin embargo, ya en su madurez, circunstancias personales trágicas –como la pérdida de algunos de sus hijos y de su esposa– le hundieron en una crisis de dolor personal que repercutió en su creación y derivó en un cambio de lengua poética y en la necesidad de recuperar el catalán materno.

En el momento de pronunciar este discurso, Alcover ya había escrito algunos poemas en catalán, aunque su primer libro en esta lengua no apareció hasta 1909, bajo el título de *Cap al tard* (1909) –una expresión que alude al final del día y que también cabe relacionar con la etapa vital de escritura de los poemas, «en la edad madura», como se indica en la nota que abre el volumen–. El primer poema del libro, titulado «La llengua pàtria», es un comentario a este cambio de lengua literaria, pues se inicia aclarando que «A la musa castellana | mos anys millors he donat», sin dejar de querer a «una altra musa germana»; pero en el momento presente, en el otoño de su existencia, cuando ha cedido lo mejor de sí mismo a la lengua española, se pregunta si podrá dar algo a su lengua materna, la cual, sin embargo, es la única que puede llegar a la raíz de su corazón. La composición concluye con una alusión bíblica: «Si altra esposa fou ma Lia, | ella serà ma Raquel». Alcover se presenta como un nuevo Jacob, quien –engañado por su tío Labán– acaba aceptando a Lía como esposa, cuando a quien deseaba era a su hermana Raquel, y al final –después de siete años más de trabajos– acabará casándose también con ella. Así pues, al cabo del tiempo y sin desmerecer su dedicación a la lírica española, Alcover acabará convirtiéndose en poeta catalán, y alcanzará un renombre que no había conseguido del todo dentro del canon español.

La musa hermana, una expresión inspirada en el citado verso de Joan Alcover, da título a un volumen que se ocupa de las producciones de escritores que han dominado, como mínimo, dos lenguas y que han querido dejarse inspirar literariamente por más de una musa, por una *musa hermana*, puesto que muchos de estos autores son bilingües. Circunscrito a las lenguas de la península ibérica, y en especial a las relaciones entre el español y el catalán –sin menoscabo de otras relaciones lingüísticas y literarias que implicaban, al menos, a uno de estos idiomas–, el ámbito de estudio del libro se ha centrado en el contacto de lenguas de un mismo territorio –aunque de sistemas literarios diferentes– y, en especial, en el proceso creativo de hablantes bilingües que, en algún momento, han abandonado su lengua de escritura para crear en otro idioma, o bien que escriben literariamente en dos o más lenguas a la vez, sin problema alguno. También el ámbito de la traducción y de la autotraducción ha sido abordado tangencialmente a lo largo de estas páginas, aunque sin que cobrara una importancia destacada, solo como muestra de las implicaciones que la escritura literaria por parte de creadores bilingües puede alcanzar.

La creación literaria es especialmente compleja e interesante en el ámbito de una sociedad bilingüe. El escritor bilingüe tiene que decidir, siempre, en qué lengua expresarse, y en esta decisión tienen un peso decisivo factores como el perfil lingüístico del autor: qué lengua, o lenguas, utiliza en el ámbito de las vivencias personales; en qué lengua, o lenguas, ha recibido su formación académica y qué influjos culturales ha tenido; cuál es su propia visión del bilingüismo en el que está inmerso, cuáles han sido sus influencias literarias o qué estímulos e incentivos han determinado la escritura (como publicaciones, premios, etc.). Además, se dan también numerosos ejemplos de autores que escriben a la vez en las dos lenguas del contexto –en castellano y en catalán en este caso–. Así, son varios los factores que tienen un peso importante en la creación literaria en un contexto bilingüe. El texto producido por los escritores que viven en una situación de este tipo tiene unas características lingüísticas y estilísticas propias que lo diferencian de las obras literarias producidas en zonas geográficas monolingües, es decir, el código en el que se expresan los escritores no es idéntico al utilizado por creadores monolingües. Además, el hecho de tener acceso directo a una tradición lingüística y literaria diferente de aquella a la que puede acceder un escritor monolingüe (quien podría hacerlo a través de traducciones, es decir, gracias a una selección previa, de segunda mano, y mediante una lengua de acceso) también condiciona la idea de literatura y de cultura que moldea la imaginación y la escritura del creador bilingüe. Y, en relación con este tema, no debe dejarse de lado el problema de la traducción, pues con toda seguridad es distinta la forma en que abordan las versiones de una obra los traductores bilingües a la forma en la que lo hacen los traductores monolingües. Y en el caso de la autotraducción, frecuente en autores que escriben en contexto bilingüe, puede observarse que, para algunos creadores, la traducción es, realmente, una reescritura de su propio texto. Finalmente, en el ámbito de la recepción, debe tenerse en cuenta también la resonancia obtenida en el lector por los textos literarios en ese contexto y la consideración que obtienen desde la perspectiva del canon.

En comparación con el gran interés que reviste el caso del contacto de lenguas en Cataluña y con la amplia bibliografía existente desde una perspectiva lingüística, sociolingüística, educativa, sociológica o lingüística, los estudios literarios sobre este tema no son tan abundantes. Uno de los motivos principales de ello es el hecho de que los diferentes sistemas literarios (articulados alrededor de una única lengua, una cultura y una sociedad) son concebidos como conceptos estancos, de manera que, a la hora de establecer una reflexión sobre estos sistemas literarios o una proyección externa, estas se llevan a cabo separadamente, y casi excluyéndose mutuamente, o bien dejando de considerar aquellas producciones que son susceptibles de pertenecer a otro sistema literario. Son pocos los escritores bilingües que alcanzan una distinción máxima en los dos cánones, y nunca se suele estudiar la producción de estos autores en una lengua diferente, silenciando la distintividad de su bilingüismo, y casi nunca analizando si escribir en otra lengua conlleva solo el uso de un código lingüístico diferente (como en los casos de Josep Pla y Joan Margarit) o implica una nueva concepción estética, no solo estilística sino también imaginativa (como sucede en las obras de María Beneyto y de Pere Gimferrer).

Algunas de estas cuestiones fueron las que desde las aulas de la Universitat Autònoma de Barcelona nos propusimos abordar a principios de 2020. La normalidad que ha recuperado la situación actual nos hace olvidar con demasiada rapidez la anomalía que se vivió durante el estallido de la pandemia de la covid-19 durante gran parte de 2020 y de 2021. La noticia de la inevitable expansión de la epidemia se produjo durante los primeros meses de 2020 y ello vino a coincidir con el inicio del segundo cuatrimestre del curso 2019-20, y representó el cierre de la universidad y el confinamiento de profesores y alumnos en sus casas, impidiendo el desarrollo de la docencia presencial y obligándonos, de un día para otro, a asumir el modo virtual y la telepresencialidad como las únicas posibilidades de llevar a cabo una formación de calidad, a pesar de tener que renunciar a la inmediatez, a la espontaneidad, a la comunión en el aula y, en algunos casos, a una concentración que proporcionan algunos espacios consagrados a un uso específico y concreto, y que condicionan la actitud y el proceder de quienes los ocupan. A sabiendas de que aquel curso había quedado malherido, y de que quizá esa pandemia se prolongaría más allá de aquellos meses iniciales de 2020, desde la coordinación de dos másteres de nuestra universidad decidimos que, además de ayudar a profesores y docentes a desarrollar sus quehaceres habituales, podía ser interesante preparar algunas actividades que contribuyeran a la formación del alumnado, y que suplieran las actividades complementarias de las que se benefician los miembros de una comunidad universitaria de campus, como lo es dicha institución pública. Por esta razón, los coordinadores del máster oficial en Lengua Española, Literatura Hispánica y ELE y del máster oficial en Literatura Comparada: Estudios Literarios y Culturales, decidimos diseñar un ciclo de conferencias con temas complementarios a los dos programas de estudios, de los que se pudiera beneficiar todo el alumnado de tercer ciclo del Departamento de Filología Española. Creímos que el tema del contacto entre lenguas, de la creación literaria y de la traducción podía ser del interés de todos nuestros alumnos y nos pusimos en contacto con profesores de nuestro centro y de otras universidades para que colaboraran con nosotros a la hora de ofrecer estas lecciones *on-line*, y que, con su formación, proporcionaran diferentes perspectivas de estudio que permitieran abrir un abanico de conocimiento y de posibilidades de reflexión paralelas a los estudios reglados en los que los alumnos estaban matriculados. Este ciclo de conferencias que se inició a mediados de 2020 tuvo una continuación en el primer cuatrimestre del curso 2021-22, y también a inicios del segundo, ya con algunas intervenciones que, afortunadamente, pudieron tener lugar presencialmente en el aula.

Aunque lo más habitual en un ciclo de conferencias es contar con académicos de reputado renombre, en este caso recurrimos a colaboradores habituales de nuestros másteres o de nuestros proyectos de investigación –interesados en algunos de los temas planteados–, con el objetivo de poder disponer de su tiempo, de sus energías y de sus conocimientos. Asimismo, quisimos diseñar un programa un tanto diferente y combinar la conferencia universitaria con la *master class* ofrecida por los propios escritores, quienes podrían proponer una visión un tanto diferente, pero no por ello menos complementaria, a los discursos más académicos. Por ello, el índice de este volumen combina los estudios sobre temas y autores diversos (siempre centrado en el contacto de lenguas, la producción de autores bilingües, etc.), a cargo de profesorado universitario, con la presencia de escritores bilingües que han escrito en más de una lengua o han ejercido de traductores.

Por el hecho de hallarnos en Cataluña, y de tener una buena parte de alumnos que procedían de esta zona bilingüe del Estado español, quisimos contar con escritores que vivían en un contexto donde conviven dos lenguas, como el catalán y el castellano, y que pudieran exponer su experiencia de hablantes de dos lenguas, así como su proceso de elección (o no) entre ambas: este fue el caso de Marta Pessarrodona, Sergi Belbel y Lluís Oliván. El volumen no se centra, exclusivamente, en estas dos lenguas, puesto que quisimos contar con un reputado escritor como Fabio Morábito, narrador mexicano y traductor del italiano (su lengua materna), para así poder comparar experiencias entre contextos y lenguas diferentes.

Todos los participantes tuvieron libertad para enfocar un aspecto concreto de esta compleja y variada problemática sobre la creación literaria en contextos bilingües, y, en algunos casos, los escritores nos propusieron que se sentirían más cómodos ante un diálogo con nosotros, porque así creían que podían corresponder más adecuadamente a la invitación que les habíamos formulado, y en tres ocasiones se planteó la conferencia como una charla. Evidentemente, la buena disposición de los escritores en plena pandemia –y la mayor disponibilidad temporal de participantes y telespectadores– provocó que algunas entrevistas se prolongaran más allá de lo previsto; sin embargo, en ningún caso hemos querido cercenarlas, puesto que creemos que pueden ser de un alto interés, a pesar de que creen un desequilibrio entre otras aportaciones más académicas y ceñidas a la extensión temporal prevista.

La presentación de los trabajos incluidos en este volumen se ha basado, primordialmente, en dos criterios, uno referido a la naturaleza de la reflexión y otro que tiene en cuenta el objeto de estudio. Si bien en primer lugar se han colocado aquellos trabajos que ofrecían una visión más teórica del ámbito del estudio particular de los sistemas literarios de la península ibérica, a continuación se han dispuesto aquellas investigaciones centradas en una obra o diversas, teniendo siempre en cuenta el año de nacimiento del autor estudiado y, por esta razón, el primer artículo se ocupa de una obra de teatro de Josep Carner (1884-1970), escrita en español en su exilio mexicano, y el último expone las diferentes lenguas, además del catalán, que utiliza el poeta menorquín Ponç Pons (1956) para escribir sus poemas. Finalmente, se han reservado las páginas finales del volumen para incluir las intervenciones que diferentes autores nos ofrecieron: aparece en primer lugar la conferencia sobre la escritura bilingüe que lleva a cabo Lluís Oliván y cierran el volumen las tres charlas mantenidas con Marta Pessarrodona, Fabio Morábito y Sergi Belbel –siguiendo en este caso criterios cronológicos de ordenación, según la edad del autor–.

Así pues, aunque no haya distinción alguna en el índice ni se haya concebido un tomo con secciones diferentes, según la naturaleza de las colaboraciones que comprende, podríamos distinguir tres partes. Inicialmente, una teórica, integrada por dos artículos iniciales, que ofrecen un marco de estudio sobre las relaciones entre sistemas literarios que comprende la península ibérica. Inicialmente, Joan Ramon Resina recoge en su capítulo el surgimiento del concepto de estudios ibéricos en los departamentos universitarios de Estados Unidos, tradicionalmente dedicados al hispanismo. El desarrollo de la teoría literaria, con una mirada amplia que contemplaba las diversas literaturas que se desarrollaban en la península ibérica y los cambios sociales ocurridos durante las últimas décadas del siglo XX impulsaron una visión de conjunto que ponía de relieve las convergencias y las divergencias entre las diferentes tradiciones. Resina toma como referencia el modelo académico implementado en la Universidad de Stanford para evaluar las posibilidades de desarrollo de estos planteamientos en las instituciones académicas. A renglón seguido, el capítulo de Santiago Pérez Isasi tiene como objetivo ofrecer las respuestas que se han dado, a lo largo del tiempo, a dos cuestiones fundamentales: la primera de ellas es si existe en la península ibérica un único sistema literario complejo o bien un conjunto de sistemas literarios que presentan múltiples interacciones, y la segunda es si se sostiene en el pasado, diacrónicamente, esta relación entre sistemas literarios. Los datos recogidos en el trabajo conducen al autor a plantearse si sería posible reconsiderar el modo de conceptualizar la historia literaria de la península ibérica mediante un modelo descentralizado, multidisciplinar dividido en capas o estratos de conocimiento, y sin la necesidad de una voz de autoridad que legitime determinada narrativa, canon o metáfora.

Tras estos dos artículos teóricos y generales que proporcionan un marco epistemológico a los estudios de caso que siguen, una amplia segunda parte comprende seis análisis de creación bilingüe catalán-español por parte de profesores universitarios. En primer lugar, dos capítulos reflexionan sobre la esporádica producción española de dos autores catalanes exiliados en México en 1940. Jordi Julià se centra en la figura del poeta Josep Carner, quien compuso una obra de teatro titulada *Misterio de Quanaxhuata*, y detalla los motivos de escritura de esta pieza dramática en una lengua literaria que no era la propia ni la que se hablaba en España a mediados del siglo XX. Sílvia Mas, por su parte, se ocupa de la obra de otro exiliado catalán, Avel·lí Artís-Gener, quien en 1964 escribió en español de México el cuento «Sesenta pesos de delirio» –única creación literaria no escrita en catalán por Tísner–. Mas desgrana las razones que llevaron a este narrador a escribir este relato en español y analiza detalladamente sus aspectos lingüísticos. Como contrapunto a estas dos investigaciones, el siguiente estudio se ocupa de escritores españoles bilingües que han acogido en sus páginas préstamos del catalán. Cristina Illamola comenta los fenómenos de influencias mutuas que sufren las lenguas en contacto, la poca atención que recibe el registro literario (respecto al estudio de la lengua oral) y señala la necesidad de abordar el estudio de este: aporta ejemplos de diversas obras literarias de Juan Marsé, Manuel Vázquez Montalbán y Maruja Torres, y demuestra cómo el catalán ha penetrado en la escritura en español de estos tres autores.

Se cierra esta sección central de seis estudios de caso con tres aportaciones más sobre escritores catalanes que utilizan otras lenguas para escribir. Primeramente, Dolors Poch aborda la poesía de Joan Margarit, quien comenzó a escribir sus versos en español y luego pasó a escribir en catalán. No obstante, su caso es singular puesto que durante sus últimos años sostuvo que escribía sus poemas simultáneamente en las dos lenguas, y que no llevaba a cabo una autotraducción sino una doble creación. A través de la comparación de diversos poemas en español y en catalán y del análisis de distintos textos del poeta, se reflexiona sobre el significado del concepto de «escritura simultánea» en las dos lenguas. A continuación, Margarita Freixas estudia el único volumen de cuentos en el que Quim Monzó ha practicado la autotraducción: *El millor dels mons* (2001), *El mejor de los mundos* (2002). El escritor concibe la autotraducción como un proceso que debe ser lo más literal posible en el paso de una lengua a otra, y es muy interesante analizar el resultado de su escritura porque, en ocasiones, podría pensarse que realiza un ejercicio de «literalidad» extremo que conduce a frases que probablemente un hablante monolingüe castellano no utilizaría. La autora del trabajo señala que el propio Monzó, en algunas entrevistas sobre su autotraducción, confesó que la experiencia resultó agotadora y que no volvería a repetirla. Finalmente, Andrea Pereira estudia la producción poética de Ponç Pons, poeta menorquín en lengua catalana, su elaboración de un estilo propio –a medio camino del dialecto y de la lengua estándar– y la creación plurilingüe, puesto que Pons publica en sus libros poemas propios en otras lenguas, como por ejemplo el español y el portugués.

Un bloque final de textos, donde los mismos escritores toman la palabra, se abre con la intervención de Lluís Oliván, un narrador que escribe y publica cuentos y novelas tanto en español como en catalán. Oliván presenta su trayectoria y las razones que le han empujado a escribir en dos lenguas y después explica el proceso que le lleva a escoger uno u otro idioma para escribir una obra determinada. Asimismo, señala los condicionantes sociales y literarios que concurren en la elección de lengua, y subraya la riqueza que supone para un escritor poder utilizar diversos instrumentos de expresión, según las lenguas. Como ya se ha dicho, el volumen se complementa con la inclusión de tres textos de carácter diferente a los presentados hasta ahora, pues se trata de tres entrevistas sobre la creación realizadas a tres importantes autores que utilizan más de una lengua en su expresión literaria: Marta Pessarrodona, Fabio Morábito y Sergi Belbel.

En los tres casos las entrevistas comienzan pidiendo a los escritores que tracen su biografía literaria y sus relaciones con las lenguas que manejan haciendo hincapié en cómo las utilizan y cómo pasan de una a otra. Marta Pessarrodona, escritora y poeta catalana, nos resume su faceta de traductora al español y al catalán –del francés y, especialmente, del inglés–, de su bilingüismo y de la creación literaria. Fabio Morábito, nacido en Alejandría, vivió unos años en Italia y, finalmente, se instaló con su familia en México, y nos habla de sus relaciones con el italiano y con el español, de su experiencia como narrador y como traductor, al tiempo que reflexiona sobre estas actividades y sobre cómo concibe la escritura. Finalmente, Sergi Belbel aporta a este volumen una visión poco frecuente y, por ello, especialmente interesante: la de un dramaturgo y director teatral que, a menudo, traduce las piezas de otros autores para sus montajes. Además, en el momento de realizarse la entrevista, Sergi Belbel acababa de publicar su primera novela, *Morir-ne disset*, escrita en catalán, pero cuya acción se desarrolla en un contexto bilingüe y ello, por lo tanto, se refleja en la escritura –como puede apreciarse ya en la deliberada agramaticalidad del título de la obra–.

La musa hermana es el tercer volumen colectivo que los mismos editores consagran a los problemas derivados de la creación literaria bilingüe. El primero de ellos, publicado en esta misma editorial, se titula *Escribir con dos voces* (2021) y se centra en creadores que escribían en dos lenguas y que reflexionaban sobre las razones que les impulsaron a utilizar una u otra. En él se contemplan los casos de autores de la península ibérica, concretamente de los sistemas literarios asturiano, euskera, gallego y catalán, todos ellos en contacto con el español. El segundo volumen, *Salvar las distancias*, tenía como objetivo estudiar los casos de traducción y de autotraducción y presenta, además de varios capítulos de carácter general –donde asimismo los propios traductores reflexionan sobre su labor–, diversos estudios de caso acerca de cómo traductores y autotraductores han «salvado las distancias» existentes entre las lenguas que manejan. Así, los tres libros cubren diferentes ámbitos de estudio de un proyecto que, modestamente, se propone contribuir a ampliar el conocimiento sobre la creación literaria bilingüe, especialmente cuando las lenguas que entran en contacto son el catalán y el castellano.

Bellaterra, 16 de noviembre de 2023

SUEÑO Y REALIDAD DE LOS ESTUDIOS IBÉRICOS

Joan Ramon Resina
Stanford University

Han pasado más de doce años desde que el antiguo Departamento de Español y Portugués de la Universidad de Stanford cambió su nombre por el de Culturas Ibéricas y Latinoamericanas. No se trataba de un cambio meramente nominal; también implicaba un nuevo concepto de la disciplina. La idea de fondo era superar el parámetro de las filologías nacionales sin sacrificar la especificidad de las culturas impartidas en tanto que saberes institucionales. Es importante destacarlo, porque la estructura tradicional de los departamentos donde se ubicaba la enseñanza de estas culturas la constituía el tándem lingüístico del español y el portugués, que ya existía y sigue existiendo en muchas universidades de los Estados Unidos. Este régimen administrativo compartido por los dos idiomas estatales de la península ibérica invitaba a que algunas personas solo vieran en la idea de los estudios ibéricos una nueva rotulación de las viejas prácticas.

La propuesta, sin embargo, no era tan simple. Detrás había un par de décadas de reflexión sobre la historia de la disciplina y las fuerzas externas que habían configurado su *habitus* académico, así como las fuerzas emergentes que lo estaban modificando y que resultaban en una percepción interna de disciplina en crisis. Por coincidencia en el tiempo de dos procesos diversos, el mismo año en que la universidad aprobó el nuevo nombre del departamento se publicó mi libro *Del hispanismo a los estudios ibéricos: una propuesta federativa para el ámbito cultural*. Coincidían la propuesta teórica y su implementación institucional. La idea venía gestándose desde hacía una década, pero su aplicación generó cierto escepticismo e incomprensión, sobre todo entre hispanistas. Históricamente, la federación ibérica jamás tuvo posibilidades de realizarse. A finales del siglo XIX, suscitó ilusión en Cataluña, algún interés en Portugal y poco en España, excepto en las nacionalidades periféricas. La idea tuvo aceptación en el movimiento anarquista, aunque una aceptación peculiar, porque los anarquistas no tenían la diversidad cultural como prioridad y en la cuestión del idioma eran tan jacobinos como sus adversarios comunistas. En Portugal, uno de los historiadores y políticos más importantes de finales del siglo XIX, Joaquim Pedro de Oliveira Martins, entendía la federación ibérica exclusivamente en términos de los dos Estados existentes. El único intento de impulsar una federación en España lo gestionaron políticos catalanes durante la Primera República. La experiencia, presidida por Francisco Pi y Margall, duró solo tres meses, y acabó en golpe militar y restauración borbónica. En cuanto a Portugal, desde su condición de Estado, nunca ha considerado las regiones ibéricas que no lo son como realidades nacionales.

Pero lo que es imposible en política, no tiene por qué serlo para la cultura. Entendida antropológicamente como un sistema simbólico de carácter normativo, la cultura se refiere a la forma de existir de grupos humanos diferenciados, entre otros los que desde el siglo XVIII llamamos naciones. Pero entendida en un sentido más próximo a las humanidades, la cultura es un espacio de valores transversales, con dinámicas y vectores que atraviesan la particularidad de lengua y costumbres para sobrepasarla en el plano de los valores estéticos, filosóficos y morales; en el plano, podríamos decir, de la universalidad. En este sentido, que me atrevo a llamar civilizatorio por oposición a político, la cultura utiliza los sistemas simbólicos de cada sociedad, porque no hay cultura en abstracto, pero los emplea para expresar categorías estéticas y morales que, en la medida en que pueden ser reconocidas por todos, asumen la categoría de verdad. Podríamos definir la verdad como la abstracción que condensa experiencias asumibles por todos sobre la base de la experiencia de cada cual. Que la verdad sea reconocible por todo el mundo no significa que la experiencia no sea particular o que no lo sea el sistema simbólico que le da sentido. En tanto que aspira a propagar valores objetivos, la cultura busca la apertura que los griegos llamaban *apeiron* y la transparencia a que se refiere el evangelista con la parábola de la lámpara, cuando escribe que «[n]adie enciende una lámpara para luego ponerla en un lugar escondido o cubrirla con un almud». En este contexto vale la pena retener la antigua palabra *almud* en lugar de la traducción moderna *cajón*. Derivada del latín *modius*, *almud* se refiere a una medida de capacidad para el grano. Y es preferible a *cajón*, porque la medida variaba en cada país y aun entre regiones. En Puerto Rico, por ejemplo, el almud era de veinte litros, unas cuatro veces más que el almud canario, que tenía cinco litros y medio. El *almude* portugués también era mucho mayor que el castellano. ¿Por qué Jesús emplea este objeto en la parábola? Si su único sentido era la opacidad, ¿no habría logrado el mismo efecto con un utensilio más ordinario? Por ejemplo, con una vasija de terracota como las halladas en las excavaciones de Qumran. ¿Por qué usa Jesús simbólicamente una medida de capacidad si no es para advertir contra el relativismo? Entendida así, la parábola vendría a decir que la verdad no solo no debe ocultarse, sino que tampoco es humanamente mesurable. Sería un rechazo de la idea expresada casi medio siglo antes por el sofista Protágoras de Abdera, según el cual el hombre es la medida de todas las cosas. La verdad, vendría a decir la parábola evangélica, no puede encerrarse en la relatividad del sujeto.

Ningún artista elabora su obra para limitarla a una particularidad, por más amplia que esta sea. Todo artista que se precie aspira a que la luz de la idea atraviese los límites del medio y trascienda de la especificidad temporal o geográfica en que surge. A esta trascendencia los antiguos la llamaban inmortalidad. En los detalles concretos de su ejecución, la verdad de la obra solo puede ser aproximativa, pero debe ser intuitiva, ha de captarse como una revelación. Es lo que experimentamos durante una lectura tediosa, cuando una frase, imagen o idea se abre camino entre las otras, iluminando un sentimiento que ya presentíamos, pero no habíamos logrado expresar.

En el prólogo al citado libro, apuntaba algunas dificultades de los estudios hispánicos en los Estados Unidos, constatando su obsolescencia creciente. Decía allí: «Es ya muy difícil rescatar académicamente el canon tradicional de la disciplina, si no es aportándole nuevas relevancias» (Resina, 2009: 27). A finales del siglo XX, se había hecho evidente que las filologías modernas, producto del Romanticismo, eran una parte constitutiva del Estado-nación. La enseñanza diacrónica, distribuida en periodos, se sostenía sobre una idea del espíritu nacional manifiesta en la evolución del idioma y en las gestas culturales e históricas de la nación. Este modelo, que sobrevive en algunas universidades europeas, estaba desapareciendo de las norteamericanas, donde se habían consolidado los estudios llamados «de área», esto es, de interés geopolítico. Como metrópolis de un antiguo imperio, España había tenido durante mucho tiempo la hegemonía en los estudios relacionados con la lengua española, pero desde la década de los setenta había ido cediendo este predominio a los estudios latinoamericanos y a los nacientes estudios latinos. Otro tanto ocurría con los estudios lusófonos, donde Portugal se eclipsaba a la sombra del Brasil, país política y económicamente más relevante para los Estados Unidos.

La idea de trascender el hispanismo, incorporándolo a una disciplina más amplia y más sensible a las realidades culturales de la península ibérica, tenía por objeto asegurar un espacio a los estudios sobre esta área en un panorama de relevancia menguante. Se trataba de integrar saberes y competencias cuyo defecto distorsionaba la imagen cultural de la península, como la distorsiona la historia de España al servicio de las instituciones del Estado. Pero este efecto se disimulaba proyectando una cultura aparentemente homogénea y de una ejemplaridad que el tiempo no ha confirmado. La inclusión de aquellas competencias en la nueva disciplina había de acercarla a la complejidad real de esta área geopolítica y restablecer su interés en la perspectiva posnacional que venía imponiéndose en las ciencias sociales.

Ahora bien, las cosas solo suceden cuando se dan las condiciones necesarias. Desde la década de los ochenta, el tránsito de la cultura tipográfica a la digital erosionaba los estudios literarios. La revolución digital alteraba la función social de la letra impresa, afectando a las técnicas de lectura y de escritura surgidas con la revolución tipográfica, es decir, con el humanismo. Gradualmente, el lugar de estudio se había desplazado de la biblioteca a la pantalla del ordenador. De los *scriptoria* medievales se había pasado a las imprentas renacentistas y de estas al Internet. Se hablaba de la muerte del libro. A este cambio inducido por una transformación de gran envergadura, que en 1980 el futurista Alvin Toffler había bautizado como «la tercera ola», siendo la primera la revolución agrícola y la segunda la revolución industrial, se añadía una involución del concepto de autonomía universitaria. No me refiero a que la universidad estuviera más sujeta a la injerencia del Estado, como es el caso en Europa, sino en el sentido de una mayor presión social y de mercado para que la universidad se plegara a intereses externos. Cada vez más las universidades debían satisfacer exigencias diversas y a veces contradictorias, que no se originaban en la lógica de las disciplinas. Habiéndose secado las fuentes de financiación procedentes del Departamento de Defensa al final de la guerra fría, las universidades se volvían más dependientes de las empresas, las fundaciones y los gobiernos dispuestos a inyectarles dinero a cambio de determinar las actividades financiadas por ellos. Y en este panorama de dependencia, las humanidades, siendo raramente objeto del mecenazgo y carentes de posibilidades de financiarse por medio de corporaciones o de ser subvencionadas por países interesados en influir en su imagen exterior, como China, iniciaron una contracción que las ha llevado a someterse a las exigencias coyunturales de la sociedad en un esfuerzo para recuperar relevancia. Se dijo entonces que las humanidades habían entrado en crisis y la idea de crisis se convirtió en un aspecto de la reflexión metacrítica de las disciplinas, impulsando estudios particulares, así como estudios sobre la naturaleza misma de la universidad. En esta línea de reflexión vienen inmediatamente a la memoria los libros *The Closing of the American Mind* (El cierre de la mente moderna) (1987), del filósofo Allan

Bloom; *Homo Academicus*, del sociólogo Pierre Bourdieu (1988), y *La universidad en ruinas*, de Bill Readings (1996).

Por otra parte, el declive de las humanidades era desigual. En los años ochenta y noventa, la teoría literaria aún pudo suscitar una ilusión de dominio mediante el panteísmo textual, la idea de que todo es texto. Con esta idea y la idea afín de que la lectura genera el texto, muchos creyeron que la técnica interpretativa en su versión más literal, la deconstrucción, reinaría en un régimen de textualidad universal. Se pensó que la teoría literaria sería una metadisciplina, como antes lo habían sido la teología y la historia. Pero esta euforia tenía poco recorrido en una universidad organizada en torno a saberes basados en la observación mesurable de los fenómenos y en rigurosos protocolos de validación de los resultados.

El prestigio de las ciencias estriba en su capacidad para predecir la evolución de los fenómenos naturales. Estudiando las causas, los científicos anticipan los efectos en el orden de la determinación. Esto permite a las ciencias progresar de manera acumulativa. Es verdad que la ciencia descarta teorías cuando se demuestran inexactas y que hay revoluciones científicas, pero los cambios de paradigma no suponen inicios absolutos. Las ciencias son progresivas. Pero las humanidades no se ocupan de los fenómenos sujetos a leyes constantes, sino que exploran el orden de la novedad y la originación. No se mueven en el orden natural sino en el ámbito de la historia. Relacionan las creaciones del espíritu sin someterlas a relaciones de causa y efecto. De vez en cuando, el prestigio de las ciencias mueve a los humanistas a emularlas imitando sus métodos con resultados dudosos. Durante una época, en la historia literaria se estudiaron las influencias como un sucedáneo de la causalidad, pero este método se reveló improcedente. Nada aprendemos estableciendo que Flaubert influyó en Joyce o Dickens en Dostoievski. A lo más, la prioridad temporal de unos autores sobre otros garantiza que los posteriores elaboran su obra en un paisaje intelectual previamente modificado por los grandes autores de la época anterior. Pero la prioridad no permite predecir lo que hará un escritor con los materiales que la tradición pone a su alcance.

La actividad humanística es fundamentalmente interpretativa y esto supone partir de una totalidad (un texto, una tradición, un sistema cultural) para iluminar el sentido de las partes; y viceversa, ir de la parte al todo para confirmar, rechazar o reformular la idea de partida. Es lo que hacemos espontáneamente cuando conversamos. Del mismo modo, en los estudios ibéricos se toma la realidad peninsular como un todo cuyo sentido remite a las partes, de las cuales hay que dar cuenta para avanzar en el concepto cultural de peninsularidad o iberismo.

Desde los años noventa, en los departamentos norteamericanos de estudios hispánicos se percibía cierta tolerancia hacia las literaturas españolas no castellanas como un reflejo del Estado de las autonomías. Esta tímida aparición de las llamadas culturas periféricas era apenas una nota a pie de página en el hispanismo, pero abonaba el terreno para el iberismo. El factor temporal es, pues, determinante. Los estudios ibéricos aparecen casi simultáneamente con otra propuesta posnacional, la *World Literature*, concepto de mayor escala y enfoque más difuso, ya que transpone la globalización económica al plano cultural. Mientras que la *World Literature* pierde en especificidad lo que gana en extensión, los estudios ibéricos responden a la globalización potenciando los microespacios antes ocultos por los grandes relatos nacionales. En lugar de promover una literatura para ser traducida al inglés, ponen en valor los idiomas originales, considerándolos un elemento nuclear de la disciplina.

Podría objetarse que esta propuesta es ajena a la realidad académica y especialmente difícil de mantener para el euskera. El peligro de reapropiación de la pluralidad ibérica por la unidad nacional a través del castellano es innegable, aunque el euskera no sea la única lengua en peligro de ser marginada. Pero no son los idiomas los que erigen fronteras categoriales, sino los Estados. Los idiomas de una misma familia lingüística, especialmente los que se hallan en proximidad geográfica, comparten morfología y semántica, además de presentar afinidades fonéticas. Estas semejanzas generan zonas de transición comunicativa. Miguel de Unamuno decía que las lenguas románicas de la península tenían tanto en común, que con un pequeño manual de equivalencias era posible entenderlas todas. En cuanto al euskera, Unamuno recomendaba enterrarlo con honores filológicos. Dejando de lado la oportunidad y la ética de su propuesta, resulta difícil predecir si la radical diferencia e insularidad del euskera lo condenará a la extinción o, por el contrario, es garantía de su insolubilidad en el castellano, protección de que no gozan las otras lenguas de la península, que van siendo erosionadas en su especificidad por la castellanización de su léxico y morfología.

La reticencia al plurilingüismo de los estudios ibéricos tiene, pues, fundamento, pero es inevitable preguntarse si la alternativa de las filologías nacionales tiene futuro fuera del espacio académico de los Estados respectivos. El portugués dispone, además del espacio transnacional ibérico, de la alternativa de integrarse como pieza menor de la lusofonía con el ingrato papel de metrópolis poscolonial. Esto podría interesarle en la perspectiva global, como a España parece interesarle ser un vagón con ínfulas de locomotora de las culturas que se expresan en su lengua.

Al hablar de estudios ibéricos hablamos, pues, de idiomas. ¿Cuántos idiomas debería dominar un iberista? No hay una respuesta exacta a esta pregunta, pero sí una respuesta evidente. El ideal es el multilingüismo, y este requiere un mínimo de tres idiomas. Así lo entendemos en Stanford y el requisito está incorporado al doctorado en estudios ibéricos. Tampoco se puede responder unívocamente a la pregunta de cuáles deben estudiarse. Teóricamente, la respuesta sería: cualesquiera. En la práctica, el castellano se impone por la doble presión de la inercia disciplinar y el dominio que ejerce sobre los otros idiomas de la península. Esta supremacía solo podría modificarse estimulando la comunicación en las otras lenguas sin pasar por el kilómetro cero del castellano. Sin necesidad de dominarlas todas, se podría adoptar, aunque fuera pasivamente, el marco comunicativo más pertinente al contexto en cada ocasión. No se trata de una cuestión de sentido común, es decir mayoritario, sino de sentido convivencial. El monolingüismo que impone el Estado no tiene por qué trasladarse al ámbito académico, y no hay razón epistémica alguna que oponer a una deontología como la propuesta por los estudios ibéricos.

El elogio de Europa más frecuente es su riqueza lingüística, fuente de su diversidad cultural (Morin, 1998: 125-126). El mismo valor diversificador que las lenguas oficiales tienen las otras lenguas ibéricas y es incoherente realzar esta riqueza en el continente y a la vez combatirla en una de sus partes. La diversidad no es un producto de los Estados; al contrario, los Estados nacionales surgen de ella. Portugal existe como Estado gracias a una diferenciación lingüística y cultural previa a su independencia política. Solo la diversidad que preexiste al Estado permite resistir la imposición de una identidad adventicia. Vale la pena citar al Adorno de *Dialéctica negativa*: «Es precisamente el principio insaciable de identidad lo que perpetúa el antagonismo al suprimir la contradicción». Y añade: «La violencia del tráfico de igualdad reproduce la contradicción que pretende eliminar» (Adorno, 1973: 142-143). Parafraseando a Adorno, el principio de identidad empuja al Estado-nación a producir conflicto donde antes solo había contradicción. Superar el antagonismo reclama una dialéctica alternativa al principio de identidad y aceptar las diferencias como condición indispensable para conciliarlas. Los estudios ibéricos podrían concebirse como un ensayo de conciliación.

Durante la primera mitad del siglo XX, el federalismo ibérico quiso llevar esta dialéctica antihegeliana al plano político. Las diferencias nacionales no eran el punto de partida para una identidad mayor que las absorbiera, sino el *telos* o punto de llegada para una diversidad adjetivada «ibérica». Aquellas realidades diferenciadas constituían modalidades de *longue durée* sobreviviendo en conflicto con el principio de identidad desplegado por el Estado nacional. La historia moderna de la península ibérica es la historia de este conflicto. Consecuencia de ello fue que, faltándole el reconocimiento político, la diversidad se refugiara en las realidades prepolíticas de la cultura, la literatura y sobre todo la lengua. Y allí sigue, y desde ellas todavía puede contribuir, si no a reorganizar el Estado, sí a modificar el marco epistemológico en que se expresa. No era por casualidad que el subtítulo de mi libro fuera «una propuesta federativa para el ámbito cultural».

Hasta aquí el modelo y su promesa epistemológica. Pero la bondad de un modelo teórico la certifica la práctica. Lamentablemente, las posibilidades del iberismo en la península ibérica dependen excesivamente de la voluntad política. Las universidades pertenecen al Estado y responden ante él. Es difícil que gobiernos centralizados promuevan una disciplina que sustituye el modelo unilineal de la filología nacional por un modelo orientado a las relaciones entre los núcleos de la pluriculturalidad. Por eso hay que advertir contra la tentación de reducir los estudios ibéricos a la suma de dos únicas culturas oficiales. El iberismo estatista de Oliveira Martins, de Salazar y del propio Franco no representaba un nuevo principio dialéctico, sino la suma de dos hegelianismos, de dos ideas unificadoras que se apoyan y refuerzan entre sí.

Al otro lado del Atlántico, las universidades americanas gozan de notable autonomía educativa. En principio pueden alterar el orden y la naturaleza de las materias que imparten. Pero aun en condiciones favorables a la innovación, la suerte de los estudios ibéricos está resultando desigual. Varios departamentos han adoptado el nombre de «estudios ibéricos». Otros lo han introducido en sus programas, y cada vez más especialistas dicen «ibérico» donde antes decían «español». Son síntomas de una nueva conciencia de la diversidad peninsular. Por otra parte, la circunstancia temporal limita la expansión de estos estudios. Habiendo surgido durante el declive de las humanidades, los estudios ibéricos se enfrentan a una seria adversidad en los recortes presupuestarios y la contracción de los departamentos correspondientes, con la consiguiente limitación de la oferta. En un ambiente cada vez más dominado por las exigencias del mercado laboral, pocas posibilidades de ampliarse tiene un proyecto que añade complejidad a la carpeta curricular.

Pero la estrechez de oportunidades a corto y a medio plazo no tiene por qué ser la última palabra. A consecuencia de la pandemia y de su impacto en los hábitos sociales, en los desplazamientos y en el comercio, y tal vez más aún como resultado de la reorganización económica a que conducen el cambio climático y las crecientes tensiones geopolíticas, la globalización podría haber entrado en una fase recesiva. En este nuevo contexto, la consideración cada vez mayor de la diversidad y la revaloración de la proximidad y los contextos locales generan oportunidades para los sistemas complejos. A la homogeneidad de la forma de vida con que la tecnología cubre el planeta corresponderá cada vez más la heterogeneidad de los contenidos. Si en el corto plazo los estudios ibéricos dependerán de la vocación voluntaria e incluso voluntariosa de los activistas de la diversidad, a medio y a largo plazo la decantación de estos estudios en una tradición podría asegurarles un cuarto propio en la distribución de los saberes legítimos.

REFERENCIAS BIBLIOGRÁFICAS

ADORNO, Theodor (1973): *Negative Dialectics*, Nueva York, Seabury.

BOURDIEU, Pierre (1988): *Homo Academicus*, Stanford, Stanford University Press.

MORIN, Edgar (1998): *Pensar Europa. La metamorfosis de Europa*, Barcelona, Gedisa.

OLIVEIRA MARTINS, Joaquim Pedro de (1994): *História da civilização ibérica*, Lisboa, Guimarães Editores.

RESINA, Joan Ramon (2009): *Del hispanismo a los estudios ibéricos: Una propuesta federativa para el ámbito cultural*, Madrid, Biblioteca Nueva.

TOFFLER, Alvin (1980): *The Third Wave*, Nueva York, William Morrow & Company.

UNAMUNO, Miguel de (1971): *Epistolario y escritos complementarios. Unamuno-Maragall*, Madrid, Ediciones Seminarios.

CONCEPTUALIZACIONES Y METÁFORAS DE LA DIVERSIDAD LITERARIA IBÉRICA

Santiago Pérez Isasi
Universidade de Lisboa

LA DIVERSIDAD LINGÜÍSTICA Y CULTURAL IBÉRICA, O CUÁNTO MIDE LA COSTA DE GRAN BRETAÑA

De acuerdo con una conocida paradoja geográfica, la pregunta sobre la longitud de la costa de un país determinado no tiene una respuesta única. La extensión de la costa dependerá de la escala que se aplique en su medición, y de la forma como se defina por tanto aquello que se pretende medir. A mayor precisión en el estudio, más detalles, cabos y golfos, ensenadas y bahías se descubrirán, y por lo tanto mayor será la longitud percibida del litoral. Aplicando una escala mayor, en cambio, los detalles se difuminan, las irregularidades se alisan y la medición será aparentemente más simple, pero también más inexacta.

Algo semejante a la «paradoja de la línea de costa» podría aplicarse, también, a algunas preguntas relativas a la diversidad lingüística y cultural peninsular. Así, por ejemplo, la pregunta sobre el número de lenguas habladas en la península podrá obtener respuestas diferentes. Un observador externo y lejano, con cierto desconocimiento y alguna miopía, podrá pensar que las lenguas habladas son las oficiales de los dos Estados que forman la península: el español y el portugués. Esta respuesta, naturalmente, obvia la existencia de las lenguas cooficiales españolas (el catalán, el gallego y el euskera) y también la de otras lenguas con diferentes grados de reconocimiento e implantación:

el asturiano, el aragonés o el mirandés, por ejemplo. Ignora aún (como es habitual en estos casos) que también Gibraltar y Andorra, con sus respectivas lenguas oficiales, forman parte de la península. E incluso una respuesta que incluyese todas estas lenguas ocultaría aún la complejísima realidad sociolingüística ibérica, en la que el árabe, el inglés, el rumano o el alemán se sitúan entre las lenguas más habladas (según datos del Instituto Nacional de Estadística). Y aún faltaría otro factor, quizás excluido por la formulación elegida para la pregunta, pero relevante en otros ámbitos, como veremos: el eje cronológico. Una imagen estática de las lenguas habladas actualmente en la península ibérica no permitirá observar su evolución a lo largo de la historia, aquellas que han dejado de hablarse y aquellas que se han ido añadiendo por importación o evolución, desde los primeros asentamientos humanos en este territorio.

Es posible decir, también, lo mismo en relación con la diversidad literaria o cultural ibérica, con un agravante: mientras que la definición de una lengua *parece* sencilla (si bien diversas polémicas lingüístico-políticas nos recuerdan con frecuencia que se trata solo de una apariencia), la definición de «literatura» o «cultura» parece aún más esquiva y escurridiza. ¿Existe una literatura por cada lengua hablada en la península, o por cada lengua en la que existan textos escritos? ¿Una literatura por cada nación que la compone o la habita, con la complejidad de definir previamente qué es, y qué no es, una nación? Recordemos que los intentos de definir la nación han sido abundantes y casi siempre infructuosos. Entre las tentativas más rigurosas se encuentran los trabajos de A. Smith (1997), que intenta identificar un conjunto de elementos comunes al concepto de nación, a las que se oponen propuestas como la conocida «comunidad imaginada» de Benedict Anderson (2005), heredera hasta cierto punto de la nación como plebiscito cotidiano de Renan, que se basan en la voluntad autoconsciente de las comunidades como requisito básico de la nacionalidad.

La utilización de conceptos teóricamente más precisos, como los de «(poli) sistema (inter)literario», no tanto en una línea estructuralista sino en relación con las definiciones de Dionýz Ďurišin o de Itamar Even-Zohar, ampliadas, matizadas y aplicadas por investigadores de las literaturas ibéricas (Casas, 2003; Hooft Comajuncosas, 2004; Torres Feijó, 2011), parece ayudar a clarificar un tanto la cuestión. Y, sin embargo, las dudas podrían persistir: ¿existe en la península ibérica un único sistema complejo, expresado en diversas lenguas y ramificado en un conjunto de subsistemas más o menos establecidos, o una multiplicidad de sistemas literarios con interacciones particularmente intensas? Desde una perspectiva diacrónica, ¿tiene sentido seguir aplicando la proyección retroactiva de estas mismas literaturas o sistemas literarios hacia el pasado que tradicionalmente ha operado en la historia literaria?

Este texto pretende ofrecer una aproximación a las diferentes respuestas que, a lo largo de al menos los dos últimos siglos, se han ofrecido a estas preguntas, tanto desde el campo de la historia literaria nacional, como desde propuestas alternativas destinadas a ofrecer una reconceptualización de la península ibérica, tales como el iberismo decimonónico, o los más recientes estudios ibéricos. Se trata de intentos de ordenar la multiplicidad (en muchos casos domesticándola, simplificándola o sustituyéndola por una abstracción más cómoda) a través de la construcción de cánones, de narrativas y de conceptualizaciones espaciales diversas que implican siempre tensiones entre inclusión y exclusión, entre homogeneidad y diversidad, y relaciones de poder dependientes de la voz que crea el discurso, y desde dónde lo crea. Dada la extensión de este texto, el repaso deberá ser necesariamente sucinto, pero no se trata tanto de profundizar en cada una de las conceptualizaciones geoculturales de la península, sino de mostrar su multiplicidad, así como las alternancias y tensiones entre ellas y, también, las implicaciones subyacentes, muchas veces invisibles, en la definición y compartimentación de las disciplinas académicas literarias.

CONCEPTUALIZACIONES DE LA DIVERSIDAD LITERARIA IBÉRICA

El espacio vacío

Una primera opción para la reconstrucción de la diversidad literaria y cultural en la península ibérica, hasta ahora poco explorada, pasa por situar el espacio como punto de partida y como base esencial para su delimitación y conceptualización: se trataría de partir de una visión de la literatura en el espacio sin jerarquizar ni ordenar a priori, sin partir de cánones ni narraciones establecidos y sin vincularse con ningún sujeto colectivo previamente definido. Las obras literarias serían, así, puntos en el mapa, sin exclusiones y también sin jerarquía; solo después de examinar esta producción literaria surgirían formas, semejanzas, conexiones o series, no proyectadas de antemano por el crítico o el historiador, sino derivadas del propio corpus (que no canon) literario ibérico.

Esta base teórica, que supone una negación de las tradiciones historiográficas nacionales, con sus componentes de omnisciencia y teleología, y también con su evidente carga ideológica y en muchas ocasiones propagandística, está detrás de lo que se han denominado «historias literarias post-nacionales», cuya aplicación a las literaturas de la península ibérica es relativamente reciente. Cabe mencionar, por ejemplo, las propuestas de José Colmeiro (2009) o Kirtsy Hooper (2007) relativas a la literatura gallega, o las de Joseba Gabilondo tanto sobre las literaturas del País Vasco como sobre Pardo Bazán (Gabilondo, 2009, 2020). Del mismo modo, la ambiciosa *A Comparative History of Literatures in the Iberian Peninsula* (y nótese que el título evita conscientemente la expresión «Iberian literatures») parte de este principio espacio-céntrico:

> The point of departure was an explicit renunciation of those chronologically organic and narratively omniscient histories which attempt to cover all fields and periods. In the degree in which it was possible, the distinctive sections would have to possess a character particular to Peninsular comparatism. [...] Additionally, the authors of each chapter endeavored to consider the different Peninsular literary traditions when it came time to approach each of the questions to be treated. Ideally, this starting point would produce a novel and attractive approximation, one that paid special attention to the geo-literary dimension of the phenomena making up the object of study. This has been accompanied by a postnational impulse linked to questioning the idea of «nation» as an adequate framework for explaining and justifying literature insofar as a cultural phenomenon, needing to distance itself from «monological» concepts of culture, emphasizing those of interference or transmission/convergence (Cabo et al., 2010: xi-xii).

En cualquier caso, toda iniciativa historiográfica que parta de una determinada segmentación del espacio debe ser consciente (como lo son naturalmente los autores mencionados anteriormente) de que, en el estudio de fenómenos literarios o culturales, no existe tal cosa como un «espacio vacío» exento de carga ideológica e histórica y libre del peso de la tradición anterior, a la cual no son ajenos tampoco, recordemos, los propios agentes del sistema literario. Dicho con otras palabras: la resistencia a modelos historiográficos nacionales no puede hacernos olvidar ni obviar el peso y el poder que estos modelos nacionales han ostentado, desde hace al menos dos siglos, a través de la crítica, la enseñanza, la creación de instituciones (premios, colecciones, academias, revistas, editoriales) o la forja de un mercado «nacionalizado». Por otra parte, la propia segmentación del espacio geográfico en entidades aisladas de orden cultural es en sí misma muy problemática, como recordaba recientemente Arturo Casas (2019: 50), incluso en aquellos casos en que existe una aparente identidad entre lo geográfico (la península ibérica delimitada por los Pirineos) y lo político (los límites externos de España y Portugal continentales), y es siempre necesario evitar el peligro de establecer nuevas esencializaciones o reificaciones del espacio, como advierte Emily Francomano (2021: 65).

Esto naturalmente plantea otras cuestiones señaladas también por Arturo Casas o por Mercè Picornell (2019): la definición puramente geográfica de lo ibérico excluiría, por ejemplo, la literatura vasca producida en Iparralde o País Vasco francés (lo que, hasta el siglo XVIII, es una proporción amplísima de la literatura producida en esta lengua) o en el Rosellón francés de habla catalana; las producciones culturales insulares (Canarias, Baleares, Madeira, Azores...), así como las literaturas de los exilios o diásporas ibéricas. En la práctica, cualquier definición apriorística del objeto de estudio de la historia literaria en función de un único criterio (sea geográfico, lingüístico, político o cultural) acaba adaptándose *ad hoc* para responder a la diversidad y complejidad de las relaciones literarias y culturales.

La unidad literaria ibérica

Solo desde una posición externa y suficientemente alejada de la península ibérica puede esta parecer un objeto individual y (relativamente) homogéneo. Esta idea (la de la unidad o, al menos, la extrema semejanza) es sin embargo la que trasluce en algunos de los primeros textos que reconstruyen la historia literaria de España y Portugal a finales del siglo XVIII y comienzos del XIX: aun reconociendo la existencia de (al menos) dos naciones y dos literaturas diferentes (la literatura catalana, que recibe una cierta atención, es encuadrada frecuentemente no en el contexto de la literatura española sino de la provenzal, como sucede en Sismondi, 1813-14), críticos e historiadores como los hermanos Schlegel, Friedrich Bouterwek o Simonde de Sismondi afirman su proximidad histórica y estética, sin negar su individualidad pero inscribiéndola siempre en un contexto de gran semejanza:

> Solo los portugueses, que formaban un pueblo y un reino aparte, conservaron en la península su lengua y su poesía particulares; no obstante Portugal continuó teniendo con Castilla un comercio íntimo, cuyo origen subía a una época muy remota: así es que muchos portugueses escribían en castellano, y una multitud de cosas que se consideran como provenientes de la antigua Castilla derivan sin embargo de aquellos. La poesía de las dos naciones tiene una analogía tan grande, que no es fácil distinguir con respecto a la invención lo que pertenece más a una que a otra (Schlegel, 1843, II: 91).

> Así, se unieron españoles y portugueses desde los inicios de su cultura en uno y el mismo tipo de forma y espíritu poéticos. No obstante, lo que de diferente y peculiar tiene la bella literatura de ambas naciones lo mostrarán entre otros los libros que siguen (Bouterwek, 1829, I: 24).

> Le royaume de Portugal fait proprement partie de l'Espagne; les Portugais eux-mêmes se considèrent comme Espagnols, et en prennent le nom, tandis qu'ils appellent toujours castillan le peuple leur voisin et leur rival, qui partage avec eux la souveraineté de l'Espagne (Simonde de Sismondi, 1813-4, IV: 261).

Se trata, en cualquier caso, de una unidad relativa, en dos sentidos: en cuanto que no niega la individualidad de la literatura española y portuguesa, y en cuanto que sus similitudes lo son en comparación con la diferencia, esto es, con las literaturas del centro y norte de Europa. De hecho, esta idea de semejanza y casi-identidad entre ambas literaturas debe situarse en el contexto de su subordinación a otros dos conceptos geográficos: la idea de Sur y la de Oriente (véase César Domínguez, 2006). La primera de estas divisiones nace, como es sabido, de la ordenación de los pueblos europeos (y sus correspondientes literaturas) en torno a coordenadas binarias (o, en algunos casos, ternarias): católicos vs. protestantes; latinos vs. góticos; clásicos vs. románticos, en los textos fundacionales de la historiografía y la crítica literaria moderna, de Madame de Stäel a los hermanos Schlegel. Se trata de líneas divisorias no exactamente coincidentes, pero de acuerdo con las cuales España y Portugal quedaban ubicadas siempre en el mismo cuadrante: el de las naciones meridionales, latinas y románticas, lo que justifica su consideración unitaria:

> La poesía de los países católicos, la española, la italiana y la portuguesa, forman en ese un conjunto íntimamente unido; por cuya razón las abrazaré con una sola ojeada. [...] La poesía de los pueblos meridionales y fieles al catolicismo estaba, en el siglo XVI y aun en el XVII, en una armonía perfecta; por lo menos tenía una marcha absolutamente parecida (Schlegel, 1843, II: 70, 131).

Por otra parte, su consideración (conjunta) como literaturas orientales o, al menos, orientalizadas, nace también de una visión externa, romántica, y que sería fuertemente contestada por los historiadores españoles y portugueses (Pérez Isasi, 2011). De hecho, a juicio de estos mismos autores hasta aquí mencionados, la convivencia e influencia de los conquistadores árabes es un elemento esencial, a su juicio, de la propia identidad española y portuguesa, condicionando su *volksgeist* o carácter nacional y, por lo tanto, las producciones literarias que lo expresan.

> Les littératures dont nous nous sommes déjà occupé, celles que nous avons réservées pour un autre temps, sont européennes: celle-ci est orientale. Son esprit, sa pompe, le but qu'elle se propose, appartiennent à une autre sphère d'idées, à un autre monde (Simonde de Sismondi, 1813-4, I: 63).

> The tendency to Orientalism, with which the Spaniards have been so frequently reproached, was, in like manner, a characteristic of the poetic genius of the Portuguese, until the general influence of the French taste produced a remarkable change in manners and in literature (Bouterwek, 1823, I: 404).

Con todo, cabe insistir una vez más en que esta unidad de las literaturas ibéricas es relativa y solo cabe entenderla como estadio intermedio e inestable, y como herramienta explicativa del marco romántico de organización de las literaturas y los pueblos; mantenerla y desarrollarla hasta sus últimas consecuencias habría significado contrariar el principio romántico según el cual cada pueblo o nación tiene un espíritu, y por tanto una literatura propia, principio que, por otra parte, como a continuación veremos, no es tampoco de aplicación sencilla ni inmediata.

Un Estado, una literatura

En efecto, la organización y subdivisión de las literaturas europeas y mundiales realizada por los fundadores de la historiografía literaria moderna nacía de la denominada «revolución herderiana» (Casanova, 1999: 151; Cunha, 2002: 68 y ss.), es decir, de la creencia en la correspondencia entre nación (o espíritu nacional), lengua y literatura (esto presuponiendo, claro está, la posibilidad de subdividir el mundo en entidades homogéneas y diferenciadas). Aplicado a la península ibérica, este principio suponía la división del espacio peninsular en dos tradiciones: la española y la portuguesa. Esta doble tradición, que se inicia con historias literarias escritas también por autores europeos y estadounidenses (tales como el *Résumé de l'histoire littéraire du Portugal* de Ferdinand Denis, en 1826, o la *History of Spanish Literature* de George Ticknor, en 1849, por ejemplo), se afianza y se naturaliza, se podría decir, en el momento en que son los propios historiadores españoles y portugueses quienes asumen la tarea de reconstruir su historia literaria rechazando, para ello, algunos de los presupuestos precedentes (tal como, por ejemplo, la idea del orientalismo ibérico mencionada con anterioridad; véase Pérez Isasi, 2011).

Obviamente, esta separación, que se tornaría dominante prácticamente hasta nuestros días (recordemos que, salvo excepciones que más adelante se mencionarán, los estudios hispánicos y los estudios portugueses o lusófonos son ramas independientes de los estudios literarios o culturales), implicaba algunas operaciones que contrariaban la realidad de los fenómenos literarios ibéricos, tal como la escisión de cualquier tradición común a ambos países (por ejemplo, el romancero o la producción teatral); el difícil acomodo de los autores bilingües, pertenecientes por tanto a ambos cánones (siendo Gil Vicente el caso más representativo), o la invisibilización de aquellos escritores portugueses que abandonaron su lengua materna para escribir en español (Wade, 2020). Véase tan solo un ejemplo de esta invisibilización:

> ... prescindi n'este Ensaio de mencionar os Poetas, que só escreveram em latin, e em hespanhol, bem que entre estes haja muitos de grande merecimento, e cujas obras possuo, ou tenho visto: mas fallando em rigor, esta falta não deve tornar-se mui sensivel, porque Poetas, que só escreveram em verso Latino, ou Castelhano, posto que nacessem em Portugal, não sam Poetas Portuguezes (Silva, 1850-55, I: 5-6).

Por otra parte, en el caso español fundamentalmente, este paradigma también originaba tensiones de difícil resolución entre la idea de una única literatura española centralizada y la evidencia de su multiplicidad lingüística y cultural. Estas tensiones se solucionaban, al menos parcialmente, con una *minorización* de esas otras literaturas peninsulares, a las cuales no se quería renunciar, dado su gran capital simbólico, pero que debían quedar subordinadas a la centralidad castellana, en términos no únicamente geográficos, y reducidas a sus manifestaciones medievales, previas a su «decadencia» y desaparición en beneficio de la vitalidad castellana.

> Cabe a la España Central, que había adoptado por término de expresión la lengua castellana, la gloria de reflejar más poderosamente y con un fin más general aquella múltiple cultura (Ríos, 1861-5, IV: 151).

> Tales *Cantigas*, en número de cuatrocientas veinte, poco más o menos, no pertenecen a la literatura castellana, puesto que están escritas en gallego, lengua que han empleado bastantes autores castellanos; pero no podemos dejar enteramente a un lado un monumento de semejante importancia (Fitzmaurice-Kelly, 1901: 40).

No son estas las únicas exclusiones (o inclusiones a regañadientes) propiciadas por este modelo estatalista, por llamarlo de alguna forma, de la historia literaria: con un criterio híbrido de difícil definición, también las literaturas no romances, incluso en sus manifestaciones medievales y modernas, quedaban excluidas de consideración. Asimismo, también quedaban excluidos, en su mayor parte y con muy escasas excepciones, los autores hispanoamericanos. (La historia de José Amador de los Ríos resulta excepcional en este aspecto, ya que incluye, de forma muy destacada, las literaturas latina, árabe y hebrea, antes de centrarse en las literaturas ibéricas en lenguas romances; es, sin embargo, un caso único en la tradición historiográfica hispánica, sin ninguna continuidad posterior). Algo diferente es el caso de la relación de la literatura portuguesa con la brasileña, que necesitaría de un estudio más detallado; en efecto, no parecen escasas las historias literarias combinadas de ambos países, escritas a ambos lados del Atlántico; véase el caso del *Resumé* de Ferdinand Denis (1826), cuyo título completo es *Résumé de l'histoire littéraire du Portugal, suivi du Résumé de l'histoire littéraire du Brésil.*

Parece, por último, evidente la necesidad de mencionar, como factor del éxito y la pervivencia de este modelo, el hecho de que desde el establecimiento del sistema educativo liberal a mediados del siglo XIX, tanto en España como en Portugal, existió una relación directa entre la configuración de la historia literaria estatal y su enseñanza a través de las escuelas y universidades (véase Pérez Isasi, 2010): no es probablemente casual que entre los primeros practicantes autóctonos de la historia literaria española se encuentren Antonio Gil de Zárate, que colaboró en la redacción del Plan Pidal de educación de 1845 y en la Ley Moyano de 1857, o Amador de los Ríos, catedrático de Literatura Española de la Universidad Central de Madrid.

Una nación, una literatura

El equilibrio inestable de la tradición historiográfica basada en la idea de una única literatura española (aunque expresada en varias lenguas) tuvo su contrapartida, que no resolución, con el surgimiento de las historiografías literarias catalana y gallega, ya durante el mismo siglo XIX, en obras pioneras tales como el *Bosquejo histórico de la lengua y la literatura catalana* de Magí Pers i Ramona, de 1850, o la *Historia crítica de la literatura gallega* de Augusto González Besada, de 1887 (véase Cabo, 2010). La historiografía de la literatura vasca, por su parte, es muy posterior a las restantes de la península ibérica, debido al menos en parte a las especificidades propias de la literatura escrita en euskera. Así, aunque de hecho algunas historias de la literatura española incluyen pequeñas notas dedicadas a la literatura vasca (Pérez Isasi, 2012), será necesario esperar hasta la *Historia de la literatura vasca* de Koldo Mitxelena (1960), ya a mediados del siglo XX, para ser testigos del surgimiento de una tradición historiográfica propia.

Se aplicaba así, de una manera más estricta, la premisa *herderiana* de acuerdo con la cual cada pueblo o nación posee una lengua y una literatura, a través de las cuales se expresa su carácter o espíritu. En el caso peninsular, no habría ya dos tradiciones historiográficas correspondientes con sus respectivos Estados, sino cuatro, o cinco (o potencialmente más), relacionadas con las lenguas e identidades nacionales que la componen. Por otra parte, este surgimiento de la historiografía literaria catalana o gallega no puede, naturalmente, disociarse del fenómeno de los renacimientos literarios, culturales y artísticos que se desarrollaron en la península ibérica a finales del siglo XIX e inicios del siglo XX, ni de los movimientos regionalistas y (proto) nacionalistas a los que estaban conectados: el Rexurdimento gallego, la Renaixença catalana y también, aunque con características peculiares y limitaciones, el Euskal Pizkundea. La Renascença portuguesa, cronológicamente algo posterior, comparte varios rasgos con estos movimientos peninsulares, en particular la idea de resurgimiento cultural después de un periodo de crisis o decadencia, a través de una vuelta a las raíces o esencias nacionales, ideas que también resuenan en los autores de la Generación del 98 o del 14 españolas (para una perspectiva comparada de estos movimientos, véase Harrington, 2015).

Era el objetivo explícito de estos movimientos el recuperar, o (re)crear, una tradición literaria propia, despertando a la nación de su letargo y ofreciendo modelos para la creación de las nuevas generaciones. La filología o la historia literaria, así, con su doble vertiente de narrativa y canon, formaba parte del núcleo esencial de estas iniciativas entre lo literario y lo político, junto con la promoción de la creación de nuevas obras, simbolizada por los juegos florales.

El establecimiento de tradiciones historiográficas propias en Cataluña y Galicia, y más tarde también en el País Vasco, si bien parece obvio que responde de forma más próxima a la realidad cultural ibérica, y sirve como contrapunto para evitar el riesgo de invisibilización de las literaturas periféricas (con todos los problemas que ese término conlleva) en la historia literaria central-castellana, no debe hacernos olvidar otros aspectos problemáticos. El primero de ellos sería la naturalización del principio romántico *herderiano* de identidad entre lengua, literatura y nación, y la subordinación de lo literario a conceptos histórico-políticos, cargados ideológicamente; además, estas divisiones en entidades nacionales supuestamente monolingües tampoco pueden ni deben ocultar la variedad y complejidad de las sociedades y culturas a las que se refieren, ya que la heterogeneidad de los sistemas sociales y culturales es fractal, y se replica en cualquier nivel de análisis que se escoja, de lo transnacional a lo local.

Así, con la instauración de una tradición historiográfica propia para las literaturas catalana y gallega, y más adelante también para la vasca, y la permanencia de la tradición historiográfica, académica y educativa de una única «literatura española», se establece un sistema complejo e inestable de fuerzas centrífugas y centrípetas, en continuo vaivén entre la (re)centralización y la dispersión. Entra en funcionamiento, en cualquier caso, de forma subyacente, una conceptualización radial que se manifiesta, hasta nuestros días, a través de diversos mecanismos tales como premios, editoriales, instituciones académicas y también, y muy especialmente, a través de la traducción literaria que en el sistema literario español exige, o poco menos, un paso a través del castellano como etapa previa para alcanzar otros lectores y mercados, dentro y fuera de la península. Juan Miguel Ribera Llopis (2019) propone una metáfora quizás más amable para representar la diversidad literaria ibérica: la de la polifonía musical. Se trataría de una metáfora igualmente válida siempre que no olvidemos que en un conjunto de voces se pueden producir tanto armonías y refuerzos, como disonancias o silenciamientos.

Unidad desde la diversidad ibérica

También de la segunda mitad del siglo XIX data una propuesta de reconceptualización de la península ibérica, opuesta o alternativa a los nacionalismos dominantes y con ramificaciones económicas, políticas, culturales y artísticas; se trata, naturalmente, del iberismo. Para los efectos de este trabajo no interesan tanto las diversas propuestas de unificación política (republicanas o monárquicas, centralizadoras o federalistas, liberales o conservadoras) (Matos, 2007, 2019; Sardica, 2013; Rina, 2016), sino el modo como el iberismo, en su faceta cultural, civilizacional o espiritual contribuyó para repensar la articulación entre las diversas literaturas peninsulares. En la tensión entre unidad centralizadora y multiplicidad centrífuga, el iberismo, sobre todo en su variante tripartita (Harrington, 2010) y no tanto en la establecida en torno al eje Madrid-Lisboa, vino a proponer una visión alternativa, una unidad-en-la-multiplicidad que Maragall, significativamente, comparó en varios de sus poemas con la Sagrada Trinidad («si per llei d'amor l'Espanya és una | per la llei del parlar és una i trina», dice su poema «A València en festa»). Se trataba, en este caso, de una unidad surgida de la pluralidad, de una búsqueda de lo común en lo diverso, y no de la imposición de una unidad que anulase dicha diversidad. Este elemento común era en algunos casos denominado como «civilización», «raza» o «espíritu ibérico», y para el escritor Teixeira de Pascoaes consistía en la multiplicación de la *saudade* que englobaría también a Galicia, que en Cataluña adoptaría la forma de «enyorança» (véase Martínez-Gil, 2017) y que en la España central se correspondería con el espíritu de don Quijote:

> Entre a Saudade e D. Quixote, como se vê, há um parentesco estreito. E neste parentesco existe a unidade espiritual que liga superiormente as raças nítidas da Ibéria: Castela, Catalunha e Portugal que se revê na Galiza, encantado, como num espelho maravilhoso que ao seu velho perfil restituísse o frescor, a graça, a luz da infância. O Portugal de Camões, a Galiza de Rosalia, a

Catalunha de Maragall são os Reinos da Saudade, como a fidalga Castela é o Reino de D. Quixote (Teixeira de Pascoaes, 1919: 166).

Lo cierto es que no abundan las aplicaciones de los principios iberistas (en su sentido, insisto, cultural o espiritual) a la historia literaria; se trataría, así, de una posibilidad truncada o inexplorada, oculta bajo el peso de las respectivas tradiciones nacionales y sin una imbricación en ningún nivel del sistema educativo. Cabe destacar, entre estas aplicaciones excepcionales, la realizada por el portugués Fidelino de Figueiredo, siguiendo la estela de Marcelino Menéndez Pelayo, quien en su «Programa de literatura española» había afirmado que «[e]spañoles fueron en la Edad Media los tres romances peninsulares: los tres recorrieron un ciclo literario completo, conservando unidad de espíritu y parentesco de formas en medio de las variedades locales» (1878: 6). En palabras del portugués Fidelino de Figueiredo:

> Há uma tradição dramática peninsular, mas nenhuma das literaturas a possui em toda a sua plenitude, no conjunto do seu desenvolvimento histórico. Castela, o centro geográfico da Península, como afirmou [Menéndez] Pelayo, teve a gloria de possuir o momento augusto dessa tradição, mas sem a curva do desvio que para dentro da fronteira portuguesa descreve essa tradição, sem se considerar o teatro vicentino, até mesmo essa tradição [...] seria incompleta e ilógica, porque o teatro de Encina, Torres Naharro e Gomes Manrique tinha caracteres estéticos diversos daqueles que, depois do impulso genial de Gil Vicente, ostentou e se incorporaram na tradição peninsular (Figueiredo, 1921: 19-20).

No debe dejar de notarse el deslizamiento de una recentralización implícita (o mejor, el mantenimiento de la antigua, pues nunca salió de escena), al distinguir a Castilla como el «centro geográfico (y cultural) de la península». De hecho, no todos los iberismos partían de un mismo principio de horizontalidad y celebración de la diversidad lingüística y cultural; es bien conocida la opinión de Miguel de Unamuno, según la cual los escritores ibéricos deberían abandonar sus lenguas propias para adoptar el castellano como vehículo de comunicación y creación, a lo que Fernando Pessoa respondió con un irónico convite a abandonar el español por el inglés, lengua aún más extendida y que por lo tanto permitía alcanzar un público aún más amplio (Sáez Delgado y Pérez Isasi, 2018: 109-110).

De la red al ovillo

Los estudios ibéricos, disciplina académica que no necesariamente abraza un ideal iberista, sí heredan, al menos hasta cierto punto, su propuesta de reconceptualización de la relación entre las culturas ibéricas. En palabras de Robert P. Newcomb:

> Iberianism, then, is evidently not the same thing as Iberian studies, and it would be an example of academia's all–to–common tendency to think that it can re–enact the great geo-political and cultural debates of the past to claim that we, as scholars interested in Iberian studies, can somehow 'do' Iberianism. Nonetheless, there is a compelling symmetry to be observed between *fin–de–siècle* Iberianism, which flourished during a period of exceptional political, economic, and cultural crisis, and Iberian studies, which have emerged in response to an assumed disciplinary crisis in peninsular literary and cultural studies. Further, Iberianism, in its interrogation of the peninsular status quo and seemingly intrinsic comparativism and multilingualism, provides a logical area of study for Iberian studies and a source of instructive lessons for the emerging Iberian studies Project (Newcomb, 2019: 67).

No es casualidad que el volumen fundacional de Joan Ramon Resina, *Del hispanismo a los estudios ibéricos* (2009), lleve por subtítulo *Una propuesta federativa para el ámbito cultural*. Se trataría, una vez más, de romper con las jerarquías centralizadoras y estatalizantes, en este caso en el campo académico cristalizado en torno a las disciplinas nacionales, y sobre todo en un hispanismo homogeneizador y dominante. Frente al esquema radial de las tensiones entre literaturas nacionales, al que antes hacíamos referencia, los estudios ibéricos propondrían una reconceptualización en red, que ligase de forma no jerárquica las diversas literaturas ibéricas, convertidas en nodos (o nudos) de esta red.

De hecho, el objeto preferente de análisis de los estudios ibéricos no sería tanto el conjunto de las literaturas nacionales ibéricas (no se trata de una agregación o sumatorio de disciplinas nacionales) sino las interrelaciones entre ellas, la «dialéctica de las naciones», en palabras de Resina (2009: 91). Esto permitiría, por una parte, analizar de forma sincrónica y diacrónica las interferencias, influjos, conflictos y tensiones entre literaturas y culturas ibéricas, y por otra, daría cabida a aquellos fenómenos anteriormente mencionados, a los cuales la historia literaria nacional difícilmente da acomodo: los autores bilingües, los que abandonan su «literatura madre» por otra, o las tradiciones que traspasan las fronteras de una única literatura, con influjos de ida y vuelta que construyen una historia que solo en el ámbito ibérico gana sentido, como la historia de la fundación de los teatros peninsulares modernos, por ejemplo.

Con todo, la aplicación de estos principios federativos no está exenta de problemas. Un estudio de la forma como se han venido desarrollando los estudios ibéricos en los últimos diez años (Gimeno Ugalde y Pérez Isasi, 2019) demuestra que, subrepticiamente, las viejas jerarquías y esquemas centralizadores vuelven a imponerse, en diversos sentidos: en primer lugar, porque los estudios ibéricos han mantenido, mayoritariamente, la premisa de que las relaciones culturales se establecen a partir del nivel nacional, que no se cuestiona como fundamento previo, lo que invisibiliza otro tipo de relaciones establecidas en niveles inferiores; porque la literatura y cultura castellanas vuelven a situarse como las más estudiadas, y por lo tanto como el nodo central con el cual se establecen relaciones y comparaciones; y porque, en consecuencia, en términos pedagógicos y de investigación, las literaturas catalana, gallega o vasca (y en menor medida, la portuguesa) vienen a ocupar un lugar claramente menor, en algunos casos como simples *tokens* exóticos y relegitimadores, como temía Joseba Gabilondo (2013-4).

Surge así la necesidad de una última conceptualización metafórica de las relaciones literarias ibéricas, propuesta por Mercé Picornell (2019) en un muy sugerente capítulo titulado «La hipótesis del ovillo desmadejado». En oposición a la idea de red ibérica, que, como se ha visto, parte de lo nacional como nodo de interrelación y rejerarquiza, a su pesar, las relaciones literarias ibéricas, se propone aquí pensar y estudiar lo ibérico renunciando o deconstruyendo dichas jerarquías, indagando en las interacciones que se establecen a muy diversos niveles (de lo local a lo supranacional, pasando por lo regional y lo nacional), estableciendo también inevitables conexiones con otras áreas geográficas y culturales. La conocida imagen del rizoma deleuziano, en que todos los puntos están igualmente próximos del centro, o, mejor dicho, en que el centro como concepto es inaplicable, y se renuncia a la jerarquización arbórea, puede servir también de modelo para esta aproximación a los fenómenos literarios ibéricos y a su historia.

A MODO DE CONCLUSIÓN: *DEEP MAPPING*

En los últimos años, en el ámbito de las *Spatial Humanities* viene ganando fuerza el término y el concepto de *deep mapping* (Roberts, 2016). Este término hace referencia a la superposición de diversas capas de conocimiento sobre un determinado territorio, provenientes de diversas fuentes y áreas de estudio, de forma que se reconstruya una visión compleja, centrada en la experiencia humana del territorio representado. Un «mapa profundo» se opondría, así, a un mapa bidimensional, cerrado, limitado a ofrecer una visión única y autorizada del espacio.

Me pregunto, continuando con las metáforas cartográficas, si no sería posible reconsiderar el modo como conceptualizamos la península ibérica y su historia literaria, aplicando un modo de actuación semejante al del *deep mapping* (y que comparte algunas características con el ovillo propuesto por Mercè Picornell): descentralizado, multidisciplinar, dividido en capas o estratos de conocimiento, y sin la necesidad de una voz de autoridad que legitime determinada narrativa, canon o metáfora. Se trataría, en definitiva, de sumar la lectura de la historia literaria y cultural ibérica, sin descuidar ni ignorar las tensiones entre ellas en favor de una supuesta armonía histórica, sino localizando y describiendo detalladamente cada capa de conocimiento, su lugar de emisión, objeto y destinatarios, limitaciones y potencialidades.

Quizás no se trate tanto, en este momento, de escribir nuevas historias de las literaturas española, portuguesa, catalana, gallega, vasca o ibérica, sino de reconstruir nuestra metahistoria: el modo como, a lo largo de los siglos, se han ido añadiendo visiones (externas e internas) sobre las literaturas peninsulares, y que siguen condicionando el modo como hoy la leemos, estudiamos y enseñamos; no intentar volver al mapa vacío con el que comenzaba este repaso, sino, en una labor entre arqueológica y hermenéutica, ir desplegando y analizando los estratos históricos que componen nuestra actual concepción de las literaturas ibéricas.

REFERENCIAS BIBLIOGRÁFICAS

ANDERSON, Benedict (2005): *Comunitats imaginades*, Valencia / Catarroja, Publicacions de la Universitat de València / Afers.

BOUTERWEK, Friedrich (2002 [1829]): *Historia de la literatura española*, trad. José Gómez de la Cortina y Nicolás Hugalde y Mollinedo, Madrid, Verbum.

BOUTERWEK, Friedrich (1823): *History of Spanish and Portuguese Literature*, trad. Thomasina Ross, Londres, Boosey and Sons.

CABO ASEGUINOLAZA, Fernando (2010): «The European horizon of Peninsular literary historiographical discourses», en Fernando Cabo Aseguinolaza, Anxo Abuín González y Céar Domínguez (eds.): *A Comparative History of Literatures in the Iberian Peninsula*, Ámsterdam / Filadelfia, John Benjamins, vol. I, pp. 1-52.

CABO ASEGUINOLAZA, Fernando, Anxo ABUÍN GONZÁLEZ y César DOMÍNGUEZ (eds.) (2010): *A comparative history of literatures in the Iberian Peninsula*, Ámsterdam / Filadelfia, John Benjamins, vol. 1.

CASANOVA, Pascale (1999): *La République Mondiale des Lettres*, París, Seuil.

CASAS, Arturo (2003): «Sistema interliterario y planificación historiográfica a propósito del espacio geocultural ibérico», *Interlitteraria* 8, pp. 68-96.

CASAS, Arturo (2019): «Iberismos, comparatismos y estudios ibéricos: ¿Por qué, desde dónde, cómo y para qué?», en Cristina Martínez Tejero y Santiago Pérez Isasi (eds.): *Perspetivas críticas sobre os estudos ibéricos*, Venecia, Edizioni Ca' Foscari, pp. 23-56, disponible en línea: <https://edizionicafoscari.unive.it/libri/978-88-6969-324-3/> (consulta: 22/4/2021).

COLMEIRO, José (2009): «Peripheral Visions, Global Positions: Remapping Galician Culture», *Bulletin of Hispanic Studies* 86 (2), pp. 213-230.

CUNHA, Carlos (2002): *A construção do discurso da história literária na literatura portuguesa do século XIX*, Braga, Centro de Estudos Humanísticos.

DENIS, Ferdinand (1826): *Résumé de l'histoire littéraire du Portugal*, París, Leconte e Durey.

DOMÍNGUEZ, César (2006): «The South European Orient: A Comparative Reflection on Space in Literary History», *Modern Language Quarterly* 67 (4), pp. 419-449.

FIGUEIREDO, Fidelino de (1921): *Estudos de Litteratura (Terceira Série: 1918-1920)*, Lisboa, A. M. Teixeira.

FITZMAURICE-KELLY, James (1901): *Historia de la literatura española*, Madrid, Victoriano Suárez.

FRANCOMANO, Emily C. (2021): «Reinventing Medieval Iberian Studies», *Revista Hispánica Moderna* 74 (1), pp. 61-71.

GABILONDO, Joseba (2009): «Towards a Postnational History of Galician Literature: On Pardo Bazán's Transnational and Translational Position», *Bulletin of Hispanic Studies* 86 (2), pp. 249-270.

GABILONDO, Joseba (2013-4): «Spanish Nationalist Excess: A Decolonial and Postnational Critique of Iberian Studies», *Prosopopeya. Revista de Crítica Contemporánea* 8, pp. 23-60.

GABILONDO, Joseba (2020): *Babel aurretik. Euskal literaturaren historia bat*, Tafalla, Txalaparta.

GIMENO UGALDE, Esther y Santiago PÉREZ ISASI (2019): «Lo "ibérico" en los Estudios Ibéricos: meta-análisis del campo a través de sus publicaciones (2000-)», en Núria Codina Solà y Teresa Pinheiro (eds.): *Iberian Studies. Reflections Across Borders and Disciplines*, Berlín, Peter Lang, pp. 23-48.

HARRINGTON, Thomas S. (2010): «The Hidden History of Tripartite Iberianism», en Fernando Cabo Aseguinolaza, Anxo Abuín González y César Domínguez (eds.): *A Comparative History of Literatures in the Iberian Peninsula*. Ámsterdam / Filadelfia, John Benjamins, pp. 138-162.

HARRINGTON, Thomas S. (2015): *Public intellectuals and nation building in the Iberian Peninsula, 1900-1925: The alchemy of identity*, Lewisburg, Pennsylvania / Lanham, Maryland, Bucknell University Press / The Rowman & Littlefield Publishing Group, Inc. (Bucknell Studies in Latin American Literature and Theory).

HOOFT COMAJUNCOSAS, Andreu van (2004): «¿Un espacio literario intercultural en España? El polisistema interliterario en el estado español a partir de las traducciones de las obras pertenecientes a los sistemas literarios vasco, gallego, catalán y español (1999-2003)», en Anxo Tarrío Varela y Anxo Abuín González (eds.): *Bases metodolóxicas para unha historia comparada das literaturas na península ibérica*, Santiago de Compostela, Universidade de Santiago de Compostela, pp. 313-334.

HOOPER, Kirsty (2007): «New cartographies in Galician Studies: From Literary Nationalism to Postnational Readings», en Helena Buffery, Stuart Davis y Kirsty Hooper (eds.): *Reading Iberia: theory/history/identity*, Oxford / Nueva York, Peter Lang, pp. 123-139.

MARTÍNEZ-GIL, Víctor (2017): «A saudade portuguesa e a "enyorança" catalã: um exemplo de aproximação entre nacionalismos na área ibérica», en Sérgio Campos Matos y Luís Bigotte Chorão (eds.): *Península Ibérica: nações e transnacionalidade entre dois séculos (XIX e XX)*, Lisboa, Húmus / Centro de História, pp. 249-273.

MATOS, Sérgio Campos (2007): «Conceitos de Iberismo em Portugal», *Revista de História das Ideias* 28, pp. 169-193.

MATOS, Sérgio Campos (2019): «Iberismos: problemas e horizontes de pesquisa», en David Duarte y Giangiacomo Vale (eds.): *Catalonia, Iberia and Europe*, Roma, Aracne, pp. 113-138.

MENÉNDEZ PELAYO, Marcelino (1878): «Programa de literatura española», en *Estudios y discursos de crítica histórica y literaria*, vol. I, *Menéndez Pelayo Digital*, Santander, Digibis (CD-ROM).

MITXELENA, Koldo (2001 [1960]): *Historia de la literatura vasca*, Donostia, Erein.

NEWCOMB, Robert P. (2019): «Iberianism's lessons for Iberian Studies», en David Duarte y Giangiacomo Vale (eds.): *Catalonia, Iberia and Europe*, Roma, Aracne, pp. 55-74.

PASCOAES, Teixeira de (1919): *Os poetas lusíadas*, Oporto, Costa Carregal.

PÉREZ ISASI, Santiago (2010): «La historiografía literaria como herramienta de nacionalización en España», *Oihenart. Cuadernos de Lengua y Literatura* 25, pp. 267-279.

PÉREZ ISASI, Santiago (2011): «El papel de los traductores en la formación de la historia literaria española», *Letras de Deusto* 41 (133), pp. 85-109.

PÉREZ ISASI, Santiago (2012): «Presencias y ausencias de lo vasco en la historiografía literaria española (1800-1939)», *Oihenart. Cuadernos de Lengua y Literatura* 27, pp. 179-200.

PICORNELL, Mercè (2019): «La hipótesis del ovillo desmadejado: Caracterizar los estudios ibéricos desde lo insular», en Cristina Martínez Tejero y Santiago Pérez Isasi (eds.): *Perspetivas críticas sobre os estudos ibéricos*, Venecia, Edizioni Ca' Foscari, pp. 57-88, disponible en línea: <https://edizionicafoscari.unive.it/libri/978-88-6969-324-3/> (consulta: 22/4/2021).

RESINA, Joan Ramon (2009): *Del hispanismo a los estudios ibéricos. Una propuesta federativa para el ámbito cultural*, Madrid, Biblioteca Nueva.

RIBERA LLOPIS, Juan Miguel (2019): «Identitats i polifonia literàries. Claus centrípetes i centrífugues a la xarxa peninsular», en Cristina Martínez Tejero y Santiago Pérez Isasi (eds.): *Perspetivas críticas sobre os estudos ibéricos*, Venecia, Edizioni Ca' Foscari, pp. 243-254, disponible en línea: <https://edizionica foscari.unive.it/libri/978-88-6969-324-3/> (consulta: 22/4/2021).

RINA SIMÓN, César (2016): *Iberismos. Expectativas peninsulares en el siglo XIX*, Madrid, Funcas.

RÍOS, José Amador de los (1861-5): *Historia crítica de la literatura española*, Madrid, Imprenta de José Rodríguez, 7 vols.

ROBERTS, Les (ed.) (2016): *Deep Mapping*. Printed Edition of the Special Issue Published in *Humanities*, Basilea / Pekín / Wuhan / Barcelona, MDPI.

SÁEZ DELGADO, Antonio y Santiago PÉREZ ISASI (2018): *De espaldas abiertas. Relaciones literarias y culturales ibéricas (1870-1930)*, Granada, Comares.

SARDICA, José Miguel (2013): *Ibéria. A Relação entre Portugal e Espanha no Século XX*, Lisboa, Aletheia.

SCHLEGEL, Friedrich (1843): *Historia de la literatura antigua y moderna*, trad. José Petit de Córdoba, Barcelona, Oliveres y Gavarró.

SILVA, José María da Costa e (1850-55): *Ensaio biographico-critico sobre os melhores poetas portugueses*, Lisboa, Imprensa Silviana, 5 vols.

SIMONDE DE SISMONDI, Jean-Charles-Leonard (1813-4): *De la litterature du Midi de l'Europe*, París, Treuttel et Würtz, IV vols.

SMITH, Anthony (1997): *La identidad nacional*, Trama, Madrid.

TORRES FEIJÓ, Elías (2011): «About Literary Systems and National Literatures», *CLCWeb: Comparative Literature and Culture* 13(5), disponible en línea: <https://doi.org/10.7771/1481-4374.1901> (consulta: 22/4/2021).

WADE, Jonathan (2020): *Being Portuguese in Spanish: Reimagining Early Modern Iberian Literature*, West Lafayette, Purdue University Press.

ORIGEN Y ESTILO DE *MISTERIO DE QUANAXHUATA* DE JOSEP CARNER: UNA OBRA DE TEATRO EN ESPAÑOL

Jordi Julià
Universitat Autònoma de Barcelona

INTRODUCCIÓN

Josep Carner (1884-1970) es conocido en Cataluña como el Príncipe de los Poetas y considerado uno de los baluartes de la lírica catalana contemporánea. Figura señera del movimiento *noucentista* de principios del siglo XX, que coincidió con la modernización de la lengua catalana y la institucionalización de su cultura, a él se debe la puesta en hora de la tradición lírica catalana –según la opinión de Gabriel Ferrater (2001: 29)–, pues llevaba tres siglos de retraso con respecto a las principales culturas contemporáneas. Virtuoso del verso y de la lengua, es uno de los poetas indiscutibles del canon catalán, y sería mejor conocido allende sus fronteras lingüísticas si su sistema literario hubiera sido más potente y si el preciosismo poético del autor (siempre acompañado de ingenio y de una imaginación lingüística portentosa) no hubiera desafiado cualquier traducción. Cabe añadir una variable más en el todavía no completo conocimiento de su obra (dentro y fuera de Cataluña), y es que fue uno de los escritores que proclamaron que jamás regresarían a su tierra mientras el dictador Francisco Franco gobernara en España; sin embargo, lo incumplió poco antes de morir, cuando ya padecía una demencia y sus allegados vieron la última oportunidad de que los amigos que había dejado homenajearan al poeta y él pudiera recuperar el país natal que no había vuelto a pisar desde los años treinta.

La derrota de 1939 no fue el motivo de su separación de Cataluña, pues en 1921 ingresó en el cuerpo consular español y ocupó diferentes cargos lejos de España durante su carrera diplomática: Génova, San José de Costa Rica, Le Havre, Hendaya, Madrid, Beirut, Bruselas y París. Siempre fiel al Gobierno de la Segunda República, en sus últimos años, al ser nombrado consejero de la embajada de París (entre 1937 y 1938), participó de las instituciones en el exilio que dieron apoyo a los expatriados, y en 1939 decidió exiliarse a México, tras la propuesta de ayuda ofrecida por el presidente Lázaro Cárdenas. En la capital azteca residió mientras duró la Segunda Guerra Mundial, en compañía de su segunda esposa, la crítica belga Émilie Noulet, y de uno de los hijos de su primera mujer (la chilena Carmen de Ossa y Vicuña, que había muerto en Beirut en 1935). Por el hecho de haber publicado gran parte de su producción poética antes de la dictadura franquista y de haber residido en el exilio (primero en México y después en Bélgica), su obra se vio dispersada, no reeditada o mal conocida durante muchos decenios.

Además de ser uno de los grandes poetas del novecientos, la lengua catalana contemporánea también debe mucho a la creatividad de la prosa de Carner, no solamente la imaginativa sino también la periodística o la utilizada en sus traducciones. Y además de sus libros de prosas literarias y de artículos, también escribió algunas obras de teatro, aunque no podamos considerarlo un dramaturgo *estricto sensu*. Tras algunas incursiones puntuales en el arte de Talía durante sus casi primeros cincuenta años de vida, principalmente en su juventud, ya en el exilio mexicano escribe la pieza dramática titulada *Misterio de Quanaxhuata* en español, la única de sus obras compuesta directamente en esta lengua, y que, según Jordi Sala (estudioso de la obra carneriana y hombre de teatro), «desgraciadamente, la erudición hispánica desconoce», a pesar de ser «una pieza que por calidad, a mi entender, merece un lugar entre la mejor literatura dramática en lengua española del siglo pasado» (2013: 1453). La presente investigación pretende explicar el porqué de la creación de esta pieza teatral, los motivos de la elección de esta lengua y la particular elaboración estilística que llevó a cabo en dicho texto escénico que unos años después versionó al catalán, aunque con variaciones, con el nombre de *El ben cofat i l'altre* (1951).

UNA OBRA DE TEATRO EN ESPAÑOL EN EL EXILIO

Josep Carner había traducido obras ajenas al castellano y también había escrito a lo largo de su vida artículos en esta lengua (colaboró en la prensa de Costa Rica, cuando fue cónsul de San José, y también fue columnista asiduo del periódico madrileño *El Sol*), pero no se tenía constancia de que hasta mediados del siglo XX hubiera concebido una obra de imaginación en español, puesto que todos sus libros de poemas habían sido compuestos en catalán. Debemos recordar que, recién llegado a México, publicó la traducción española de *Nabí*, un poema largo escrito en 1938, que puede interpretarse como una muestra del deseo por ver editada la que muchos consideran su obra más ambiciosa, aunque tuviera que ser en otra lengua diferente de la utilizada para su composición. Nada impide pensar que esta traducción fue un gesto hacia el pueblo de acogida, como se desprende de la «Nota liminar» de Carner, que precede a su versión española: «En 1939, ya entre estos nobles valedores mexicanos, vertí mi poema a la lengua castellana, con fines como de más acercada plática» (2002: 41). Así pues, como muestra de agradecimiento y para poder entablar un diálogo más próximo con los lectores e intelectuales del país de acogida, Carner decidió traducir su *Nabí* y publicarlo en la recién inaugurada editorial Séneca.

Acostumbrado a las contingencias de la vida consular, Josep Carner decidió integrarse tan bien como pudo en el país de acogida, entabló amistad con Alfonso Reyes y otros intelectuales y empezó a colaborar como profesor en El Colegio de México (que ayudó a fundar) y la UNAM, además de intentar echar una mano a los compatriotas exiliados que llegaban a tierras mexicanas. Manuel Durán recuerda que, siendo él aún joven, conoció al poeta en los años cuarenta, y nos ofrece un retrato de Carner en México:

> ... ante todo, una presencia humana llena de alegría, de esperanza, de optimismo. Nos hablaba de una continuidad histórica y cultural, nos incitaba a creer en nosotros mismos y en el futuro. Era, indiscutiblemente, un inspirador, un líder poético e intelectual, carismático, sin excesos emocionales o irracionales. Era, sencillamente, un escritor dotado de gran simpatía personal, magnetismo, inteligencia y sensibilidad (Durán, 1984: 5).

Esta era la impresión que causó en el círculo de exiliados, pero también de intelectuales y alumnos suyos que tuvo en México, y el agradecimiento por la buena acogida recibida quedó plasmado en la dedicatoria del libro que nos ocupa. En el frontispicio que abre el *Misterio de Guanaxhuata* el autor dedica esta obra al poeta e intelectual mexicano Francisco Orozco Muñoz, aludido como «tutelar amigo», no solamente por haberle llevado a Guanajuato, sino por haber «contagiado gratos lugares y gentes de Europa con su amor a México». Esta pieza teatral, además de ser presentada modestamente como un «esparcimiento» —como se lee en dicha dedicatoria (2004: 49)–, también es una muestra del interés por la diversidad cultural, los paisajes y la historia de la tierra de asilo. Y qué mejor manera de evidenciar dicha gratitud que preocuparse por una de sus leyendas y desarrollarla en una lengua que podían leer perfectamente sus amigos y anfitriones centroamericanos, y que él también dominaba. En el prólogo a la traducción francesa, su mujer, Émilie Noulet, vuelve a confirmar el origen de esta obra, escrita «en témoinage de reconnaissance envers le Mexique, qui ouvrit ses portes aux Republicains loyaux» (Noulet, 1963: 4).

Tengamos presente que este *Misterio de Quanaxhuata* es la historia de un anacoreta que abandonó la vida de príncipe (el Desgreñado), quien por azar coincide con un antiguo amigo de juventud (el Tocado) cerca de un cerro de Guanajuato donde ambos han descubierto las rocas donde creen que se ha manifestado la divinidad de la Rana dual a la que veneran: el primero de una manera íntima y el segundo de forma pública, pues se ha convertido en su sumo sacerdote y ha organizado un ritual de ofrenda de sangre para convertir a un hombre en dios. Ambos acaban reconociéndose, y temeroso el Tocado de que el Desgreñado haga público que fue su antiguo amigo quien acabó de esculpir las ranas, le hace prender para ofrecerlo en sacrificio a la divinidad. El Desgreñado se ve ayudado por la Sin Nombre (una temerosa joven medio salvaje), que le desata parcialmente y le permite, en pleno acto de sacrificio, forzar al Tocado a ser el primero en tomar el veneno que le llevará a la muerte. Al sobrevivir al ritual, el Desgreñado acaba convirtiéndose en hombre-dios y es venerado como tal, recibiendo ofrendas y peticiones de los creyentes. Ante una gran sequía, es requerido para obrar el milagro de la lluvia, pero desata un diluvio que acaba destruyendo a parte del pueblo creyente. El Desgreñado toma conciencia de la fuerza de la divinidad y de la impostura que ha asumido al creerse hombre-dios, por lo que acaba regresando a su vida errabunda, en compañía de la Sin Nombre, y vinculándose a una existencia modesta ligada a la tierra, sin pretensiones y alimentada por un amor correspondido.

No deben extrañarnos estas muestras de gratitud de Carner, puesto que en México halló cobijo, amistad, trabajo y comprensión, es decir, una nueva estabilidad tras algunos años de incertidumbre personal, ya que encontrarse a los cincuenta y cinco años, viudo y con hijos a su cargo, sin la seguridad laboral de una carrera diplomática, sin poder volver a su país, exiliado a principios de 1939 en Francia y con la amenaza nazi por toda Europa, no debía ser el mejor panorama cuando, al fin, decidió embarcarse rumbo al continente americano. No fueron estos textos citados los únicos lugares en que Carner dio muestras de agradecimiento hacia el pueblo mexicano por recibirle con los brazos abiertos en su exilio y, a su vez, por acoger a tantos otros expatriados catalanes. En un discurso conmemorativo del cuarto aniversario de la ejecución del presidente de la Generalitat republicana, Lluís

Companys, Josep Carner no se olvidó de dedicar un párrafo a los amigos de México presentes en la sala (quizá autoridades o compañeros de los exiliados en ese país):

> ... mai no oblidem, amb viva gratitud, que si hem pogut lliurar-nos àdhuc en aquests anys a les nostres celebracions patriòtiques, ha estat perquè el vostre gran país hospitalari, permeat per les vostres idees humanitàries, ens ha permès de fundar una nova llar, de valer-nos amb el treball i de conservar la nostra condició d'homes lliures (Carner, 1985: 57).

La escritura en castellano del *Misterio de Quanaxhuata* no puede ser vista como ejemplo de duda respecto a la lengua de creación; al contrario, a menudo encontró Carner en su propia lengua el refugio de la patria irrecuperable, aquel lugar que le impedía caer en la melancolía mórbida, o bien una vía para mantener vivo el fuego de una cultura propia. En la nota que encabeza su traducción de *Nabí* al castellano, escrita ya en México y publicada en 1941, recordaba los últimos meses de 1938 y como «[e]n aquel otoño parisiense, escribí prácticamente todo mi poema, fiel a mi nativa lengua catalana, contra la cual se encarniza hoy una Nínive pigmea» –en clara alusión a la dictadura franquista que dominaba Cataluña desde 1939– (Carner, 2002: 41). No podemos decir que el punto de vista variara un ápice si prestamos atención a sucesivos discursos que pronunció en certámenes literarios del exilio en los años cuarenta, donde reiteró el compromiso inquebrantable con su idioma (que es identidad, historia y filosofía de las gentes de este pueblo), como vemos en esta intervención en la ceremonia de entrega de los Juegos Florales de la Lengua Catalana celebrados en París en 1948:

> La fidelitat a la nostra llengua és, diríem, el nostre mitjà propi d'expandiment, i el senyal, doncs, de la nostra fe. [...] Obstinats, continuem d'expressar el millor de nosaltres mateixos en la nostra llengua materna, tradicional, mai no abandonada, que fou en altre temps política, jurídica, diplomàtica, il·lustrada per poetes i savis, inspiració persistent de la nostra vida i de tots nosaltres. La llengua catalana és la nostra identitat, la nostra història i filosofia implícites, ensems tradició i programa (Carner, 1985: 66).

La peor crítica a esta decisión de escribir una obra en español por parte de quien siempre había defendido, desde el final de la Guerra Civil, que le pueden quitar todo a un exiliado salvo la posibilidad de hablar en su lengua, llegó desde una revista recién creada en Coyoacán por expatriados catalanes, con quienes Carner había coincidido y colaborado en otra publicación, pero entre quienes ya se habían planteado discrepancias de corte ideológico y político (Manent, 1969: 273-274).

En el primer número de *Quaderns d'Exili* (de septiembre de 1943), el novelista Lluís Ferran de Pol escribió un artículo titulado «Contra l'obra d'en Josep Carner: *Misterio de Quanaxhuata*», donde se tildaba de error grave que debe denunciase su composición en castellano, aunque comprende la situación del escritor catalán expatriado en un nuevo país, pues solo le queda «callar o escriure en espanyol», al no poseer dividendos que patrocinen su creación. Ferran de Pol (1943: 3) afea a Carner que no utilizara el catalán para hablar del país de acogida y, sobre todo, que pueda presentarse Cataluña como un país bilingüe a ojos hispanoamericanos. El gesto de Carner le parecía a Ferran de Pol totalmente incomprensible, al adoptar la lengua del represor, pues en aquel momento la dictadura franquista imponía el español en Cataluña y se prohibía el uso del catalán, e incluso la edición de obras de Carner.

Ciertamente, Carner escribió algún poema en catalán dedicado a México, este es el caso de «Xicranda de Mèxic» («Jacarandá de México», que incluiría en el volumen *Arbres*, 1953) y «Temes de la lírica nàhualt» (cuatro poemas breves incorporados en el volumen revisado de sus versos: *Poesia*, 1957). Ninguna de estas composiciones aparece con dedicatoria alguna, ni consta que Carner escribiera ningún verso en castellano (dedicado o no al nuevo país de acogida), por lo que siempre se mantuvo fiel a la lengua de su lira, pero también al uso del catalán entre sus compatriotas. Otra cosa era la prosa periodística o el ensayo, que él había practicado desde hacía muchos años en catalán y en castellano. De su estancia en México, no obstante, se conservan textos escritos en catalán, en publicaciones periódicas de exiliados, pero también traducciones y colaboraciones en castellano, estas últimas aparecidas en revistas de aquel país (propias o impulsadas por expatriados).

¿Podríamos considerar que a sus ojos este «esparcimiento» en prosa, por mucho que se tratara de una obra de teatro, quizá no tenía el mismo estatuto literario que el de sus creaciones en verso? Aunque improbable, quizá haya algún ingrediente cierto en esta hipótesis. En todo caso, concebir esta obra en español no representaba para Carner ninguna afrenta a su idea de nación ideal con una lengua propia. Además, debemos tener en cuenta que, más que ningún otro género, el teatro precisa de un espectador inmediato que pueda llenar una sala y justificar la inversión económica de un montaje, por lo que, en un país extranjero, si se desea hacer un homenaje teatral a aquella tierra quizá lo más lógico es crearlo en la lengua de quien pueda apreciar dicha gratitud. Aunque nunca fue representada esta pieza en México, recuerda Jaume Coll que en el fondo documental del poeta cedido a la Biblioteca de Catalunya se conserva una tarjeta de invitación a una lectura de diferentes pasajes de este texto a cargo del poeta en la Sala de Conferencias de la Facultad de Filosofía y Letras de la UNAM el 28 de abril de 1943, por lo que sí tenía presente una idea de público inmediato al concebir esta obra (2004: 32).

Finalmente, hay dos elementos más que se han de tener en cuenta para comprender la decisión de Carner de escribir una pieza teatral en castellano. En primer lugar, quizá pudiera tomarse esta empresa literaria como un reto personal para poder demostrarse y demostrar su capacidad de escribir en una lengua que no le era propia, un desafío que, hasta cierto punto, no solamente permitiría evidenciar su proverbial virtuosismo lingüístico, sino, por extensión, también las capacidades del resto de expatriados catalanes acogidos en México. En este sentido, entonces, la idea de «esparcimiento» deberíamos tomarla como un entretenimiento con un objetivo claro de hacer gala de sus capacidades creativas. La traducción castellana de *Nabí* había sido una oferta de diálogo, y quizá una forma de dar a conocer su escritura y sus cualidades; y para uno de los primeros comentaristas del *Misterio*, Enrique Díez Canedo, desde las páginas de *El hijo pródigo* en 1944, también este texto cumplía una función semejante de «aproximar la personalidad del poeta a los que no estén familiarizados con sus obras fundamentales en lengua catalana» (1944: 320).

En segundo lugar, quizá debiéramos preguntarnos por qué concretar este homenaje en una obra de teatro y no utilizar un poema largo (como el *Nabí* que acababa de traducir) o una novela para ficcionalizar la leyenda de Guanajuato. No se conservan demasiadas historias en prosa contadas *in aextenso* por Carner, y menos de su época de madurez; además, como poeta que se acaba de ejercitar en el poema largo, siempre prefirió el verso. Puede que desestimara el poema extenso porque le debía resultar más costoso rimar en castellano, como ya vimos en su traducción española de *Nabí*: aunque realizó una adaptación en verso, desestimó mantener también la rima original y se decantó por el verso blanco (un instrumento muy poco utilizado en su obra poética).

Quizá debamos poner en relación esta composición teatral con las actividades docentes que realizaba Carner en la universidad: sabemos por el mismo autor que en 1942 impartió un curso de Historia de Política Moderna (en la Facultad de Filosofía y Letras de la UNAM) y otro de Historia de la Cultura (en el Centro de Estudios Históricos, que repitió en 1944 en la misma institución), y que durante tres años (entre 1943 y 1945) dictó un curso de Literatura Comparada: El teatro, «con variación de temas», otra vez en la UNAM (Carner, 2004: 221). Parecería muy casual que el año en que logra que la universidad le contrate para impartir teatro comparado sea el mismo en que se libra a la composición de una obra dramática si no tuvieran ninguna relación. Ya se ha apuntado anteriormente que no es la primera incursión de este autor en el arte de Talía, aunque de ello hacía ya muchos años y poco menos que consideraba aquellos textos pecados de una edad temprana. Además, recordemos que había dedicado su tesis doctoral al teatro de Carlos Arniches, y que hacia 1930 prologó el primer volumen del *Teatro escogido* de dicho dramaturgo. Sin embargo, ¿qué mejor manera de acreditar un profundo conocimiento teatral y asegurarse la plaza docente que publicando en español y en México una obra de teatro? Desconozco si sucedieron así los hechos, o fue la preparación del curso de teatro comparado lo que desencadenó la composición de su *Misterio de Quanaxhuata*, pero, en todo caso, no es descabellado relacionar ambas circunstancias. Por otra parte, si deseaba confrontar en su obra dos concepciones sobre la religión, una más ortodoxa e institucional (defendida por el Tocado) y otra más personal e intuitiva (propuesta por el Desgreñado), ¿qué mejor que un género dialéctico como el teatro?

LA VALIDEZ UNIVERSAL DE UNA LEYENDA INDÍGENA

En la «Nota liminar» a la traducción española de *Nabí* –una versión relativamente libre del episodio bíblico de Jonás y la ballena–, Carner recordaba la situación en que redactó este largo poema dividido en cantos: «En la triste pendiente de 1938, viviendo mis angustias de patriota y de hombre en un mundo abertal y sin rocío de santidad, quise entregarme de nuevo al encanto de una muy venerable leyenda». Más que apostar, pues, por una poesía comprometida y realista con la historia o su tiempo, parece que el poeta catalán prefirió escribir una alegoría sobre «la irónica y dulcísima didáctica del perdón» (2002: 41), y al cabo de tres años –al redactar estas palabras a modo de breve prólogo– continuaba con la misma actitud, quizá porque la situación de su pueblo y del mundo en general se había agravado: en 1939 la Guerra Civil española desembocó en una dictadura destructora para su Cataluña, y aquella contienda se vio sustituida por la Segunda Guerra Mundial. Para concluir esta pequeña nota, Carner añade que «[s]iguen en el mundo la opresión del espíritu y los amagos soterraños; pero yo prefiero ser anacrónico y, como el niño dormido que cantó el poeta, sonreír a lo que descubro con cerrados ojos» (2002: 41). Más que centrarse en la desagradable y adversa realidad inmediata que le rodeaba para encontrar estímulo para sus creaciones, parece preferir el poder de la imaginación, ser anacrónico y no desdeñar la verdad de la leyenda.

Esta actitud personal, que podría parecer un poco escapista y contraria a la defensa de los ideales republicanos y a la causa de la lengua y del pueblo catalán, tal vez no lo sea tanto si consideramos que este anacronismo deliberado puede encerrar una postura igualmente comprometida. En un artículo de 1935 titulado «Universalitat i cultura», Carner constata una crisis de lo universal, porque se pretende confundir universal con uniformismo absolutista; por el contrario, él entiende que la lengua debe ser particular (porque refleja la sensibilidad y la inteligencia de cada pueblo) pero el espíritu que vehicula debe tender al ideal común incontenible. Así pues, cada pueblo o cada cultura debe aspirar a una devoción universalista, y se logrará no encerrándose en sí mismos, tal y como hizo el pueblo hebreo que convirtió su dios en Dios de muchos. Para Carner, nada es autóctono, sino fruto de influencias e intercambios, y lo particular no existe «si no és com a aturada supervivència d'una antiga característica més extensa» (1986: 185), como si hubiera unas verdades humanas generales que se concretan en lo más auténtico de las manifestaciones culturales locales (desconozco si Carner conocía el concepto de *inconsciente colectivo* de Carl Jung, pero algunos pasajes de este texto coinciden en un planteamiento semejante sin el argumentario psicológico). Las más genuinas manifestaciones particulares de cada cultura, además de reflejar un talante específico, también responden –por su misma autenticidad humana– a una problemática o característica genérica, universal, y por ello son doblemente válidas. Desde esta perspectiva, pues, cuando Carner se interesa –aunque casi podríamos decir que se refugia– por lo *legendario* y *anacrónico*, por utilizar sus mismas palabras, no renuncia a lo histórico y temporal, sino que utiliza el particular ancestral para apelar a una inquietud personal e incluso a una preocupación de época y, por consiguiente, a una problemática general.

Es muy útil leer la reseña que dedicó en 1943 –año en que publicó su *Misterio*– al libro que su buen amigo Alfonso Reyes acababa de ver publicado en la universidad de México, titulado *Última Tule* (1942), que describe como una valoración del significado de América. Carner hace notar la oportunidad del libro en un momento de catástrofe mundial y cuando los que llama *neospenglerianos* anuncian la decadencia y agotamiento del modelo europeo y estimulan la rehabilitación de América «per al salvament del tresor esencial de la humanitat» –una opinión que constata muy extendida por todo el continente americano–, cuya esfera intelectual se está superando. Las fuerzas reaccionarias, con gran estrechez mental, fomentan desconfianzas balcánicas entre los países de este continente e intentan que se unan bajo el yugo de la España de Franco, muestra de «nacionalisme tancat i barrat» (1985: 189-190). Junto a las posibilidades reales y crecientes, valora que Reyes recuerde las obligaciones de los americanos, y no duda en copiar un pasaje de la obra sobre el que «els catalans faran bé de meditar»: el poeta mexicano recuerda que los que se criaron dentro de una cultura en auge o con fuerza imperial se han visto limitados por ese orbe, pero los mexicanos –igual que otros pueblos del nuevo continente– «hemos tenido que buscar la figura del universo juntando especies dispersas en todas las lenguas y en todos los países. Somos una raza de síntesis humana. Somos el verdadero saldo histórico» (cf. Carner, 1985: 190).

No cabe duda de que estas palabras que cita Carner, pronunciadas por un intelectual que considera de los más «gloriosos» y «universales», debían tener un significado para los exiliados catalanes y para él mismo, puesto que al reflexionar sobre el pueblo catalán –inmediatamente– recuerda que es «un poble massa petit per a poder subsistir sense esperit d'universalitat i exigencia de perfecció». La suerte de Cataluña, como pueblo, o de los expatriados catalanes tiene que ir ligada a la de estas tierras americanas, porque han tenido la suerte de poder conocerlas directamente y apreciarlas: «... la nostra esperança ha d'ésser solidària de la d'aquests pobles americans; i han estat sortosos els fills de Catalunya que hagin après a estimar-los en l'honor de servir-los, en un contacte més íntim» (1985: 190), lejos del condescendiente imperialismo español o de las superficiales atenciones francesas. Vemos que el conocimiento del otro y el diálogo entre pueblos es para Carner un lujo y un enriquecimiento, y, al mismo tiempo que intenta valorar la oportunidad que ofrece el exilio –en vez de ofrecer una nota nostálgica o apesadumbrada–, destaca que el contacto más íntimo con estas otras culturas debe desembocar en una nueva síntesis de elementos dispersos que ayuden a alcanzar el espíritu de perfección y de universalidad que requiere toda empresa humana.

Incapaces de poder datar todos los poemas que Carner escribió durante la Guerra Civil española, la Segunda Guerra Mundial y parte de su exilio (entre el final de los años treinta y la década de los cuarenta), sí podemos constatar que en 1938 utilizó el Libro de Jonás del Antiguo Testamento para su *Nabí* –después de un conocimiento directo del Próximo Oriente desde el Líbano, pues fue cónsul de Beirut entre 1935 y 1936–, y que, puestos a agradecer la hospitalidad del pueblo mexicano, escribió en castellano una reinterpretación dramática de un mito precolombino. No puede extrañarnos esta curiosidad de Carner por las culturas ajenas, puesto que en 1935 publicó en catalán una extensa antología de poesía tradicional china, adaptada en verso a partir de traducciones francesas e inglesas, en el volumen *Lluna i llanterna*, y que a lo largo de su vida copió y tradujo al catalán una gran cantidad de dichos y aforismos de diferentes pueblos y países que vieron la luz en el volumen póstumo titulado *Proverbis d'ací i d'allà* (1974). Según comenta Émilie Noulet en el prólogo a esta obra, a pesar de que «revelen la peculiar psicologia de cada nació, no deixen de tenir els proverbis un fons comú» (1974: 12), porque son una manera de «contenir l'Univers en pocs mots» (1974: 10). En los refranes de diferentes pueblos, una vez más, Carner encontraba lo común y general a la humanidad concentrado en breves formas características y muy peculiares, propias de la psicología de cada pueblo: «Ell se sabia i se sentia universal i trobava arreu, mitjançant els proverbis, aquell mateix poder de comprendre enllà de les aparences i de deduir malgrat les servituds» (1974: 11). Aunque en este libro no se recoge ningún aforismo mexicano (solo dos españoles), su esposa refiere dos anécdotas en el prólogo que Carner recordaba a menudo, así como su actitud de interés y atención hacia las gentes de aquel país, y a los poemas de tradición popular:

> ... durant la guerra de 1940-1945, en el nostre exili de Mèxic col·leccionava les saboroses històries locals que tan sovint, en un país on el pauperisme havia regnat de manera endèmica, es referien al problema de l'alimentació. Ell n'esmaltava la conversa, que aviat, allí com en d'altres indrets, adquirí la fama de ser brillant i atractiva. [...] Amb el mateix esperit havia aplegat nombroses corrandes espanyoles veient-hi, amb raó, el súmmum de la poesia concisa i breu, tot i que vesteix les variants infinites del diàleg d'amor (Noulet, 1974: 13).

Para un poeta que desde 1921 se había visto forzado a deambular por el mundo sin residencia fija, dependiendo su destino de las exigencias del cuerpo diplomático español y, más recientemente, del desenlace de dos guerras, seguro que habían de resultarle interesantes las diferentes manifestaciones culturales que debió de encontrar en cada país, pues concretaban las necesidades y la mentalidad de cada pueblo y, en definitiva, expresaban una inquietud humana de naturaleza general. Llegado a México, sin duda, no pudo evitar que le llamaran la atención los restos de las antiguas civilizaciones que habían poblado el país y que habían producido una gran cantidad de mitologías, ritos y leyendas que aún podían hallarse presentes en muchas costumbres, relatos o restos arqueológicos. Para Enric Bou no hay mejor gesto de universalidad y perfección que la escritura de este *Misterio*, en contraposición con la actitud de los españoles que llegaron al nuevo mundo a finales del siglo XV:

> En comptes de la conquista destructiva, la integració, l'aprenentatge de la cultura que allí trobà, la transformació en matèria literària. Aquesta, juntament amb el sentit més metafísic, el decisiu, de l'obra és la gran troballa i la lliçó de Carner (Bou, 1992: 54).

La impronta de México seguía presente incluso después de abandonar el país y pasar a residir en Bruselas, como dejó claro a Baltasar Porcel, cuando en 1966 le visitó para entrevistarle. El narrador balear encuentra a un Carner con las maletas preparadas, ya que, gozando del hecho de poseer pasaporte y nacionalidad mexicana, está a punto de regresar para disfrutar medio año allí, donde reside y trabaja su hijo. De todas formas, lo que más sorprendió a Porcel es que las paredes de su piso belga estaban llenas de «màscares mexicanes i somrients», y el viejo poeta le hizo notar que «[é]s important que somriguin, les màscares mexicanes, perquè així són d'una espècie estranya i inhabitual» (1966: 37). Es el detalle de la sonrisa lo que debió llamar la atención a Carner, porque reflejaban el carácter particular de la cultura que las había creado y, en el fondo *sub specie aeternitatis*, seguro que veía en ellas un rasgo humano relacionado con lo grotesco y lo cómico de la vida.

En una prosa de 1929, Josep Carner ya expresó la atracción que ejercía México como país, y esperaba que algún día Josep Pla se dejara seducir por aquella nación de pueblos diferentes, y, especialmente, por su riqueza de civilizaciones y leyendas, como detalla al inicio de este artículo titulado «L'atracció de Mèxic»:

> Hi ha molt a veure i a sentir: les deixalles imponents i la supervivència astorada de l'esperit de l'antiga civilització heliolítica; el paisatge potser més típicament americà de tot Amèrica; les llegendes dels cabdills que podrien omplir grosses de pamflets com el de Blasco Ibáñez; la vivacitat i la cruesa del romanticisme hispanoindi que descriuen Hergensheimer en el seu *Tampico*, Somerset Maugham en un dels seus capítols més delectables del seu *Ashenden*, Lawrence en la seva admirable historia d'un torero asteca; la compensació d'un garbuix d'influències modernes per una revifalla, empeltada amb la teosofia, del fons essencial amerindi (1994: 119).

Además del pintoresquismo americanista de su paisaje y de los relatos que habían tratado algún aspecto mexicano –y que antes que a él atrajeron a destacados escritores–, Carner destaca las antiguas civilizaciones y las leyendas como elementos seductores de este México que ya pudo descubrir a finales de los años veinte, pero que no conocerá en profundidad hasta que acabe exiliado en aquella latitud. Y una vez allí se aproximará con devoción al conocimiento de aquel país y a la riqueza de su cultura, de manera que elogiará a quien lleve a cabo un ejercicio semejante. Una de las pocas reseñas que escribió en castellano en México fue publicada por *España Peregrina* en agosto 1940, y en ella destacaba un volumen de Francisco Azorín, titulado *El primer milagro de la catedral angelopolitana*. Este arquitecto y político español exiliado en México relata la «leyenda» del idilio entre el arquitecto Pablo García, autor de la catedral de Puebla, y una princesa indígena, y la subtitula *Cuadros anecdóticos hispano-nahuas, siglo XVII*. Carner destaca de Azorín que «quiso para un mayor acercamiento y compenetración, revolver los archivos, saber secretos del pasado, símbolos de valores eternos». A propósito de esta obra, Carner elogió la capacidad que tienen los hechos específicos del pasado (aunque sean legendarios) de convertirse en símbolos de validez universal –para utilizar una argumentación parecida a la expuesta años atrás en el artículo «Universalitat i cultura»–.

El libro de Francisco Azorín muestra, ejemplarmente, cómo debe comportarse el expatriado con respecto al país de acogida (fomentando el *acercamiento* y la *compenetración*, como hemos leído), y por ello inicia la reseña con una reflexión sobre el exilio y los exiliados, sabiendo muy claramente cuál era el lector tipo de la revista donde aparecía esta nota: «Nada debería desencaminar a los españoles acogidos a la hospitalidad mexicana, de esta riqueza que les rodea en el paisaje, en el cielo, en el suelo, en la historia, en los afanes del espíritu y en la misma grandeza de las cuitas». Carner aconseja a los exiliados españoles, como él, que se dejen seducir y convencer en su totalidad por el nuevo país que les acoge, y que se preocupen por conocerlo en todos sus aspectos, presentes y pasados. Cualquier rechazo, por añorar la tierra que se ha tenido que dejar, así como cualquier actitud de menosprecio –recordando pasadas glorias coloniales–, sería un gran error que cometerían estos expatriados: «Estos son pasajes en que toca a los lejanos descendientes de los venidos en carabelas no empequeñecerse en nostalgias lugareñas ni mucho menos permitirse la esquividad petulante sino cobrar ámbito y crear con nueva y poderosa emulación» (1985: 181). Cada exilado debe aprender del nuevo lugar y crear dejándose influir por el nuevo substrato (físico, histórico y legendario), puesto que, como ya sabemos, solo a través de la autenticidad de lo particular se alcanza la reflexión universal.

¿No es esta la actitud típica de Carner ante cualquier nueva tierra de acogida? Y, si es así, ¿no será lógico que se deje atraer por una leyenda antigua prehispánica para volver a escribir, ya en México? Recordemos que dedica este *Misterio de Quanaxhuata* a Francisco Orozco Muñoz, hijo de Guanajuato, y con quien compartía algo más que el hecho de escribir versos: Orozco también había nacido en 1884, era profesor de la UNAM, había estudiado medicina en Bélgica –nación que Carner conocía bien– y había formado parte del servicio diplomático de su país. Miembro fundador de la Sociedad de Cultura Mexicana, seguro que charló largamente con el poeta catalán sobre los ritos y los relatos mitológicos precolombinos, y puede que al llevarlo a su ciudad natal le contara la veneración que habían recibido dos rocas de un cerro próximo que semejaban dos ranas. Carner documenta con una cita del historiador local Fulgencio Vargas la presencia de esta montaña que «presenta en su cima dos perfiles perfectos de ranas: una con la cabeza erguida, y la otra en actitud de lanzarse al abismo. A lo que parece, son dos de tantos caprichos de la naturaleza» (cf. Carner, 2002: 51). La cita, extraída del libro *Proceso histórico de la metrópoli guanajuatense*, recién aparecido aquel 1941, sirve para constatar la autenticidad de estas rocas, así como una mirada racionalista al paisaje, pues tal cronista las describe como caprichos naturales. La confrontación de la percepción objetiva de la realidad con la reelaboración mítica debía llevar a reflexionar a Carner sobre la mentalidad primitiva, y cómo se dota la naturaleza de valor totémico y a su alrededor surgen unas creencias y unas prácticas que derivan en una fe institucionalizada y un conjunto de dogmas. Recordemos que este *Misterio* se basa en una leyenda precolombina y tiene como tema principal la oposición del control de esta fe (y la subsiguiente creación del rito) a una creencia más subjetiva y mística, aunque también se abordan en sus páginas otras cuestiones, como el discutible poder divino que pueden detentar los hombres (que siempre acaba en fracaso), la fuerza salvadora del amor o bien la desposesión en favor de una vida humilde y un vínculo con la tierra y la naturaleza.

En el prólogo a la versión francesa del *Misterio*, la traductora del texto y esposa de Carner, Émilie Noulet, indicaba que el poeta catalán siempre había querido reivindicar los rasgos característicos de su cultura, pero sin caer en el pintoresquismo descriptivo y yermo, al contrario: «Carner fit siennes les revendications culturelles et politiques de son peuple. Nulle étroitesse régionaliste néanmoins, mais, au soif de connaître, dans toute sa richesse contrastée, la richesse multiple du monde» (1963: 2). Lo universal a través de lo particular: este es el método carneriano que había aplicado en sus inicios mediante la presentación de paisajes, gentes y costumbres catalanas (que le permitían reflexionar sobre problemas e inquietudes de mayor alcance). A partir de los años de exilio, los pretextos creativos iban a tomar un sesgo legendario, o bien aprovechando un libro bíblico o bien una leyenda mexicana antigua para reflexionar sobre problemas personales, históricos o comunes.

EL ESPAÑOL LITERARIO DEL *MISTERIO DE QUANAXHUATA*

Josep Carner fue uno de los grandes difusores de la lengua catalana después de la reforma contemporánea de Pompeu Fabra y contribuyó con sus textos periodísticos, traducciones, poemas y prosas al desarrollo del catalán moderno. No obstante, y como ciudadano español, tuvo un conocimiento pleno del castellano y desde muy joven también tradujo a este idioma diferentes obras extranjeras, además de ser un gran lector. Aunque por un compromiso con su lengua y su cultura se entienda que siempre escribió literatura en catalán, son las circunstancias que acabamos de exponer las que le llevarían a componer una obra de teatro en la lengua del país de acogida, como muestra de homenaje y de integración. No debemos olvidar, además, que el español debió de ser una lengua completamente usual para él desde que marchara a Chile en 1915 para contraer matrimonio con su primera esposa. El hecho de haber tenido durante veinte años una pareja chilena y de haber trabajado en el cuerpo consular español debía de permitirle diferenciar entre el ánimo de los golpistas que habían derrocado la República española (imponiendo una dictadura y la prohibición del uso del catalán) y la lengua del afecto personal y del pueblo que había acogido a tantos refugiados catalanes como él. Además, tengamos presente que, ya en México, debía utilizar a diario esta lengua en la calle, con sus conocidos e incluso con sus alumnos. Ante este contexto lingüístico continuado a lo largo de los años y acentuado en el exilio, no debe extrañar que Carner se sintiera capaz de abordar la escritura de una obra en español, máxime cuando José Ortega y Gasset había confesado a Josep Pla que Carner era «el catalán de todos los tiempos que ha escrito mejor el castellano» (cf. Manent, 1969: 244), y que José León, director del periódico madrileño *El Sol*, donde Carner era columnista, reconociera a Francesc Pujols que «Carner hoy es el que escribe mejor el castellano de todos los que escriben. Un catalán ha conseguido escribirlo mejor que todos los castellanos» (cf. Manent, 1969: 330).

Es un lugar común de la crítica de esta obra resaltar el estilo lingüístico particular que Carner utilizó. Jordi Sala destaca «la bellísima prosa castellana de Carner, de una excelsa calidad literaria, donde el poeta puede ensayar algunas de sus figuraciones retóricas tan características y tan sublimes» (Sala, 2013: 1456), aunque muchos otros comentaristas han apuntado un carácter un tanto artificioso en su lengua. Albert Manent indicó que en esta obra de Carner encontramos un castellano ligeramente barroco, aunque correcto (1969: 276); para Enric Bou el español es arcaizante, pero de gran calidad (1992: 98), y Marina Gustà da un paso más y añade que le parece estudiadamente arcaizante (2003: 560). Valentina Ripa, por su parte, considera que «[l]a lingua è molto bella: poetica e straniante; il testo, però, con la sua sintassi e il suo lessico complessi, è difficilmente rappresentabile» (2008: 230), y se añade al coro crítico que ve en esta obra «una lingua castigliana pienamente corretta ma con uno stile assai originale e ricercato» (2008: 231). Hasta cierto punto, quizá debamos hablar de una manera particular de concebir y entender el registro literario de la lengua española, si atendemos a las consideraciones que hizo Jaume Coll sobre la autotraducción castellana de *Nabí*, aunque cabe tener en cuenta que algunas consideraciones sintácticas se explican por la necesidad de traducir en verso: «... en el texto se afianza un estilo propio, cultísimo, sin parangón, retórico, solemne, arropado por un despliegue léxico rutilante, abarrocado en el gusto sintáctico [...] y en el uso del hipérbaton inverosímil» (2002: 30). El castellano que Carner exhibe en su *Misterio de Quanaxhuata* no coincide con un español peninsular de mediados del siglo XX (recordemos que esta obra fue publicada en México en 1943), sino que se trata de una lengua particular, libresca y arcaica, quizá en parte condicionada por el habla de su mujer chilena y por otras tantas formas dialectales que el autor debió de aprender en sus lecturas y en el trato con las personas con las que coincidió en sus diferentes destinos consulares por todo el mundo, a lo largo de veinte años. El lenguaje está muy estilizado y premeditadamente repleto de derivaciones, arcaísmos y dialectalismos y le permite a Carner particularizar el habla de estos personajes que pertenecen a un mundo mítico, pero que también reflejan un cierto estilo coloquial de antaño, aunque esta vetustez del idioma sea una pura invención del mismo autor. Si se confirmara esta hipótesis, no sería la primera vez que había llevado a cabo un ejercicio semejante de retrospección temporal a través de un uso concreto del lenguaje. En el prólogo a su traducción al catalán de 1908 de *A Midsummer Night's Dream*, de William Shakespeare, ya advirtió del procedimiento creativo que había ingeniado para trasladar el habla fantástica de estos personajes de la antigüedad y del mundo mágico:

> No he guaitat, al fer aquesta traducció, el món real que em voltava, i a on deplorablement mancava lo exquisit i lo aeri; no és rar que hagi fet dir neologismes i arcaismes a personatges qui són en l'espai i el temps tan allunyats de nosaltres [...]; exceptuo solament les paraules barroques dels pallassos, en l'estil dels quals he pogut ésser alguna vegada naturalista, àdhuc seguir la curta tradició teatral del Renaixement català (Carner, 1986: 102).

Crear en la lengua un efecto distanciador (un cierto *extrañamiento* que diríamos de acuerdo con el formalismo ruso) mediante neologismos, arcaísmos, dialectalismos y lenguaje barroco y libresco para hacer sentir al lector que aquellos personajes y hechos pertenecían a otro tiempo e, incluso, a otro orbe de la realidad es el mismo procedimiento que parece utilizarse en *Misterio de Quanaxhuata*. Otro ejemplo de reelaboración estilística lo encontramos en una breve novela a imagen del gusto antiguo publicada por Carner en 1910, bajo el título de *La malvestat d'Oriana*. Esta es una «leyenda» de antaño escrita a la manera de las novelas medievales y con un premeditado uso de expresiones y palabras de aquella época, con el objetivo de rehabilitar algunas de ellas y de demostrar, al mismo tiempo, la importancia de la tradición catalana (haciendo gala el autor de su dominio libresco). Marcel Ortín, el mejor conocedor de la prosa carneriana, dijo de esta obra que se trata de un experimento lingüístico, es

en particular un experiment lèxic, d'assimilació en bloc dels vocabularis medie-
vals apresos en les seves lectures. Es tractava de defugir la vulgaritat assajant
un lèxic tan poc usat com prestigiós. En aquest sentit l'obra és un *tour de
force* del qual Carner sol sortir vencedor: hi acumula arcaismes, tants com
pot, usats sempre amb una precisió semàntica, i a penes el delaten algunes
paraules exclusivament modernes (Ortín, 1996: 229).

Por el hecho de situar la acción de este *Misterio* en un territorio mesoamericano
y, más concretamente, en una época antigua, donde tenían lugar los mitos fundacionales (y las ofrendas a los dioses se concretaban en ópalos y obsidianas), muchas de
las palabras están relacionadas con la vegetación propia de aquellas tierras: ahuehuete,
bejuco, paxtle, tunas o camote son nombres de árboles y plantas familiares para el
hipotético espectador mexicano de esta obra. El uso de estos vocablos –algunos de
origen náhualt– ayuda a invocar en la imaginación del lector el espacio en el que
sucede lo ocurrido, y, por lo tanto, a naturalizar las acciones relacionadas en aquel
lugar, al tiempo que conseguía un efecto de color local. También contribuyen al
mismo cometido los diversos nombres de animales que son aludidos: jaguar, zo-
pilote, quetzal, cuicacoche (pájaro de canto rico y diverso), crótalo (tomado como
serpiente) o chango (mexicanismo para hablar de mono). Además, y por el hecho
de pertenecer los personajes de este misterio a una sociedad vinculada con la naturaleza, hay diversas alusiones a accidentes geográficos, cultivos, construcciones o
herramientas que podían ser comunes para un mexicano y que son referidas mediante mexicanismos: cenote (pozo, manantial), milpa (plantación de maíz), jacal
(choza), coa (palo usado para la labranza), parvadas (conjunto de aves de corral o
bandada), piragua o triques (utensilios). Hay, pues, un doble objetivo en el uso de
estos vocablos: en primer lugar, reconstruir de manera verosímil el mundo antiguo
donde sucede la acción y, en segundo lugar, apelar a la imaginación lingüística del
futuro lector o espectador, asumiendo el vocabulario propio de todas aquellas realidades, y que pudiera resultarle más o menos familiar al destinatario de aquel país
por el hecho de pertenecer a una misma cultura. Pensemos, sin ir más lejos, que en
el prólogo se habla irónicamente de un «bandido de buena fe que si anda en ciertos
fregados es para sacarse un corrido» (2004: 54), en clara alusión a esas típicas composiciones musicales populares de México que a menudo rememoran las aventuras
y fechorías de algunos maleantes.

La deliberación en un uso concreto, arcaico y dialectal del lenguaje en esta
obra se hace evidente desde el mismo título, donde el autor opta por una transcripción antigua del topónimo: en vez de Guanajuato escoge Quanaxhuata, que,

al parecer, etimológicamente significaría 'lugar montuoso de ranas' en lengua purépecha (*kuanasï* es 'rana' y *uata* equivaldría a 'cerro'). Asimismo, podría no haber recurrido a ninguna referencia remática, ni detallar el subgénero dramático, pero decide titularlo *misterio*, remitiendo muy claramente a los *mistery plays*, composiciones medievales europeas en latín y lengua vernácula que, si bien reproducían pasajes bíblicos, con el tiempo fueron acogiendo elementos apócrifos, acentuando el carácter religioso y pretérito de la obra. Del mismo modo que existían unos Misterios de Eleusis en la antigua Grecia, quizá Carner quiso dignificar la leyenda precolombina y revelar aquello que podría haber ocurrido en un pasado remoto al intentar establecerse el rito de veneración de la Rana Dual, aunque fuera invención del autor catalán y sirviera para reflexionar sobre el concepto de fe, religión, sacralidad y poder humano.

Asimismo, y con la voluntad de asimilar (consciente o inconscientemente) los usos lingüísticos de la sociedad mexicana que le había acogido, y que debía convertirse en público de aquella obra, Carner también utilizó diferentes expresiones o giros propios de aquel pueblo. Jaume Coll, el gran conocedor de la obra carneriana, ya apuntó que en vez de *hablar* se utiliza constantemente la palabra *platicar* (2004: 23), pero no acaban aquí los mexicanismos o americanismos (de ello ya advirtió Jordi Sala, 2013: 1456), pues muchas veces es difícil establecer un límite exacto sobre el ámbito geográfico de uso. Veamos algunos casos con el sentido específico que le otorga el autor catalán: *atarantado* (impulsivo o imprudente), *encanijara* (enfadar o enojar), *me enfada* (aburrirse o hartarse de algo), *azoro* (azoramiento), *luego que* (así que o tan pronto como) o *no más* (solamente).

Carner hace que también algunos personajes del pueblo tiendan a utilizar diminutivos en sus intervenciones, quizá en un intento por caracterizar su habla. Del mismo modo, juega con las derivaciones de los vocablos, tal vez como muestra de cómo las gentes adaptan de muy varia manera las palabras a un uso particular y a veces caprichoso. En el prólogo a la obra, puesto en boca del Ahuehuete (un árbol centenario típico de aquellas tierras), se describe la costumbre de sus vecinos de escaparse a pasar el domingo fuera de su domicilio recurriendo a la derivación: «... ese interludio del descanso y broche de la semana en que las gentes se dedican sobre todo a movimientos veloces y arriesgados, tales como corridas, carreras, correrías, corrimientos y correteos de diversos géneros» (2004: 53). Hay otros vocablos no recogidos en las obras de referencia consultadas que parecen provenir de una derivación que Carner ha heredado. Veamos dos ejemplos. En primer lugar, se nos habla de un par de personajes que, con la garganta irritada, realizan un «escurcamiento de su gola» (2004: 105), que probablemente pueda derivar de *escurcar*, es decir, *esculcar*: mexicanismo que significa 'buscar de forma rápida e impetuosa', según el *Diccionario de americanismos*. En segundo lugar, hallamos la palabra *buscadero* («el refugio no era difícilmente buscadero», 2004: 150) en el sentido de que 'era fácil de encontrar', un derivado de *buscar* que hemos documentado en textos mexicanos y chilenos, aunque no con este significado exacto.

Es interesante esta alusión a Chile porque Carner tuvo mucho contacto con el habla de este país, puesto que de allí procedía su primera esposa y madre de sus hijos, y parece que queda algún rastro de esa influencia lingüística en este misterio. El caso más palpable es el uso de *guardadero*, un vocablo que es un claro chilenismo (Yrarrázaval, 1945: 188), formado como un derivado deverbal y que alude al lugar donde se guardan cosas: «... al azar de los caminos, pues no dispongo de guardaderos, y me enfada todo peso» (2004: 60). Del mismo modo, vemos una acepción particular del verbo *remecer*, y sus derivados, que puede que provenga de este español de América: el Desgreñado pide a uno de los fieles, que aparece fatigado por el camino y nervioso por hablar con el nuevo dios, «no te remezcas, sosiega un tanto esa respiración» (2004: 110), no tanto en el sentido de moverse de un lado a otro, sino más bien de estar alterado, agitado o incluso impresionado o conmovido. Este es un significado que encontramos en diferentes textos contemporáneos chilenos, y que se repite en la obra: «... remecía la angustia los palpitantes corazones» (2004: 63-64). Páginas más adelante, se nos habla de «un remezón de la tierra» (2004: 134), que según el *Diccionario de americanismos* es la palabra que en Chile se utiliza para designar una sacudida rápida y brusca. Además, cuando es necesario hacer una invocación a los dioses se habla de un «mágico llamado a la lluvia» (2004: 125), donde esta apelación a una entidad superior puede ser vista como un chilenismo (según dicho diccionario), aunque *llamado* es utilizado en un sentido semejante en diversas partes del continente americano.

Algunas otras veces es muy complejo establecer el origen de una palabra que a ojos de un lector español puede parecer inusual, como también es muy complejo determinar la zona donde se ha utilizado, sobre todo teniendo en cuenta que a lo largo de su carrera diplomática trató con otros funcionarios de procedencias diversas y que, además, en los años veinte Josep Carner fue cónsul de España en San José de Costa Rica y, por lo tanto, puede tener influjos lingüísticos de otras partes del continente americano. Así pues, cuando en relación con el desaliño del peinado del Desgreñado la princesa Rosicler exclama «no me parece que *esté* bonito» (2004: 123, la cursiva es nuestra), ¿debemos ver un americanismo que encontramos en textos mexicanos, colombianos o chilenos, o bien una expresión peculiar del español, también el peninsular, en usos más coloquiales? Lo mismo sucede con el empleo de *copete*, en el sentido literal y figurado del punto más alto: en una acotación, cuando el Desgreñado se halla en la cima de una peña, se nos indica que los personajes no tienen «*acceso a su copete*» (2004: 103), aunque al inicio el mismo Desgreñado había declarado que un encuentro notable como el que acaba de tener con el Tocado puede ser «copete de todo lo ocurrido» (2004: 67). Palabra extraña en un registro estándar del español de la península ibérica, el *Diccionario de americanismos* nos indica que en Costa Rica alude comúnmente al 'Punto más alto de una cosa, como un cerro, una montaña o un árbol', y quizá, por extensión, también a un momento álgido, destacado o representativo. No podemos descartar, además, la creatividad verbal de Carner, muy habitual en su obra catalana y cabe suponer que igualmente viva al pasar al castellano.

Finalmente, encontramos una gran cantidad de léxico, construcciones y locuciones que se escapan –como ya indicaba anteriormente– del español de mediados del siglo XX, y que remiten a una lengua un tanto arcaica o, en todo caso, dieciochesca, donde no solamente hallamos cultismos, sino también fórmulas verbales o expresiones coloquiales (más adecuadas al habla de los personajes), pero, sea como fuere, muy a menudo librescas: *ànima, obscuro, claror, negror, anegarme, nuda, arreboles de sangre, de allende*, etc. En este *Misterio de Quanaxhuata* el autor hace uso de vocablos que el *DRAE* marca que han caído en desuso, tales como *movedura, deslumbre, acometer* ('cometer yerros o malas acciones'), «me *hubo* de aquel miedo» (en el sentido de *tener* un niño o parir) o *ahíto* (entendido como quieto o permanente en un lugar). También los personajes pronuncian interjecciones o expresiones más populares o coloquiales, tales como *ea, carero, tiento* (en el sentido de 'trago'), *no me amagues* (por 'esconderse u ocultarse') o *no pego pestaña* ('no dormir'). Otra expresión como «me le hace más querido» (2004: 105), con una mezcla de leísmo y dativo ético, podría llevarnos a creer que es una muestra de coloquialismo, pero tanto lo encontramos en textos de Víctor Balaguer como en obras del siglo XVII de Fray Hernando de Zárate («me le hace fácil», 1853: 606) o santa Teresa de Jesús («Me le hace grande», 1851: 134), por lo que los límites, en estos casos, son muy vagos para entrar a valorarlos concluyentemente desde el punto de vista contemporáneo.

Sin voluntad taxonómica ni exhaustiva, sino para transmitir la sensación que tiene el lector ante la lengua de esta obra a medida que va avanzando en su lectura, desearía anotar el gran número de léxico o de construcciones no demasiado usuales, ni tan siquiera para un receptor de mediados del siglo XX que podría ser el destinatario ideal de esta obra. A continuación, pues, se presentan de manera acumulada y por orden de aparición en el texto las diferentes palabras, locuciones o expresiones que Carner pone en boca de sus personajes o que utiliza en las acotaciones, junto con paréntesis aclaratorios del sentido o del régimen (cuando es necesario precisar el significado del vocablo y no llevar a confusión):

> *mucho me holgué* ('divertir-se o entretenerse'), *levantados* ('elevados'), *aljaba, acechanza, descojo todo el cuerpo, de breña en breña, pareces* (en el sentido de 'aparecer', utilizado este último en una ocasión), *somero, medrado, medicinero, desmán, por quién te das, amigo muy acercado, faltriquera, preseas, acechos de pájaros, no ha mucho, comarcanos, cieno, ellas arriban, lugar cimero, nuestros pasados* ('antepasados'), *como semeja* ('señal o muestra'), *linfas, vertimiento, vergel de crecimientos, cargazón de lluvias, incitada a terrible enojo, tal cual vez, apetecía de pronto calamidades* (con uso transitivo), *regatos, ánimo levantisco* ('ingenio inquieto'), *menesteroso, pagan pecho, breñal, alón, mas, de puro pasmado, una curiosidad tengo todavía hincada, sofrenado, acicates de rebeldía, lo que no eran pero apetecían ser, imaginero, aposturas, trastrueca el sentido, desatentado, solercia, la más acepta a la deidad, abatidero* (forma antigua de *batidero*), *transparece, esta cuitada* (en el sentido de 'desventurada'), *bienquista, híspidas, avíos de plumas, traza singular, mi sola industria* ('destreza'), *saber prestadizo, conservé una partija de mi seso, acechanzas, entrambos, tósigo* ('veneno'), *gazapera, los más cumplidos* ('plenos o perfectos'), *fuerza es que le siga, entreparecer, parejos, asomos, no te azores de mí* ('sobresaltar'), *hoja de renuevo, bermejos, medro, lucias, se ufanarán los palacios, horados, deshinquemos, acaecer, embebida, deferente al orden, puridad, casquivana, aja la claridad, arribado, truncos, descompostura, inconciliables, mutua ojeriza, alharacas, cundir la voz, casi estamos prontos, perro collón, airón de polvo, nos da recio, escatimoso, orate, llamazares, gollerías, avezado, extática, yacija, se le anublara, se descoge el cielo, lugar bonancible, se voltean, postrero, comiscarán, ahitamiento y endevotados.*

Tras la lectura de todo este vocabulario, no cabe duda de que Carner poseía una destacada riqueza lingüística y de que quiso ser muy preciso con las realidades concretas a que aludía (una muestra indiscutible de su acuidad de visión y sapiencia). En muchas ocasiones hay arcaísmos o giros que han caído en desuso y que se pueden documentar en textos literarios o históricos publicados entre los siglos XVI y XIX, por lo que tenemos ante nosotros a un escritor en lengua castellana cuyo conocimiento del idioma va más allá de un saber empírico y del dominio de un solo registro (adquirido en la universidad, en familia o ejerciendo de miembro del cuerpo consular español, más allá de las relaciones de amistad que tuvo con otros hablantes o escritores hispanohablantes). Además de todo este léxico, hay también palabras que, aun no siendo recogidas en los diccionarios de la Real Academia de la Lengua, suelen aparecer en textos antiguos o coetáneos y que han pasado a formar parte del vocabulario carneriano, puesto que siempre estuvo atento a cualquier palabra nueva que permitiera describir algún aspecto significativo de la realidad, la vida social o el alma humana. Veamos un par de ejemplos.

En primer lugar, hallamos *azota-caminos*, un compuesto que parece que inicialmente designaba a quien gustaba de caminar (hallamos una referencia, como dos palabras diferentes, en las *Poesías varias* de Juan Joseph Salazar y Hontiveros, publicadas en 1731). Con el tiempo, sin embargo, también acaba aplicándose a un trotamundos pobre y harapiento, tal y como se utiliza en la revista barcelonesa *Algo. Ilustración Popular* (núm. 344, 14/3/1936), para designar a un personaje de la obra *Maria Rosa* de Àngel Guimerà. Josep Carner utiliza *azota-caminos* en la acotación inicial de la primera escena de la obra para presentar al Desgreñado, una especie de asceta vagabundo protagonista de este misterio, y se hace eco de una voz que, sin duda, el autor había leído y quizá oyó en Barcelona en su día. También recoge el adjetivo *trasandado* en una expresión muy poética de esta obra, cuando el Desgreñado revela al Tocado que se conocieron en el pasado: «Quiero ante todo aparecer de nuevo en algún trasandado espejo de tu memoria» (2004: 59). Para documentar el significado de este adjetivo cabe recurrir a la *Enciclopedia moderna catalana ab la seva correspondència castellana* (1912), de Joseph Fiter, donde encontramos *trasandar* como traducción del catalán *repassar*, en el sentido de 'volver a pasar o transitar de nuevo', y, anteriormente, también se recogió esta acepción como traducción de *passer tout oultre* en el *Tesoro de las dos lenguas francesa y española*, de César Oudin, datado en 1607. Una vez más, pues, un vocablo antiguo que se incluye en una obra más moderna editada en Barcelona, y que podría haber conocido el autor.

En el caso de un escritor catalán que, además, solo ha escrito una obra en una de las otras lenguas no maternas que domina, podríamos suponer que el idioma que utiliza puede estar condicionado por los demás códigos que se poseen –especialmente el de la lengua propia–, pero Carner demuestra que es falsa esta premisa, puesto que no hemos sabido detectar ninguna influencia del catalán en este *Misterio de Quanaxhuata*. De hecho, solo en tres ocasiones hemos tenido dudas al respecto. A menudo, el hablante catalán tiende al queísmo cuando utiliza el español, y ante la siguiente frase que encontramos en el *Misterio* podríamos creer que se ha producido este fenómeno por influencia de la lengua materna de Carner: «... cerciorarme *que* los dioses...» (2004: 76). Sin embargo, tal y como demostró Marina Arjona (1978), es muy habitual que en el habla de la ciudad de México se den casos de queísmo en verbos pronominales como *cerciorarse*, y en diferentes libros mexicanos hemos podido comprobar este rasgo en relación con el empleo de este mismo vocablo, de manera que quizá sería un uso americano. En otro pasaje de este *Misterio* cae la preposición de persona ante el complemento directo (como siempre sucede en catalán) y leemos que «llamaba yo a gritos las vecinas» (2004: 106), aunque en otros pasajes utiliza la construcción normativa española. ¿Podemos atribuir tal error exclusivamente al influjo del catalán? ¿Es un lapsus de escritura o un simple error de transcripción atribuible al cajista que editó la obra? Nunca lo sabremos, pero constatemos esta construcción anómala, tal y como sería utilizada en la lengua materna de Carner.

Finalmente, parecería que la expresión «mucho será que», aparentemente poco usual en el castellano peninsular, sea una traducción de la construcción catalana «molt serà que», bastante común para expresar la improbabilidad de una circunstancia, que, sin embargo, con un poco de mala suerte pueda acaecer. Sin embargo, la encontramos en documentos hispánicos del siglo XIX de autores no catalanes, hecho que nos hace dudar de que se trate de un catalanismo y que podamos suponer, en contrapartida, que estemos ante un arcaísmo una vez más. El lector podrá hallar ejemplos semejantes en la «Plática XXI» de las *Pláticas dogmático-morales en que se exponen los sacramentos de la iglesia según el espíritu del evangelio*, de 1805, anotadas por el carmelita descalzo navarro José del Salvador Ruiz de Ubago: «Qué mucho será que se turben las familias, que falte la paz, y que se trastornen todas las cosas, si se da al enemigo común la parte que corresponde a Dios en el matrimonio?» (Ruiz, 1805: 287). Pero también en el *Diario de sesiones de la honorable cámara de representantes* de Uruguay, cuando dos parlamentarios de 1858 la utilizan reiteradamente en un mismo sentido: «... mucho será que el impuesto dé para satisfacer las primeras necesidades» (*Diario*, 1888: 345). Ninguna otra de las palabras o construcciones utilizadas por Carner en este misterio pueden ser achacadas al influjo del catalán, sino, más bien, a otras influencias, como americanismos, al uso de una lengua española poco contemporánea o bien a la creatividad popular o carneriana.

Después del análisis detallado de la lengua que Carner ingenió para los personajes de *Misterio de Quanaxhuata* creo que no quede ninguna duda que impida pensar que aquel «esparcimiento» del que hablaba el autor en la dedicatoria tenía mucho de *divertimento* lingüístico, pero la aparente ligereza de la expresión impedía prever una premeditación semejante en la construcción estilística de la obra como la que el lector puede apreciar al empezar a leerla. Lejos de aparecer como un expatriado poeta catalán que se atrevía a escribir por primera vez una obra en español para agradecer la hospitalidad del pueblo mexicano como podía, al leer el texto nos encontramos con una pieza teatral muy compleja en lo que a lengua se refiere (lejos de la apariencia de parodia o pastiche, pues no hay modelo alguno al que se esté imitando). Sin catalanismos, y con un dominio del léxico y de las expresiones más históricamente castizas del español peninsular e hispanoamericano, Carner logra evocar en el lector la impresión de leyenda de otro tiempo, como si el lenguaje ayudara a crear el marco perfecto para una acción que tuvo lugar hace muchos siglos entre gente corriente, príncipes, sacerdotes y hombres que jugaban a ser dioses.

CONCLUSIÓN

Misterio de Quanaxhuata es la única obra que Josep Carner escribió en castellano y fue publicada en 1943, precisamente coincidiendo con su residencia en México, en tanto que refugiado republicano en aquel país en plena Segunda Guerra Mundial y mientras en España se estaba empezando a consolidar la dictadura de Francisco Franco. Explícitamente, esta obra de teatro fue escrita como homenaje a la tierra que había acogido a tantos y tantos compatriotas exiliados suyos y que en 1939 le abrió las puertas. Carner escogió para ello la reelaboración dramática de una leyenda poco conocida, la de la divinidad de la Rana, inspirada en unas rocas zoomórficas cerca de Guanajuato, aunque la adaptó libremente y, a través de sus personajes, expresó algunas inquietudes a propósito de su fe, en un momento de crisis personal y global: después de haber sido depuesta la Segunda República española por un golpe de Estado, y de vivir las consecuencias de la Guerra Civil, el exilio y el estallido de una hecatombe mundial, con el peligro del nazismo en ciernes. La institucionalización artificiosa de la fe frente a una creencia más íntima, la tentación individual del poder, la redención a través del amor y la paz del individuo en la pobreza y la desposesión son algunos de los temas que Carner logra tratar mediante unos personajes antiguos, pues la acción se desarrolla en una indeterminada época precolombina. Sin embargo, la obra permite otras lecturas simbólicas, más biográficas e históricas (como el tema del exiliado o el de la destrucción de un pueblo), que por falta de espacio espero que puedan ser desarrolladas en una futura investigación.

La elección del pretexto de partida de esta obra y la decisión de escribirla en español constituyeron un homenaje a la cultura mexicana. Sin embargo, al mismo tiempo, este gesto se convertía en una forma de dar a conocer su escritura (así como la traducción española que publicó en 1941 en México de su largo poema *Nabí*) y de demostrar sus capacidades como creador, intelectual e, incluso, profesor, ya que ese mismo 1943 empezaba a impartir clase de teatro comparado en la UNAM. Políglota y escritor muy capaz, en este texto puso todo su empreño y los vastos conocimientos que tenía del español: era hablante bilingüe de catalán y español, había traducido y publicado artículos en castellano, había trabajado en muchos destinos como representante del cuerpo consular de su país (entre ellos San José de Costa Rica), su primera esposa era chilena y había leído muchísimo en este idioma a lo largo de su vida. Así pues, este *Misterio de Quanaxhuata* es un portento lingüístico, por la utilización siempre adecuada de arcaísmos y americanismos que consiguen hacer creíble que la acción tenga lugar en un espacio mesoamericano, pero también que los personajes pertenezcan a una época antigua indeterminada. Fijémonos que si no hubiera sido deliberada esta estilización lingüística hubiera escogido el topónimo de Guanajuato para el título, logrando sin duda una mejor comprensión por parte del público. Josep Carner, que creía aún en la legitimidad de su pueblo y de su lengua materna, el catalán, sin embargo, aprovechaba cualquier elemento o rasgo de las culturas o los países que visitaba para crear sus obras, no por una voluntad pintoresca o localista, sino con el objetivo de hallar la autenticidad en aquellos fenómenos más particulares, pero que, precisamente por lo genuino de su naturaleza, conseguían alcanzar una dimensión universal. Siempre lo buscó en catalán, cuando versionó el bíblico Libro de Jonás en su *Nabí*, cuando adaptó poemas chinos tradicionales en *Lluna i llanterna* o cuando decidió versionar libremente, y esta vez en castellano, esta leyenda precolombina, puesto que todos ellos encerraban una verdad humana auténtica y comunicable.

REFERENCIAS BIBLIOGRÁFICAS

ARJONA, Marina (1978): «Anomalías en el uso de la preposición *de* en el español de México»,
Anuario de Letras. Lingüística y Filología, vol. 16, 1978, pp. 67-90.
BOU, Enric (1992): «Creació literària i dubte religiós: El *Misterio de Quanaxhuata*, de Josep Carner», en *IV Jornades d'Estudis Catalano-Americans. Octubre 1990*, Barcelona, Generalitat de Catalunya, pp. 47-55.
CABRERA, Luis (1974): *Diccionario de aztequismos*, México, Ediciones Oasis.
CARNER, Josep (1985): *Prosa d'exili (1939-1962)*, ed. A. Manent, Barcelona, Edicions 62.
CARNER, Josep (1986): *El reialme de la poesía*, eds. N. Nardi y I. Pelegrí, Barcelona, Edicions 62.
CARNER, Josep (1994): *En els tròpics*, ed. J. de D. Domènec, Barcelona, Quaderns Crema.
CARNER, Josep (2002): *Nabí*, ed. J. Coll, Madrid, Turner.
CARNER, Josep (2004): *Misterio de Quanaxhuata*, Tlaplan, Libros del Umbral.
CEPEDA, Teresa de (Santa Teresa de Jesús) (1851): *Obras*, vol. 1, Madrid, Nicolás de Castro Palomino.

COLL, Jaume (2002): «Proemio», en Josep Carner: *Nabí*, ed. J. Coll, Madrid, Turner.

COLL, Jaume (2004): «Liminar», en Josep Carner: *Misterio de Quanaxhuata*, Tlaplan, Libros del Umbral, pp. 7-41.

DURÁN, Manuel (1984), «Josep Carner: clasicismo, vitalismo, intimismo (y algo más)», *Cuadernos Hispanoamericanos* 142 (octubre), pp. 5-14.

Diario de sesiones de la honorable cámara de representantes. Primer período de la octava legislatura. Año de 1858, vol. IV, Montevideo, Imprenta El Siglo Ilustrado,

DÍEZ CANEDO, Enrique (1943): «José Carner, *Misterio de Quanaxhuata*, Ediciones Fronda, México, 1943», *El Hijo Pródigo*, 15 de agosto de 1943, pp. 319-320.

FERRAN DE POL, Lluís (1943): «Contra l'obra d'en Josep Carner: *Misterio de Quanaxhuata*», *Quaderns de l'exili* 1, pp. 3-4.

FERRATER, Gabriel (2001): «Dues conferències inèdites sobre poesía catalana», en D. Oller y J. Subirana (eds.): *Gabriel Ferrater, «in memoriam»*, Barcelona, Proa, pp. 17-69.

FITER, Joseph (1912): *Enciclopedia moderna catalana ab la seva correspondència castellana*, Barcelona, Sucesores de Manuel Soler.

GUSTÀ, Marina (2003): «De déus i prínceps. Sobre el sentit d'*El ben cofat i l'altre*, de Josep Carner», en M. Aznar Soler (ed.): *Las literaturas del exilio republicano de 1939: Actas del II Congreso Internacional (Bellaterra, 1999)*, vol. 2, Sant Cugat del Vallès, Gexel, pp. 559-566.

MANENT, Albert (1969): *Josep Carner i el noucentisme. Vida, obra i llegenda*, Barcelona, Edicions 62.

NOULET, Émilie (1963): «Introduction», en Josep Carner: *L'Ebouriffé*, París, Gallimatd, pp. 1-5.

NOULET, Émilie (1974): «Pròleg», en Josep Carner: *Proverbis d'ací i d'allà*, Barcelona, Proa, pp. 7-20.

ORTÍN, Marcel (1996): *La prosa literaria de Josep Carner*, Barcelona, Quaderns Crema.

OUDIN, César (1607): *Tesoro de las dos lenguas francesa y española*, París, Marc Orry.

REAL ACADEMIA ESPAÑOLA (2014): *Diccionario de la lengua española*, 23.ª ed., Madrid, Espasa- Calpe, disponible en línea: <https://dle.rae.es>.

REAL ACADEMIA ESPAÑOLA y ASALE (2010): *Diccionario de americanismos*, Madrid, Santillana, disponible en línea: <https://www.asale.org/damer/>.

RIPA, Valentina (2008): «Dal Messico a Parigi attraverso terre catalane: il Misterio de Quanaxhuata e le sue traduzioni», en A. de Benedetto, I. Porfido y U. Serani (eds.): *Tradurre. Reflessioni e rifrazioni*, Bari, Graphis, pp. 225-238.

RUIZ DE UBAGO, José del Salvador (1805): *Pláticas dogmático-morales en que se exponen los sacramentos de la iglesia según el espíritu del evangelio*, vol. 5, Madrid, Imprenta de Don José del Collado.

SALA, Jordi (2013): «Vindicación del *Misterio de Quanaxhuata*, de Josep Carner: tributo desde el exilio a la cultura prehispánica», en C. Reverte Bernal (ed.): *Diálogos culturales en la literatura iberoamericana*, Madrid, Verbum, pp. 1452-1461.

YRARRÁZABAL, José Miguel (1945): *Chilenismos*, Santiago de Chile, Imp. Cultura.

ZÁRATE, Fray Hernando de (1853): *Discursos de la paciencia cristiana*, en VV. AA.: *Escritores del siglo XVI*, vol. 1, Madrid, Rivadeneira.

«SESENTA PESOS DE DELIRIO»: EL CUENTO MEXICANO DE AVEL·LÍ ARTÍS-GENER

Sílvia Mas i Sañé
UVic-UCC (Campus Manresa)

INTRODUCCIÓN

Avel·lí Artís-Gener (1912-2000) —conocido con el pseudónimo de Tísner— fue escritor, periodista, dibujante, pintor y escenógrafo, y uno de los intelectuales catalanes más relevantes del siglo XX. Su biografía y su obra se vieron marcadas profundamente por dos hechos: la Guerra Civil española y el exilio. Acababa de iniciarse como periodista y dibujante y había empezado a aprender el oficio de escenógrafo cuando estalló la Guerra Civil. Convencido de que se trataba de una agresión injusta y un ataque a la democracia, se alistó como voluntario para defender la República. Desde el frente, colaboró en distintas revistas con artículos periodísticos, pero también con algunos relatos breves que suponen su inicio como escritor. El fatídico desenlace de la guerra le obligó a exiliarse primero unos meses en Francia y después en México, donde viviría veintiséis años. Tan pronto como llegó a Veracruz, toma conciencia de lo que representaba aquel país:

> Tot just acabes de baixar la passarel·la del vaixell i trepitges la terra ferma del moll de Faros, ja has descobert que allò que, encara a bord, era utòpic, ara, aquí, a terra, s'ha tornat una realitat. Això sol, trobar un indret del món on el mot Llibertat té el seu significat autèntic, la seva colossal dimensió, ja paga amb notable escreix el tret del viatge! (Artís-Gener, 1990: 99).

Artís-Gener aprovecha esta libertad que le brinda México para preservar y enriquecer la cultura catalana: colabora en distintas revistas del exilio, y también se inicia como novelista con *556 Brigada Mixta* (1945) y dos obras que publicará a su regreso a Barcelona: *Les dues funcions del circ* (1966) y *Paraules d'Opòton el Vell* (1968). En una entrevista, hecha ya una vez regresó de su exilio, valoraba el papel histórico que asumieron sobre sus hombros:

> Érem els dipositaris d'una cultura –de moment això pressuposa un pedantaria excessiva!– que aquí era maltractada i que, en arribar al nou país, la podem exercir amb tota tranquil·litat, amb absoluta comoditat. Com a peons d'una feina enorme, el que intentem és donar continuïtat fins on puguem, a allò que havíem iniciat aquí (Nadal, 1993: 28).

A diferencia de muchos exiliados catalanes, Artís-Gener vio el exilio como una oportunidad, no solo para conservar la lengua y la cultura propias, sino también para conocer un nuevo país, que le cautivó y fascinó desde un primer momento. Para Tísner, el exilio supuso un proceso de descubrimiento de una nueva realidad que modificó su propia concepción del mundo hasta el momento. Así explica este proceso de transculturación:

> En instal·lar el meu exili a Mèxic, vaig quedar tan colpit per la cultura mexicana autèntica que ja no em vaig poder estar de prendre-la com a punt de referència. Fins i tot vaig arribar a aprendre la llengua nàhuatl per poder penetrar millor en el sentit dels indígenes. Això em va oferir una dimensió fins a llavors desconeguda per mi, més enllà de la creença que tot s'acaba amb l'heretatge grec i romà (Rendé Masdeu, 1980).

En su exilio, Tísner ha salido de *casa* en sentido literal y en sentido metafórico. Ha hecho un gran esfuerzo para comprender las culturas precolombinas y el pueblo mexicano, y este conocimiento le ofrece una mirada nueva sobre el *otro* pero también sobre el *yo* o el *nosotros*. Ha sabido aprovechar lo que Edward Said llama «the pleasures of exile, those different arrangements of living and eccentric angles of vision that it can sometimes afford, which enliven the intellectual's vocation, without perhaps alleviating every last anxiety or feeling of bitter solitude» (1994: 43). Artís-Gener, gracias a la posición liminal del exilio, adquiere un nuevo ángulo de visión, una perspectiva nueva que ha ampliado y modificado su concepción del mundo. Es desde esta mirada singular y subversiva desde la que nos hablará en sus obras y es la que lo convertirá no solo en un catalán *en* México, sino un catalán *de* México (Noguer y Guzmán, 2001: 62).

Muestra de esta integración son algunas de sus obras: *Paraules d'Opòton el Vell*, una novela que inicia en 1949 en México y que tiene un largo proceso de creación hasta su publicación en Barcelona en 1968. Es, en palabras del autor, su prueba de amor a México, una novela que es plenamente fruto del exilio: «... volia capgirar la història i fer-ne una condemna hàbil i indirecta del fet d'un poble erigit en conqueridor d'un altre» (Artís-Gener, 1991: 261). El autor nos propone hacer el esfuerzo de bajar de nuestra peaña para adentrarnos en el mundo del otro y ver qué hay en el otro lado del muro, no para conquistarlo o imponer nuestra visión, sino para adoptar la suya y observarnos a nosotros mismos con otros ojos. Otro título muy distinto, pero que responde también a la deuda contraída con México, es *Mèxic: una radiografia i un munt de diapositives* (1981), que escribe quince años después de haber regresado a Cataluña, y en el que ofrece una nueva mirada sobre este país libre de estereotipos y visiones simplistas, ahora desde el género de la crónica personal.

Existe, además, otra obra menor y menos conocida, «Sesenta pesos de delirio», que el autor escribe en México en 1964, justo antes de finalizar el exilio, y que es una pieza narrativa plenamente mexicana, no solo por la temática, el punto de vista y la visión de mundo, sino porque está escrita en mexicano, variante dialectal del español. Es la única creación literaria de Artís-Gener que no escribió en catalán y es claramente resultado de su conocimiento profundo de México. El cuento apareció publicado en la revista *El Cuento* (México, marzo de 1965) y posteriormente se ha recogido en dos publicaciones (Guzmán, 2004; Noguer y Guzmán, 2004).

En diciembre de 1965, a los pocos meses de haber escrito este relato, Artís-Gener pone fin al exilio. Después de la desilusión inicial al comprobar el cambio que había sufrido Cataluña durante el franquismo, pronto se incorpora en la vida cultural del país. Es el momento en que aparecen publicadas las novelas que había escrito durante el exilio, junto con otras obras que escribe en Cataluña. Durante esta etapa compagina su labor de periodista, traductor, enigmatista y escritor, tanto de novelas, como de ensayo o relatos breves, y culmina su carrera con las monumentales memorias *Viure i veure* (1989, 1990, 1991, 1996), que le hacen merecedor de distintos galardones, entre ellos, el Premi Nacional de Literatura Catalana (1992).

En este estudio, nos centraremos en el análisis del cuento «Sesenta pesos de delirio» por su singularidad lingüística en el conjunto de la obra tisneriana. Nos proponemos explicar el posicionamiento del autor en relación con la lengua, las razones de la escritura de este relato, los motivos y las técnicas narrativas en relación con su obra, así como el estilo de la lengua utilizada.

LA LENGUA COMO UN ACTO DE COMPROMISO

«Sesenta pesos de delirio», como se ha dicho, es una obra singular en la producción del autor porque Artís-Gener, a excepción de este cuento, escribió toda su obra literaria en catalán, incluso durante los años de exilio. Era una decisión consciente que respondía a un compromiso con su país: le parecía incoherente escribir en una lengua que no era la suya y que era la que le había sido impuesta. Como señala Teresa Férriz, «[l]os escritores del destierro fueron, quizá, los más conscientes de esta necesidad del mantenimiento de la lengua como acto de supervivencia nacional; los creadores literarios [...] sabían que la tradición catalana sufría una interrupción de duración imprevisible» (2001: 22). Y, por tanto, se sienten responsables de conservar la lengua literaria que estaba prohibida en su país. «La lengua, sin duda, era la patria perdida, la médula de su nacionalidad, la defensa posible y, en efecto, también la única posibilidad de futuro» (Férriz, 2001: 23). En este mismo sentido, Manuel Andújar, en la conferencia «La literatura catalana en el destierro», pronunciada en el Ateneo Español de México el 4 de noviembre de 1949, justificaba el hecho de escribir en catalán en el exilio: «En el idioma se plasman las costumbres, la plasticidad y la sonoridad que nos amasan. Es marco indisoluble del recuerdo, de esa nostalgia ardiente de la patria en que sustentamos, día a día, nuestra existencia descuajada, en vilo y lumbre. Sin él no hay suelo moral ni cielo de utopía» (1949: 10). Por este compromiso y sentido de la responsabilidad, Artís-Gener renuncia a ejercer de periodista en México, al no poder escribir en catalán, y se profesionaliza como publicista, pintor y escenógrafo de teatro, televisión y cine, un oficio que había iniciado en Barcelona en los años previos a la guerra. Y mantiene su voluntad de escribir en su lengua toda su producción literaria, aunque el público del exilio sea más restringido y las obras se publiquen a su regreso a Cataluña, a excepción de *556 Brigada Mixta*.

Artís-Gener defendió la lengua catalana desde todas las posiciones y en todos los contextos en los que le fue posible. En su novela *Paraules d'Opòton el Vell* aprovecha la situación marginal de la lengua náhuatl para compararla con la situación que vivía el catalán y denunciar la opresión a la que se vieron sometidas ambas lenguas. Dice el narrador-editor en el «Isagoge» de la novela: «... trobava en el nàhuatl vestigis de germanor amb el meu català. Almenys, em semblaven dos idiomes germans pel que feia a llur capacitat de resistir els malfats» (Artís-Gener, 1995: 12; se cita la edición de 1995 porque es la primera versión de la novela con la corrección y actualización ortográfica de la lengua náhuatl). Las dos lenguas y, por extensión, las dos culturas han vivido una historia difícil, llena de adversidades, y se han visto sometidas a un poder absolutista que las ha condenado a la marginalidad en relación con la lengua de poder, que en ambos casos era el español. Para Tísner, era esencial escribir en catalán, como para el viejo azteca Opòton lo era escribir en náhuatl, porque escribiendo desde los márgenes de la cultura oficial los dos cuestionan el discurso único que se les había impuesto. Artís-Gener es «el subjecte vençut que torna a construir-se justament *amb* i *des* d'allò que li ha estat negat –la paraula–» (Guzmán, 2004: 201). Escribir en catalán representa construirse a partir de la palabra negada, prohibida y silenciada. Es necesario escribir en lenguas condenadas por el régimen oficial para subvertir desde dentro el discurso opresor (Mas, 2008: 218).

Esta defensa de la lengua catalana, Artís-Gener también la vehiculó a través de su tarea como traductor al catalán de obras de Gabriel García Márquez, Mario Vargas Llosa, Jorge Luis Borges, Truman Capote, Alan Sillitoe, Gerald Green y Marguerite Yourcenar, escritas en español, inglés o francés. Artís-Gener justificaba esta labor como un acto de justicia hacia estas obras de gran valor literario, pero sobre todo como una oportunidad de enriquecer el patrimonio literario catalán y de acercar al público catalán obras de gran calidad literaria. Este hecho se hace mucho más evidente en las obras de autores latinoamericanos traducidas del español al catalán, teniendo en cuenta que el lector catalán puede leer en español, aunque se trate de una variante del idioma y que en algunos casos algún vocablo resulte difícil de comprender. Como señala Galera en su tesis doctoral, en este cometido «fan acte de presència tant l'admiració del traductor cap a l'autor [...] com la fermesa de convicció de servitud a la llengua i al país» (2016: 47). Cabe tener en cuenta también que Artís-Gener, fiel a sus principios, nunca tradujo sus propias obras al español, sino que siempre recurrió a traductores, tanto en sus obras ensayísticas como literarias.

Tampoco podemos olvidar su tarea de activista lingüístico a su regreso del exilio, cuando se implicó en proyectos como la Campanya Norma. Todo ello responde a la coherencia de su compromiso con la lengua catalana, como afirmaba en una entrevista con Maria Antònia Oliver: «... escriure en català és una militància i fer-ho en català és una militància carregada de responsabilitats perquè som hereus d'un patrimoni fabulós, tenim una història de la literatura importantíssima amb una gent sensacional que ha permès que nosaltres fóssim una baula de la cadena» (Oliver, 1973). Y Artís-Gener hizo suya esta responsabilidad con su actitud vital y su obra literaria.

LAS RAZONES DE ESCRITURA DE «SESENTA PESOS DE DELIRIO»

Si esta era la actitud de Artís-Gener en relación con la lengua propia, analicemos los motivos que le llevaron a escribir este relato en otro idioma. «Sesenta pesos de delirio» es resultado de la convocatoria de un concurso que lanzó la revista mexicana *El Cuento*, especializada en cuentos y relatos breves. Esta revista había sido fundada en 1939 por Edmundo Valadés, y durante ese año se publicaron solamente cinco números, quedando interrumpida su edición. No fue hasta mayo de 1964 cuando la revista, bajo la misma dirección, empieza una segunda época que se alargará hasta diciembre de 1999. Fue justamente al poco de reanudarse su publicación, en el mes de julio de 1964, cuando apareció la convocatoria de un concurso de alcance nacional con un doble objetivo: impulsar el género del cuento y buscar soluciones a un problema creciente de México. Así constaba en la convocatoria del concurso: «País en desarrollo, México, por esa circunstancia está sometido al riesgo de ciertas deformaciones, entre las que podrían señalarse, de inmediato, las que puedan derivarse de la imitación ante sociedades de países con grandes recursos y en la que es usual el derroche en la compra de bienes no productivos» (*El Cuento*, 1964: 3). Ante de este problema de gastar en cosas superfluas, la editorial lanza el «reto cordialísimo a los escritores mexicanos», para que aporten soluciones desde la creatividad y la imaginación. El periodo de admisión finalizaba el 15 de diciembre de ese mismo año y Artís-Gener, al ver la convocatoria, decide presentarse:

> Durant unes setmanes vaig rumiar sobre tot allò i vaig començar a perfilar un relat que s'ajustés al requeriment que formulaven les bases. Vaig polir lentament la idea de fer un relat en monòleg interior i se'm va ocórrer com a protagonista un metge que hagués fet la carrera sense cap vocació, únicament per pressió familiar. [...] El vaig escriure en tretze holandesos i el vaig titular *Sesenta pesos de delirio*, que eren els diners que despenia en loteria el fantasiós metge (Artís-Gener, 1991: 460).

El cuento lo presenta, en clave irónica, bajo el pseudónimo de Ganimedes, en referencia mitológica al príncipe troyano secuestrado por Zeus en el Olimpo. Según el autor, no utilizó el pseudónimo habitual de Tísner porque algunos miembros del jurado le hubieran reconocido. Se trataba del consejo de redacción de la revista, formado por escritores de primer nivel: Gastón García Cantú, Henrique González Camarena, Juan Rulfo y Edmundo Valadés, director de la revista. En una carta dirigida a Pere Calders (20 de febrero de 1965), Artís-Gener le cuenta la anécdota de cómo se enteró por casualidad de que había sido el ganador al ver la noticia

publicada en la edición de enero de la revista y de la sorpresa que tuvo el propio
Edmundo Valadés al saber quién se escondía detrás del pseudónimo Ganimedes:
«Ahir en Valadés va dir-me que fins al darrer moment havien sospitat que l'autor
del conte que premiaven devia ser en Raúl Prieto (en Nikito Nipongo), cosa, cer-
tament, afalagadora per mi» (Galera, 2020: 113). (Se refiere a Raúl Prieto Río de la
Loza (1918-2003), periodista, escritor y caricaturista mexicano, más conocido con
el pseudónimo Niquito Nipongo). En la carta, Artís-Gener le explica las interiori-
dades del veredicto del jurado, de acuerdo con la explicación de Edmundo Valadés,
de cómo se habían repartido los cuentos entre los miembros del jurado y de cómo
todos habían coincidido en que el suyo era el mejor candidato. En el veredicto del
jurado, publicado en la misma revista en enero-febrero de 1965, podemos leer los
motivos de la elección de este original:

> De los noventa cuentos recibidos, el intitulado *Sesenta pesos de delirio*, firmado
> por Ganimedes, es el mejor por su sintaxis correcta; por el entendimiento
> del personaje imaginado; por las descripciones acertadas de las situaciones;
> por tener diálogos y monólogos fluidos; por la coherencia en la anécdota que
> le sirvió a su autor –ajustándose a las bases previas del concurso– de móvil
> del relato. Apreciamos además aciertos en el tono satírico que campea en el
> cuento y en el empleo del lenguaje popular, para recrear una soñación del
> dispendio en el que, frecuentemente, discurren muchos mexicanos. Aunque
> opusimos a estas virtudes algunos defectos en el relato –algunas asociaciones
> fáciles entre las ideas y los hechos, y quizás el abuso del monólogo–, consi-
> deramos que en esto último el autor no hizo sino seguir una corriente muy
> difundida en la literatura moderna y que, comparado con todos los demás,
> los méritos de este cuento superaban a los de todos los que se recibieron (*El
> Cuento*, 1965: 4).

Lo que es realmente destacable es que la concepción del mundo y el lenguaje
que utiliza Tísner son propios de una mirada mexicana del mundo: los miembros
del jurado, todos ellos mexicanos, fueron incapaces de detectar que se trataba de
un escritor catalán, exiliado en su país. Así lo recoge Artís-Gener en sus memorias:

> Van creure, de debò, que era obra d'un mexicà […] i, posteriorment, en
> Juan Rulfo i l'Edmundo Valadés em recriminaven que mai no els hagués dit
> que escrivia. Era amic d'ambdós, però em coneixien com a pintor i com a
> escenògraf. I els costava d'admetre que jo mai no havia escrit en espanyol i
> els desconcertava la meva afirmació que únicament hagués fet servir la variant
> dialectal mexicana i que l'altra, la peninsular, fos verge per a mi (Artís-Gener,
> 1991: 462).

De nuevo, aquí se hace referencia al compromiso de Artís-Gener de no haber escrito nunca en el español peninsular, y de haberse servido en este cuento de la variante mexicana, la cual, para el autor, tenía una connotación completamente distinta: era la lengua del país que le había acogido durante veintiséis años y por el que sentía un agradecimiento y una estima profundos.

En marzo de 1965, en el número 10 de la revista *El Cuento*, apareció publicado el relato ganador, «Sesenta pesos de delirio», junto con el reportaje de la entrega del premio y la entrevista de Beatriz Reyes al autor. La periodista indaga sobre el motivo que le impulsó a escribir el cuento y el autor contesta que el tema propuesto por la revista le resultó de interés: «... era un buen pretexto para autosometerme a la prueba. Y el tema era bueno, bien formulado, de gran alcance social» (Reyes, 1965). Artís-Gener, en la entrevista, reconoce que hasta el momento había escrito muy poco: «Un manual muy elemental de escenografía; una novela de guerra que me avergüenza como un pecado de juventud y otra novela, que hasta la fecha me gusta y que, indefectiblemente, me ruborizará luego que se edite» (Reyes, 1965). El autor se refiere, respectivamente, al manual que escribió por encargo, *La escenografía en el teatro y el cine* (1947), y a la crónica novelada de guerra *556 Brigada Mixta* (1945), y esta última referencia nos remite con toda probabilidad a la *Crònica de Metlesòtxitl*, que posteriormente se convertiría en *Paraules d'Opòton el Vell* (1968).

Lo que no comenta Artís-Gener en la entrevista es que ya había escrito algunos cuentos con anterioridad a la escritura de «Sesenta pesos de delirio»: durante la Guerra Civil, en el frente, escribe «La superstició del meu tinent» (*Meridià*, 14 de enero de 1938), «L'observador flemàtic» (*Amic*, abril de 1938) y «Marxa el nen» (*Catalans!*, 30 de julio de 1938) –editados posteriormente bajo el título *Contes de guerra i revolució* (Campillo, 1982)–, y, ya en el exilio, «Carta oberta» (*Lletres*, mayo de 1946) y «Non fecit taliter omni nationi» (*Pont blau*, 1951). Estos relatos, junto con los que escribirá a su regreso a Cataluña, están recogidos en el volumen *El boà taronja* (1986), editado y con un estudio de Julià Guillamon. Por tanto, el autor, antes de 1965, ya se había estrenado en el ámbito del cuento, un género que le parece especialmente complejo, como apunta en la misma entrevista de Beatriz Reyes:

> Admiro el género y me parece uno de los más difíciles. Además, se da la circunstancia de que México posee brillantísimos cultivadores de la especialidad. ¿Ve usted? Soy pintor y le voy a poner un símil que quizás denote deformación profesional: el cuento es en literatura lo que la acuarela en pintura. Los de afuera lo juzgan género menor. Sin embargo, es de los más difíciles. Limpieza, precisión, espontaneidad y fluidez indispensables en ambas modalidades de expresión (Reyes, 1965).

Aquí, Artís-Gener, trazando una comparación interdisciplinaria gracias a su experiencia como pintor profesional, reivindica el cuento como un género complicado y exigente porque por su brevedad requiere que todos los elementos funcionen como un engranaje y al servicio de un efecto. El reto del cuento es que parezca simple, espontáneo y fluido gracias al artificio de la técnica narrativa. El gran escritor Julio Cortázar, en sus ensayos, ya apuntaba también esta idea: «... el cuento debe ser una máquina infalible destinada a cumplir su misión narrativa con la máxima economía de medios» (1969: 60). En este sentido, es ya famosa la comparación del autor argentino sobre la novela y el cuento, según la cual la novela, gracias al tiempo de que dispone, gana por puntos, mientras que el cuento, por su brevedad, debe dejar *knockout* al lector (Cortázar, 1971). De ahí la dificultad que apuntaba Artís-Gener, porque el cuento requiere una técnica compleja al servicio de la eficacia narrativa que debe pasar desapercibida, pero que, sin duda, el autor logra en sus relatos.

Creo que hay otro motivo que impulsa a Artís-Gener a participar en el concurso a parte del reto literario que él explicita. En los años sesenta, muchos exiliados catalanes habían puesto fin al exilio y habían empezado a regresar a Cataluña, entre ellos, el amigo fraternal Pere Calders, quien regresó en 1962. En el *Epistolari Calders-Tísner* podemos leer cómo Calders intenta convencer a la familia Artís-Gener de que regresen y cómo Tísner justifica la dificultad del retorno por motivos de logística familiar, puesto que las hijas mayores (Mireia y Graziel·la) no regresarían, y también por motivos económicos. El hecho de que el premio del cuento fuera un coche seguramente fue un aliciente importante para concursar por el importe económico que representaba. En sus memorias, Tísner destaca la importancia del galardón que recibía el ganador:

> La susdita convocatòria indicava que hi hauria un sol premi: un cotxe R-8 (que la Renault havia tret aquell any), el preu del qual, en el mercat d'aleshores, era de 25.000 pesos, unes 150.000 pessetes d'aquella època. Així anaven les coses a Amèrica: un conte –un treball de reduïda extensió, doncs– tenia una recompensa econòmica igual a la que a Catalunya atorgava el Premi Sant Jordi de novel·la (Artís-Gener, 1991: 460).

De hecho, cuando en noviembre de 1965 la familia toma la decisión de regresar, venden todas sus pertenencias y, gracias al dinero del coche, que le compra el mismo gerente de la Dina-Renault, adquieren los billetes de vuelta. Así pues, en parte, fue gracias al dinero ganado con «Sesenta pesos de delirio», un cuento escrito en mexicano, plenamente fruto del exilio y de la integración de Artís-Gener en este país, como el autor y su familia pudieron volver a casa.

85

Motivos literarios y técnicas narrativas de «Sesenta pesos de delirio»

El cuento, como el mismo autor explica en la entrevista mencionada con Beatriz Reyes,

> trata de un médico, un mal médico, que ha hecho su carrera sin vocación, aprobando las materias de puro panzazo. Unos cachitos de lotería le hacen evadir su triste realidad. Vive un delirio, la «ensoñación del dispendio», que decía el razonamiento del veredicto, y se manifiesta como un producto neto de la época: inconsistente, disperso y vago, vago en ambas acepciones. Su monólogo es una forma de escapismo (Reyes, 1965: 120).

Artís-Gener articula este contenido a través de un cuento formalmente experimental, como en la mayoría de sus obras posteriores. El autor defenderá que se debe actuar desde la libertad estética para denunciar la sumisión moral y ética, y la manera de hacerlo es a través de la experimentación formal con el objetivo de incomodar al lector y despertar su conciencia crítica. En este relato ya se apuntan algunas de las características formales de la narrativa de la primera mitad del siglo XX, y que el autor desarrollará con más profundidad en novelas posteriores, como, por ejemplo, *Les dues funcions del circ*, que escribió pocos meses después de este cuento. Algunas de estas técnicas que comparten son la limitación de la omnisciencia a través del uso del monólogo interior o de los diálogos, sin ningún narrador que introduzca los personajes ni los espacios en los que nos movemos, así como el fragmentarismo espacial y temporal. El texto resultante es elíptico, fragmentario y exige un lector activo que se implique en su interpretación. De hecho, tanto la técnica objetivista de los diálogos presentados sin narrador como el subjetivismo del monólogo interior son una respuesta a la imposibilidad de encontrar una verdad única: solo nos queda hablar de la apariencia exterior de las cosas, de lo que se ve, o bien remitirnos a la verdad personal, porque la realidad no está fuera de nosotros, sino que la elaboramos mediante nuestra visión e interpretación.

El cuento, en efecto, es el monólogo interior del doctor Pedro Ugalde, un personaje superficial e intrascendente, preocupado por la apariencia social y que solo desea ganar la lotería para poder abandonar su profesión y vivir como la gente adinerada. A través de la mente del personaje y de su visión de la realidad, nos vamos trasladando de escenarios sin que el narrador aparezca nunca para describir ni los espacios ni los personajes. El monólogo interior solo se ve interrumpido por fragmentos de diálogo de algunas de las personas que interactúan con el doctor.

En este viaje mental, nos encontramos con los siguientes personajes: un primer paciente que prefiere la homeopatía al tratamiento tradicional del médico; el vendedor de lotería que será el detonante del fantaseo del doctor y que resultará ser un estafador; el policía corrupto que multa al doctor por haberse saltado un semáforo en rojo; el joven que indica la dirección al doctor; dos pacientes más, uno que sufre avitaminosis y una mujer deprimida con problemas de respiración, y, finalmente, el vendedor de tabaco que le confirma que el boleto de lotería estaba caducado y que había sido objeto de una estafa. El viaje por este carrusel de personajes, a través de la perspectiva del médico, nos introduce en el mundo mexicano con una mirada desde la propia cultura. Sin embargo, en un plano superior, y dando respuesta a la petición de la convocatoria del cuento, se encuentra la mirada irónica del autor, que satiriza, a través de este personaje, una actitud de dispendio y frivolidad, común en México en ese momento, según la editorial de la revista.

El monólogo interior nos abre a los pensamientos erráticos del personaje principal, que se mueven a través de la asociación de ideas a partir de lo que escucha, de lo que ve o de lo que imagina mientras se desplaza en coche o visita a sus pacientes. El resultado es un texto sincopado, con preguntas, interjecciones e interrupciones constantes que nos permite acceder, sin los filtros del convencionalismo, a lo que realmente piensa el personaje, con un lenguaje más crudo y con pinceladas irónicas del autor. En la entrevista que le realiza Beatriz Reyes, a la pregunta de la periodista sobre si el cuento es un monólogo interior, Artís-Gener responde afirmativamente:

> –Un monólogo interior. Se interrumpe con diálogos incidentales, pero no tiene una sola descripción.
> –Es una de las técnicas más difíciles, creo yo. Con la presencia de Joyce y todas esas cosas...
> –Yo no diría tanto. Mi doctor Ugalde no razona. Se deja llevar por el encadenamiento de las palabras, por el libre flujo de la asociación de ideas. Su intrascendencia es galopante (Reyes, 1965: 121).

Artís-Gener, con un ademán de modestia, deja clara la distancia que lo separa de James Joyce, uno de los autores que más le había impresionado y que, sin lugar a dudas, le había influido de alguna manera. Afirmaba, en una entrevista posterior, refiriéndose a lo que supuso el exilio en cuanto a la apertura a nuevos modelos: «Ja que el món ens havia empès a fer aquesta volta, calia aprofitar-la, airejar una mica la nostra novel·lística, que es trobava abans de la guerra tan resclosida en l'ambient rural perpetu... En Joyce és fantàstic, ha representat per a mi un gran descobriment. Quan el trobes, t'adones de la seva tridimensió, oi?» (Roig, 1971: 42). En el veredicto del jurado del cuento, al que nos referimos anteriormente, ya se hace alusión a la moda de la técnica del monólogo interior en la literatura moderna y al hecho de que en algún momento del cuento su uso puede resultar un tanto excesivo o alguna asociación de ideas ser un poco forzada, aunque el relato en su conjunto funcione muy bien. A pesar del abuso de esta técnica en algún momento, el monólogo interior –marcado tipográficamente en cursiva– nos permite acceder magníficamente, y con estilo vivaz, al pensamiento de un personaje vacío, sin principios, que ejerce de médico sin vocación alguna y que bromea sobre el juramento hipocrático porque no le da ningún valor:

> *Lo primero, a volar la medicina. Sorry, Hipocratitos. Lo bueno de los juramentos es violarlos. Toda la soba de la carrera y el servicio social para acabar en el cáscara hospital, el desgraciado consultorio y los mugrosos clientes como ese chochero* amateur. *Sí, definitivamente, con medio millón me evaporo, mi señor don Esculapio* (Artís-Gener, 1965: 124).

El doctor, decidido a autoengañarse porque prefiere no consultar el resultado de la lotería durante unos días para poder fantasear libremente, imagina las decisiones que deberá tomar en su nueva vida, todas ellas relacionadas con los bienes materiales: el color y el modelo del nuevo coche, el nuevo apartamento en un barrio de moda, los libros no para leer sino para aparentar, los cuadros que escogerá el decorador para la casa, el equipo de alta fidelidad, los trajes de moda a semejanza de los actores de cine y los cantantes, la necesidad de tener una sirvienta y de aprender a jugar al tenis y al golf. En esta nueva vida no encajaría su pareja, Tere: «*¿Me casaría con Tere? Es muy gata para un médico rico. ¡Hijole, Pedrín! ¡Te sobrarían viejas! ¿Cómo me iba a quemar con Tere?*» (Artís-Gener, 1965: 126). Un personaje, por tanto, con pocos escrúpulos y dudosa moral, que antepone el aparentar al ser.

Aquí se apunta un tema que será importante en obras posteriores del autor, sobre todo en la novela *Prohibida l'evasió*. Los teóricos Peter L. Berger y Thomas Luckmann, en *The Social Construction of Reality* (1966), defienden que los individuos no actúan libremente como sujetos, sino que tienen interiorizado un determinado rol que establece su comportamiento en la sociedad. Como si se tratara de actores, todo el mundo interpreta un papel que tiene un reconocimiento social, porque parece ser más importante cómo los otros nos perciben que cómo somos en realidad. En la dicotomía entre el ser y el parecer, la balanza se decanta hacia el segundo término del binomio. Como en los personajes de *Prohibida l'evasió*, esta actitud lleva a la alienación del individuo, al autoengaño, porque este se rodea de objetos para superar la angustia del vacío y construirse una determinada imagen, pero cuanto más descansa en las cosas, más se aleja de su yo auténtico. Para el doctor Ugalde, como para los personajes de la novela, tener es más importante que ser. Los dos representan esta hipocresía, vacuidad y narcisismo del individuo posmoderno (Mas, 2020).

Hay otro motivo que aparece en algunos cuentos posteriores de Artís-Gener y que tiene relación con esta dicotomía: el desdoblamiento. Algunos cuentos del libro *El boà taronja*, como «Fe notarial», «Foc sobre gel», «Dimecres a Mura» o «Boà taronja», tienen como tema principal –como apunta Julià Guillamón (1986: 120)– el juego de la apariencia y la realidad, puesto que intervienen unos personajes que nunca son lo que aparentan, que llevan una vida secreta opuesta a su vida pública, o que tienen reacciones y pensamientos que no coinciden con la imagen que proyectan. Este desdoblamiento de la personalidad humana es llevado a las últimas consecuencias en la novela *Les dues funcions del circ*, donde los dos hermanos protagonistas terminarán siendo solo uno. Esta dualidad, de alguna manera, también se hace patente en la figura del doctor Pedro Ugalde, que aparenta ser un médico formal y dedicado, pero en cambio su pensamiento nos ofrece, como hemos visto, una visión del todo contrapuesta a la imagen que proyecta.

A diferencia de la novela, el tratamiento de esta dualidad en «Sesenta pesos de delirio» parte de una anécdota y adopta una perspectiva lúdica, como en la mayoría de sus relatos breves. Ahora bien, sin buscar una gran trascendencia, ofrece una visión irónica y satírica de la realidad «que posa sobre el paper la realitat del capteniment humà, i que projecta l'esperit crític de l'autor damunt els rols establerts», como apunta Guillamón (1986: 121). El humor y la ironía serán unas armas esenciales en gran parte de la obra tisneriana para vehicular unos mensajes, con pinceladas críticas, pero debajo de una capa de divertimento. Un ejemplo de ello es el cuento «Non fecit taliter omni nationi» (*Pont blau*, 1951), escrito y publicado con anterioridad al relato que nos ocupa, con el que mantiene algunos puntos de contacto, aunque esté escrito en catalán. El autor nos ofrece también un retrato irónico, en este caso de la superstición y la religión, a través del monólogo interior de Mario Ugarte, un mexicano, padre de doce hijos, que para resolver su problema con el alcohol hace un juramento a la Virgen de Guadalupe. Como en «Sesenta pesos de delirio», el punto de vista del personaje a través del monólogo interior es esencial para trasladarnos una determinada visión de mundo mexicana.

Vemos, por tanto, como «Sesenta pesos de delirio», por su experimentalismo formal, ya responde a la concepción de literatura que defenderá Artís-Gener y empiezan a apuntarse, aunque en algunos casos tímidamente, algunos motivos temáticos y algunas técnicas narrativas que encontraremos más desarrolladas en su novelística o narrativa breve.

La lengua de «Sesenta pesos de delirio»

La obra «Sesenta pesos de delirio» es tan plenamente mexicana que en el momento en que apareció sorprendió tanto a los autóctonos, que no creían que un catalán exiliado hubiera podido escribir un relato de estas características, como a la comunidad catalana exiliada en México, la mayoría de la cual era incapaz de comprender el lenguaje del cuento. Artís-Gener recoge en una carta a Pere Calders del 29 de marzo de 1965 algunas de estas reacciones de sorpresa tanto positivas como negativas que se fueron sucediendo a lo largo de las semanas posteriores a la publicación del cuento (Galera, 2020: 124). Entre los lectores que aprueban el veredicto, se encuentra Alfredo Carona Peña, que, en su carta a la revista *El Cuento*, destaca la singularidad del relato y su sorprendente mexicanidad, dado que el autor es catalán:

> El trabajo premiado es sencillamente genial. Me da la impresión de James Joyce y Cantinflas en una gran parranda hasta el amanecer [...]. Se trata de un relato fuera de lo común: tiene muchísima gracia —¡una caricatura de la imprevisión!— [...]. Total... ¡que Artís-Gener nos resultó un catalán más mexicano que don Chema, el de los pulques! (Carona, 1965).

Por lo que se refiere a la reacción de la comunidad catalana, le escribe Tísner a Calders en la misiva anteriormente citada: «Ja no cal que us digui que per a la colònia catalana el premi ha estat un cop. Els connacionals em feliciten, encara que molts d'ells no entenen un borrall del vocabulari autòcton» (Galera, 2020: 124-125). Incluso en la carta de respuesta de Calders, del 31 de marzo de 1965, se hace evidente la complejidad del lenguaje, puesto que el propio Calders admite la dificultad para comprender el cuento en una primera lectura (Galera, 2020: 126).

Pasemos ahora a analizar brevemente cómo es la lengua de «Sesenta pesos de delirio». Lo primero que hay que destacar es que reproduce la variante dialectal del español de México y encontramos una alternancia de registros. Por un lado, un registro coloquial, con frases cortas e incompletas, algunas reiteraciones e incoherencias, interjecciones y exclamaciones constantes, un vocabulario informal y expresiones populares, con muchos diminutivos y algunos aumentativos, que traslada al lector un discurso oral, espontáneo, de gran viveza y expresividad. Por otro lado, los diálogos que interrumpen el monólogo son más propios de un registro estándar e incluso culto, por ejemplo, cuando el médico hace referencia puntualmente a terminología médica (papilomas cancerosos, avitaminosis). En los diálogos, el discurso es más ordenado, más coherente y, aun siendo espontáneo y oral, utiliza un lenguaje más formal que en el monólogo interior, que intenta transmitir el pensamiento desordenado del protagonista.

La variante mexicana del español se puede observar tanto en el léxico, como en la sintaxis o en los giros y expresiones del lenguaje. Si nos fijamos en el léxico, nos percatamos del uso de algunos vocablos que son propios de esta variante dialectal, como *retachar* (rechazar algo), *chochitos* (pastillas de homeopatía), *babosada* (disparate), *chachero* (policía municipal que pone el cepo a las ruedas de los vehículos), *cortón* (frase cortante que se utiliza para acallar a alguien), *carcacha* (vehículo inútil y desvencijado), *buey* (persona tonta), *papi* (para referirse de forma cariñosa a alguien familiar), *merequetengue* (lío, follón), *argüende* (disputa) o *vuelto* (el cambio que se da cuando sobra dinero). También encontramos el uso de palabras que, aunque existen en el español peninsular, no se utilizan normalmente. Nos referimos a verbos como *atorar* (detener), *moler* (en el sentido de molestar), *madrugarse* (en el sentido de anticiparse a la acción de un rival o competidor), *apantallar* (cuando se refiere a la voluntad de deslumbrar o impresionar), *cuadras* (para referirse a la distancia que va de una esquina a la siguiente en una manzana), o al uso del adverbio *ora* (ahora) o *acá* (aquí). O también encontramos palabras a las cuales se les da un sentido distinto al que tienen en el español peninsular, como *manejar* para referirse a conducir, *carros* en referencia a los coches, *tantear* en el sentido de engañar, *fraccionamiento* para referirse a una urbanización o *viejas* para hablar de las mujeres en general y no solo de las de edad avanzada.

A parte del léxico, en el texto encontramos construcciones que son propias de la sintaxis de la variante mexicana, como la anteposición de determinados adjetivos al nombre, como por ejemplo: *puro* (pura babosada, pura vida, puras sandeces), *hartos* (hartos árboles, hartos idiotas), *mugre* (mugre carcacha, mugre dirección, mugrosos libros, mugrosos números), *canijo* (canijo radio, canijo Rodríguez, canija calle), *rascuache* (rascuache departamento, rascuache calendario o rascuachona Tere) o *pinchurriento* (pinchurriento chevrolet). La utilización de esta estructura enfática en este caso sirve para realzar aspectos negativos, relacionados con elementos despectivos y que se consideran despreciables desde el punto de vista del personaje. El uso reiterado de esta estructura en los fragmentos de monólogo interior contribuye a reforzar la sensación de un discurso oral, espontáneo y muy vivo.

El cuento también está lleno de expresiones que son muy características de la lengua mexicana en un discurso coloquial y oral. Algunas de estas expresiones, que utiliza sobre todo en el monólogo interior, son interjecciones de sorpresa o de enfado como *Ándale, Pedrito, ¡Ujule!, ¡Ah, chirrión!, ¡Hijole, Pedrín!, Híjole, ¡qué padre!* o bien *¡Me lleva la que me trajo!* También utiliza locuciones adjetivas o adverbiales

91

como *a todo mecate* (para referirse a un gran lujo), *a toda madre* (en el sentido de algo que es estupendo) o *a mentadas* (cuando quiere expresar la incapacidad de algo: *no duermo ni a mentadas*). A su vez, reproduce estructuras sintácticas o giros propios que responden al lenguaje oral, como *no te hagas* (en el sentido de no pretendas, no simules), *flojera me da* (cuando algo produce gran pereza o hastío) o *lo tantearon de a feo* (para expresar que fue víctima de un engaño). Otra característica estilística de la variante mexicana es el uso de diminutivos, que aparecen con frecuencia en el relato: *ahorcadito, antenita, charrita, chevrolito, casita, ayudadita, naricita, oiditos, viajecito, callecitas, cuadritos, doctorcito, olorcito, chatita, ahorita* y *teatrito*. Son menos los casos de palabras con sufijos aumentativos (*bolota, estilacho* y *pesotes*) o con prefijos (*recanijo* y *retebueno*). En todo caso, el uso de estos prefijos y sufijos contribuye a la oralidad del discurso y a un lenguaje vivo y espontáneo.

Encontramos algunas palabras de origen náhuatl, la antigua lengua azteca, como *cuate*, que proviene del *coatl* que significa 'serpiente' o 'mellizo', y en el contexto del cuento significa 'camarada' o 'amigo'; y también la palabra *tlapalería*, del náhuatl *tlpalli*, 'color para pintar', y que significa, según el *Diccionario de americanismos*, 'Tienda donde se venden utensilios para trabajos de electricidad, albañilería, plomería, carpintería, etc.'. No es de extrañar que Artís-Gener utilizara palabras náhuatl teniendo en cuenta que en esos años aprendió la lengua y la cultura aztecas para poder escribir su novela *Paraules d'Opòton el Vell*, y que algunas se mantenían vivas en el habla mexicana.

Si hablamos del lenguaje, no podemos pasar por alto otro elemento singular: el uso de palabras o expresiones en inglés, en francés y en italiano. Las referencias a otras lenguas se encuentran siempre en el monólogo interior del doctor Pedro Ugalde y la introducción de estos extranjerismos puede responder a distintas motivaciones: por un lado, refleja la realidad de la lengua mexicana, que ha incorporado anglicismos por la proximidad e influencia de los Estados Unidos. Así, por ejemplo, se hace referencia a los *closets* (armarios), al *pent-house* (piso o apartamento), al *living* (salón) o el *hi-fi* (equipo de música de alta fidelidad). Pero estos anglicismos sirven también al propósito de caracterizar a un personaje esnob que intenta asemejarse a la gente con alto poder adquisitivo a través del lenguaje. A parte del léxico vinculado al hogar, y en el mismo sentido que apuntábamos, aparecen también algunas frases esporádicas en inglés a lo largo de su flujo de pensamiento, como «*Así, just like that*», o cuando se imagina que le pedirá al mayordomo una bebida de moda: «*Valentín: sírveme un Queen Anne on the rocks*».

Además del inglés, aparecen referencias puntuales al francés o al italiano, pero en este caso creo que responden más a la voluntad de juego lingüístico del autor.

En un momento dado, cuando el doctor está dudando del color del coche que compraría: «*¿Blanco o rojo?* Ecco il problema. L'embarras du choix». En este pasaje introduce estas frases en italiano y francés, respectivamente, para retomar la referencia al italiano unas frases más tarde: «*Me parece que en italiano problema se escribe con dos bes. O a lo mejor ni la palabra existe en italiano, como aquella tarugada de* bocatto di cardinale *que nunca se ha dicho*». Estos comentarios metalingüísticos los encontramos también más adelante, cuando el doctor se pregunta por la ortografía correcta de un nombre extranjero: «*¿Koechel? Hay una diéresis bailando encima de una de las vocales*», o cuando refiriéndose al nombre de una calle dice: «*Canija calle que a cada cuadra cambia de nombre: Tacuba, Ribera de San Cosme. Hartos idiotas escriben Rivera... hay un chorro*». En algún momento también hace referencia a aspectos semánticos, cuando se refiere a su relación con Tere y cínicamente busca razones para justificar la ruptura de la relación: «*¿Cómo me iba a quemar con Tere? Quemazón, tienes nombre de mujer. Eso es de Hamlet. Sinceridad, tienes nombre de mujer. No. Veleidad, Frivolidad, Ligereza. Me falla el diccionario de sinónimos*». Pero los juegos lingüísticos van más allá y el autor nos propone derivaciones divertidas como cuando Pedro Ugalde se siente como un personaje de Dostoievsky, y se refiere a sí mismo como «*el doctor Piotr Ugaldowsky*», intentando emular la rusificación del nombre, o bien cuando transgrediendo la función gramatical conjuga un nombre como si se tratara de un verbo: «*Ah, seguro: sino es con chimenea no la tomo. Yo chimeneo, ella chimenea*». Y, finalmente, encontramos en el flujo de conciencia palabras incomprensibles para representar un discurso que el propio personaje no comprende, como cuando escucha por la radio a los niños que cantan la lotería: «*Estos niños gritones son odiosos. No se entiende nada de lo que dicen. Canijos, trabajan a destajo: "ientoient' ientoient' pesssss"*». El lenguaje, pues, se deforma de tal manera que resulta incomprensible. Un recurso similar lo utilizará en *Les dues funcions del circ*, obra escrita en los meses posteriores a «Sesenta pesos de delirio», pero con una mayor trascendencia temática, puesto que no se tratará de un simple juego lingüístico, sino que nos trasladará de esta forma la imposibilidad del lenguaje para llevar a cabo la función comunicativa. Los personajes se encontrarán aislados, incapaces de comprender a los otros en el momento que más lo necesitan (Mas, 2008: 135).

El tema de la incomunicación será importante en toda la novelística de Artís-Gener, sobre todo en la novela *Prohibida l'evasió*, donde se convierte en uno de los motivos principales. En este cuento, solo se apunta tenuemente que el lenguaje es engañoso y que no lleva a un pleno entendimiento entre las personas. Lo podemos entrever en algunos diálogos del doctor Ugalde, como, por ejemplo, en la conversación con el primer paciente, en la cual no hay comprensión mutua. Ante esta imposibilidad, después de un diálogo que no lleva a ninguna parte, dice el paciente: «Síquico, ya sé. Ya lo dijo antes. Pero no vamos a pasar todo el tiempo hablando como payasos de circo o método de inglés Robertson, tejiendo y destejiendo: "El libro está sobre la mesa. ¿Está sobre la mesa el libro? No. ¿El gato duerme debajo de la mesa?"» (Artís-Gener, 1965: 124). El lenguaje no les ayuda a llegar a un entendimiento real, sino que más bien parece un diálogo aprendido y vacío que remite solo a sí mismo. En otra ocasión, el doctor habla con un policía que le ha detenido por no respetar un semáforo y, en este caso, las palabras son traicioneras y le delatan: después de confesar que andaba distraído en el semáforo, se justifica diciendo que recibió una llamada médica urgente y que la preocupación le hizo cometer la imprudencia.

> –No es lo mismo andar distraído que preocupado. Usted dijo…
> –Oh, diablos. No creo que valga la pena enredarnos en un argüende sobre el alcance de una palabra –digo yo (Artís-Gener, 1965: 125).

Lo que pondrá fin a la discusión no será la dialéctica, sino la aceptación del soborno: el doctor acepta pagar cierta cantidad de dinero a cambio de no ser denunciado, lo que coloquialmente se conoce en México como la *mordida*.

La mexicanidad de «Sesenta pesos de delirio» se encuentra en gran parte en el lenguaje, como hemos visto, pero también en el mundo que describe el relato. Nos sitúa en el México de los años sesenta, visto desde la perspectiva de un médico mexicano y, a través de su pensamiento, nos trasladamos a las calles y los barrios de la capital: el Viaducto-Piedad, avenida de los Insurgentes, avenida Hidalgo, puente de Alvarado, calle Ribera de San Cosme, el barrio Polanco o el de Mixcoac o encontramos referencias a las ciudades de Tamazuchale o de Cuernavaca y el municipio de Acolman. En este contexto mexicano, las referencias cotidianas también son las propias del país: los *pesos* como moneda, *bajarse a los tacos* (para ir a comer un tipo de comida mexicana), el *tostón* (para referirse al dinero, en concreto a las monedas de 50 centavos) o incluso las referencias a malas prácticas como la *mordida*. «Sesenta pesos de delirio» nos ha situado completamente a través del lenguaje y la mirada en una determinada realidad de México.

CONCLUSIÓN

En este estudio hemos podido ver cómo el cuento «Sesenta pesos de delirio», una obra singular en el conjunto de la producción de Artís-Gener por ser la única pieza literaria no escrita en catalán, es fruto indiscutible de su integración en México durante el exilio y del conocimiento profundo del país, hasta convertirlo en un catalán mexicano. No en vano, Artís-Gener afirmaba haber nacido dos veces: en Barcelona, el 28 de mayo de 1912, y en Veracruz, el 7 de julio de 1939, cuando llegó a México (Reyes, 1965). Esta doble condición también la remarca José María Muriá a raíz del cuento «Sesenta pesos de delirio»:

> A ver quién es capaz de suponer que su autor es extranjero. [...] El propio Valadez se resistió a creer de primera intención que hubiera sido Tísner el autor del trabajo premiado. Pero a fin de cuentas cayó en la cuenta, precisamente, de que el verdadero Tísner no era el extranjero que denotaba su marcado acento catalán, sino una parte integral y muy rica del quehacer cultural de los mexicanos (Muriá, 2001: 16).

En efecto, Artís-Gener era parte de los dos mundos y en su obra vemos el esfuerzo constante por trazar puentes entre las dos culturas, sin perder la esencia de ninguna de ellas. En este artículo hemos constatado su compromiso con la lengua catalana: el autor se siente como un eslabón de una cadena a la que debe dar continuidad, por lo que decide conscientemente escribir toda su obra en catalán. Solo hay un relato que resulta la excepción, «Sesenta pesos de delirio», escrito en México en 1964 para un concurso porque el tema planteado le resulta de interés, el género del cuento le supone un reto y probablemente el incentivo económico era interesante dada su situación económica precaria y la necesidad de volver del exilio.

El cuento, como hemos visto, lo escribe en la lengua del país que le ha acogido durante veintiséis años: la variante dialectal mexicana del español, con tal grado de similitud que causa auténtica sorpresa entre el público mexicano y la comunidad catalana exiliada en este país. El relato encaja perfectamente con la poética que irá desarrollando el autor a lo largo de su vida, puesto que, a través del experimentalismo formal, usando unas técnicas narrativas y motivos que serán recurrentes en sus obras, interpela a un lector que debe estar activo y comprometido con la propuesta del autor. Desde una perspectiva irónica nos presenta una parcela de la realidad mexicana, con una mirada desde dentro, en un lenguaje coloquial plenamente mexicano, vivo y auténtico. Pero el humor no es nunca inocente con Tísner y detrás de la broma se esboza una reflexión sobre la vacuidad del individuo posmoderno y su dicotomía entre el ser y el aparentar. Gracias al premio ganado con «Sesenta pesos de delirio», fruto de su conocimiento y amor al país que lo acogió, Artís-Gener y su familia pudieron poner fin al exilio y regresar a Cataluña, desde donde continuó, incansablemente, su labor de reivindicación de las culturas catalana y mexicana.

REFERENCIAS BIBLIOGRÁFICAS

ANDÚJAR, Manuel (1949): *La literatura catalana en el destierro. Conferencia leída en el Ateneo Español de México, el 4 de noviembre de 1949*, México, Costa Amic.

ARTÍS-GENER, Avel·lí (1945): *556 Brigada Mixta*, México, Col·lecció Catalònia.

ARTÍS-GENER, Avel·lí (1947): *La escenografía en el teatro y el cine*, México, Centauro.

ARTÍS-GENER, Avel·lí (1965): «Sesenta pesos de delirio», *El Cuento* 10, marzo, pp. 123-129.

ARTÍS-GENER, Avel·lí (1966): *Les dues funcions del circ*, Barcelona, Proa.

ARTÍS-GENER, Avel·lí (1968): *Paraules d'Opòton el Vell*, Barcelona, Cadí.

ARTÍS-GENER, Avel·lí (1969): *Prohibida l'evasió*, Barcelona, Edicions 62.

ARTÍS-GENER, Avel·lí (1981): *Mèxic, una radiografia i un munt de diapositives*, Barcelona, Laia.

ARTÍS-GENER, Avel·lí (1986): *El boà taronja*, Barcelona, La Magrana (Les ales esteses, 33).

ARTÍS-GENER, Avel·lí (1990): *Viure i Veure/2*, Barcelona, Pòrtic (Vides i Memòries, 3).

ARTÍS-GENER, Avel·lí (1991): *Viure i Veure/3*, Barcelona, Pòrtic (Vides i Memòries, 6).

ARTÍS-GENER, Avel·lí (1995): *Paraules d'Opòton el Vell*, Barcelona, Edicions 62 / La Caixa.

ARTÍS-GENER, Avel·lí (1996): *Viure i Veure/4*, Barcelona, Pòrtic (Vides i Memòries, 16).

BERGER, Peter L. y Thomas LUCKMANN (1966): *The Social Construction of Reality. A Treatise in the Sociology of Knowledge*, Nueva York, Anchor Books.

CAMPILLO, Maria (ed.) (1982): *Contes de guerra i revolució (I)*, Barcelona, Laia (Les ales esteses, 33).

CARONA, Alfredo (1965): «Carta al lector», *El Cuento* 12, mayo.

CORTÁZAR, Julio (1969): «Del cuento breve y sus alrededores», en *Último round*, México, Siglo XXI, pp. 69-82.

CORTÁZAR, Julio (1971): «Algunos aspectos del cuento», *Cuadernos Hispanoamericanos* 255, marzo, pp. 403-406.

EL CUENTO (1964): «Primer concurso de cuentos de "El Cuento"», *El Cuento* 4, agosto, pp. 3-4.

EL CUENTO (1965): «El Renault para el cuento "Sesenta pesos de delirio"», *El Cuento* 9-10, enero-febrero, pp. 4-5.

FÉRRIZ, Teresa (2001): *La edición catalana en México*, Biblioteca Virtual Miguel de Cervantes.

GALERA, Francesc (2020): *Epistolari Calders-Tísner*, Edicions Universitat de les Illes Balears / Publicacions de l'Abadia de Montserrat (Biblioteca Miquel dels Sants Oliver, 55).

GALERA, Francesc (2016): *Avel·lí Artís-Gener, traducció i alteritat. El com i el perquè de la praxi traductora de Tísner*, tesis doctoral dirigida por Montserrat Bacardí, Barcelona, Universitat Autònoma de Barcelona, Departamento de Traducción e Interpretación, disponible en línea: <http://hdl.handle.net/10803/392741>.

GUILLAMON, Julià (1986): «Notes a la narrativa d'Avel·lí Artís-Gener», en *El boà taronja*, Barcelona, La Magrana, pp. 109-123.

GUZMÁN, Carlos (2004): *En el mirall de l'altre. Paraules d'Opòton el Vell, l'escriptura analógica d'Avel·lí Artís-Gener*, Barcelona, Publicacions de l'Abadia de Montserrat.

MAS, Sílvia (2008): *Les novel·les d'exili d'Avel·lí Artís-Gener*, Barcelona, Publicacions de l'Abadia de Montserrat.

MAS (2020): «Ethical and Aesthetic Revolt in Avel·lí Artís-Gener's *Prohibida l'evasió*», en Jordi Larios y Monserrat Lunati (eds.): *Catalan Narrative 1875-2015*, Cambridge, Legenda, pp. 176-198.

MURIÁ, José María (2001): «Tísner, una razón» en *En recuerdo de Tísner. Semblanza*, México, El Colegio de Jalisco / Generalitat de Catalunya, pp. 7-17.

NADAL, Marta (1993): «Avel·lí Artís-Gener, "Tísner". El valor de l'autenticitat», *Serra* d'Or 408, pp. 27-31.

NOGUER, Marta y Carlos GUZMÁN (2001): «Avel·lí Artís-Gener: testimonio de un catalán de México», *Estudios Jaliscienses* 46, pp. 60-71.

NOGUER, Marta y Carlos GUZMÁN (2004): *Una voz entre las otras: México y la literatura catalana del exilio*, México, Fondo de Cultura Económica.

OLIVER, Maria Antònia (1973): «La nit loca de Sant Jordi», *Diario de Mallorca*, 18 de enero.

RENDÉ MASDEU, Joan (1980): «Avel·lí Artís-Gener, de la broma a la reflexión sòcio-cultural», *Avui*, 19 de octubre.

REYES, Beatriz (1965): «Con Avelí Artís-Gener, ganador del Concurso», *El Cuento* 10, marzo, pp. 120-121.

ROIG, Montserrat (1971): «Avel·lí Artís-Gener, prohibida la fossilització», *Serra d'Or* 138, pp. 41-42.

SAID, Edward W. (1994): *Representation of the Intellectual. The 1993 Reith Lectures*, Londres, Vintage.

FENÓMENOS LINGÜÍSTICOS DE CONTACTO ENTRE ESPAÑOL Y CATALÁN EN LAS CREACIONES LITERARIAS

Cristina Illamola
Universitat de Barcelona

INTRODUCCIÓN

Buena parte de los escritores en lengua española nacidos en Cataluña, cuyas obras transcurren en múltiples ocasiones por las calles y los rincones de Barcelona u otros lugares de este territorio, retratan la situación sociolingüística de esta zona bilingüe, el acento de sus hablantes, sus prácticas lingüísticas y también sus creencias, actitudes y prejuicios lingüísticos. La derrota del proyecto republicano y su sustitución por una dictadura anticatalana después de 1939 provocó una transformación de la sociedad de esta comunidad y de sus usos lingüísticos (por imperativo legal), como relata Maruja Torres en *Un calor tan cercano*: «Desde que se perdió la guerra y durante décadas, las calles de Barcelona tuvieron que renunciar a sus nombres en catalán, por lo que el mapa de mi niñez quedó fijado en mi recuerdo en el idioma de los vencedores» (1997: 39). Las transformaciones no solo se produjeron externamente, en el ámbito social, sino que la sustitución lingüística también tuvo lugar de puertas adentro, en el seno de algunas familias. En *Habíamos ganado la guerra* (2007), Esther Tusquets plasma el proceso de castellanización de una parte de la burguesía barcelonesa afecta al régimen cuando describe los diferentes usos lingüísticos que adoptaron sus padres con ella y su hermano:

> Mis padres, que siempre habían hablado conmigo en catalán, utilizaron con mi hermano, nacido tras la guerra, el castellano (y esto se mantuvo inalterable: cincuenta años después, en las comidas familiares, mis padres y yo seguíamos dirigiéndonos a Óscar en castellano y hablando entre nosotros tres en catalán, casi sin reparar en el cambio de idioma, y sin que nos pareciera raro, a pesar de que para entonces el catalán de él fuera tan bueno, o tan malo –no dejaba de ser el denostado y degradado catalán de los barceloneses–, como el nuestro), que era, por una parte, el idioma de gran parte de la pijería aristocrática y alto burguesa, y, por otro, el que utilizábamos con el servicio, procedente casi siempre de otras partes de España (2007: 10).

La imposición del castellano, acompañada de una transformación de la sociedad que propiciaba su adopción y su uso habitual, favoreció un avance de esta lengua con respecto al catalán y, evidentemente, una mezcla lingüística que llevaría a una influencia mutua entre los dos idiomas. En la obra ya citada, Maruja Torres también describe una recuperación institucional del catalán, tras la muerte del dictador Francisco Franco y la reinstauración del gobierno de la Generalitat de Catalunya, que no implicó necesaria, ni instantáneamente, una restitución exacta del lugar que la lengua catalana había ocupado, ni social ni individualmente, antes de 1939.

> Más adelante, cuando acabó el secuestro oficial de la libertad, la lengua autóctona corrió a recobrar su sitio en las esquinas, en placas de metal que relucían como dientes de oro en medio de la decrepitud, y eso reforzó en mí la sensación de poseer en exclusiva el Barrio de mi infancia, mi patria charnega. Mi relación con el catalán –un idioma que nunca será como mi piel, pero sin cuya existencia no puedo sentirme a gusto en mi piel– se la debía también a mi tío, un barcelonés de quinta generación [...]. Ismael solía dirigirse a nosotras en castellano, trufando la conversación de tacos y blasfemia en catalán que me deleitaban (1997: 39).

Es interesante el testimonio de Torres, quien admite que, sin ser su lengua materna, el catalán forma parte de sus experiencias familiares más tempranas y de una forma de entender la vida, la sociedad y las relaciones humanas desde su perspectiva particular, como habitante de Cataluña. Por el hecho de haber coexistido tanto tiempo los dos idiomas en este mismo territorio y de haber sufrido una situación de imposición durante muchos años sin llegar a eliminarse del todo el uso del catalán, ni en la época más oscura de la dictadura franquista, la mayoría de catalanohablantes han acabado hablando el español gracias a un contexto sociocultural y educativo que lo ha propiciado, aunque revelando la posesión de otra lengua materna. Un ejemplo lo hallamos en la novela detectivesca de Isabel Franc *No me llames cariño* (2004), donde, sin lograr evitar algunos prejuicios lingüísticos, se describe el español hablado por una catalanohablante (que, sin embargo, domina los dos idiomas) y cómo lo percibe su protagonista, la inspectora valenciana procedente de Madrid Emma García:

> Murals hablaba con un ligero acento catalán: «eles» de pronunciación gutural, alguna «e» abierta donde no correspondía... Nada que resultara excesivamente molesto a oídos castellanohablantes. Pero su especialidad era crear, partiendo de su vocabulario bilingüe, abstrusas aportaciones semánticas, que García no siempre llegaba a comprender (2004: 18).

Un ejemplo de estas «abstrusas aportaciones» lo hallamos en el pasaje siguiente:

> Antes de entrar, la agente propuso que se tomaran un café en un bar cercano. –A ver si *entonamos* un poquito el cuerpo –argumentó–. A mí, los primeros fríos me cuestan mucho *entomarlos* (Franc, 2004: 13).

Todos estos testimonios permiten, por un lado, comprender la particular situación sociolingüística de contacto de lenguas vivida en Cataluña durante los últimos ochenta años y, por otro, volver sobre los rasgos característicos de una variedad de español –la propia de Cataluña– que tradicionalmente se ha catalogado dentro del español centro-norte peninsular (Moreno Fernández, 1993, 2000, 2009). No es motivo de este artículo defender la existencia o no de dicha variedad, debate significativo entre los especialistas, sobre todo por la complejidad sociolingüística que presenta esta zona, consecuencia directa de distintos hechos históricos y de las sucesivas oleadas migratorias ocurridas entre los años veinte y los años setenta del siglo XX, hechos que también se reflejan en los fragmentos de las novelas que acabamos de citar. Recordemos, brevemente, que la compleja configuración del español en Cataluña se debe, principalmente, al mosaico que se crea tras las mencionadas oleadas migratorias: entre los años veinte y cincuenta del siglo XX, llegaron en su mayoría habitantes del levante peninsular y Aragón; entre los años cincuenta y los setenta, inmigrantes procedentes, en su mayor parte, de Andalucía y también de Extremadura, Castilla-La Mancha, Castilla y León y Galicia (cf. Illamola, 2015: 325-333). A raíz de los Juegos Olímpicos de Barcelona, en 1992, se inician las migraciones procedentes de otros países, fundamentalmente de origen marroquí, rumano, chino y latinoamericano. Si en el año 2000 la población extranjera suponía apenas un 3 % de la población total, hoy en día es superior al 17 % (IDESCAT, 2023). De entre las migraciones de origen internacional en pleno siglo XXI, cabe destacar las que proceden de Hispanoamérica, pues cada grupo lingüístico trajo consigo una variedad propia y particular, distinta y compleja en sí misma, que, a su vez, entró en contacto no solo con el catalán, sino también con otras variedades de español.

Y es en este contexto lingüístico particular donde se inserta el presente estudio, que pretende abordar dos cuestiones principales: por un lado, ahondar en algunos fenómenos derivados del contacto de lenguas (cambios de código, interferencias, calcos, préstamos) y, por otro, ilustrar dichos fenómenos a partir de obras literarias de autores de Cataluña que escriben en español. Este capítulo se abría con algunos fragmentos de *Habíamos ganado la guerra*, de Esther Tusquets; *Un calor tan cercano*, de Maruja Torres, y *No me llames cariño*, de Isabel Franc. Nos hemos valido también de las siguientes novelas: *Los alegres muchachos de Atzavara* (1987), de Manuel Vázquez Montalbán; *El amante bilingüe* (1990), de Juan Marsé; *Sin noticias de Gurb* (1990), de Eduardo Mendoza, y, por último, *La sombra del viento* (2001), de Carlos Ruiz Zafón.

FENÓMENOS DE CONTACTO DE LENGUAS

A continuación, se analizará un conjunto de fenómenos lingüísticos explicables por el contacto entre lenguas: la interferencia lingüística, los calcos, los préstamos y el cambio de código. Cabe recordar que estos fenómenos se originan en el discurso oral y espontáneo, y, mayoritariamente, se han analizado y descrito a partir de este registro, pero nos proponemos, como hemos anticipado, observar cómo se articulan en el discurso escrito y planificado. (A modo de ilustración y sin ánimo de ofrecer un listado exhaustivo, cf. Blas Arroyo, 1993, 2008; Casanovas, 1996, 1997; Hernández, 1998; Sinner y Wesch, 2008, y otras que se van citando a lo largo del texto). Paralelamente, esta investigación se plantea comprobar que, efectivamente, en la obra literaria –como en la misma sociedad catalana contemporánea– abundan estos fenómenos, así como también las frecuentes referencias a las características sociolingüísticas de una comunidad de habla cuyos miembros son cada vez más bilingües.

Antes de ahondar en la conceptualización y ejemplificación de los fenómenos, es preciso acotar, aunque sea de forma muy sucinta, una particularidad de la Cataluña democrática, y más acusadamente de Barcelona y su área metropolitana: el cambio sociolingüístico que se refleja sobre todo en el incremento de hablantes bilingües iniciales, en detrimento del porcentaje de los catalanohablantes iniciales y, en menor medida, de los castellanohablantes. Marina Subirats Martori (2010: 81) comparó los datos de 1995 y 2006: en la región metropolitana, los bilingües pasaron del 9,4 al 15,2 %. Por su parte, en la Enquesta d'Usos Lingüístics de la Població de 2013 y 2018 (EULP) (Departament de Cultura i Política Lingüística de Catalunya), los individuos del ámbito metropolitano que consideran que tanto el catalán como el español son sus lenguas iniciales representan un 2,5 y un 2,8 %, respectivamente. Esta puntualización –aunque con datos algo distantes en el tiempo, pero igualmente significativos– deviene necesaria porque es en este contexto particular donde surgen gran parte de los fenómenos más relevantes del contacto entre lenguas: un conjunto de marcas transcódicas que, en el caso de la convivencia entre español y catalán, da como resultado una serie de rasgos que llevan a señalar una variedad particular de español, diferente de la de zonas monolingües o de la de zonas de contacto con otras lenguas peninsulares.

La coexistencia del español y el catalán, por su intensidad y duración, desemboca en fenómenos lingüísticos que afectan a todos los niveles de la lengua, desde los más superficiales hasta los más profundos. Esto, junto a los factores lingüísticos internos (la propia dinámica de la lengua) y a los factores extralingüísticos (sociedad, contexto, política), implica variación y cambio. Dicho en otras palabras, la prolongada convivencia del español y el catalán –con largos periodos de represión y prohibición del catalán– repercute, aunque no de forma simétrica, sobre ambos sistemas lingüísticos en contacto, lo cual da lugar a los fenómenos lingüísticos que se analizan a continuación.

El proceso de adopción de nuevos elementos lingüísticos de una lengua a otra no es sistemático, sino gradual, y se produce en distintas fases hasta la integración en el sistema de la lengua receptora. Ahora bien, es justo en este camino hacia la adaptación a la lengua receptora donde la frontera entre los distintos fenómenos se diluye. Por este motivo, si bien es necesario describir los distintos fenómenos y ofrecer algunos ejemplos, en algunas ocasiones quizá quepa la posibilidad de usar más de una etiqueta.

La interferencia lingüística

En sentido amplio, la *interferencia* se resume como aquellos rasgos que pertenecen a una lengua A y que son utilizados por el hablante bilingüe cuando se expresa en la lengua B, por lo que la lengua que se ve afectada es la lengua meta (B) –la dirección es de la L1 o nativa a la L2 (Payrató, 1985: 58)–. En otras palabras, el hablante bilingüe traslada patrones de la lengua en la que es más competente (L1) a la lengua secundaria porque los percibe como parcialmente equivalentes.

Aún más, Weinreich (1953) distingue entre interferencias a *nivel del habla* e interferencias a *nivel de lengua*, porque se ha constatado que estos fenómenos pueden hallarse también en el discurso de hablantes monolingües: «In speech, interference is like sand by stream; in language, it is the sedimented sand deposited in the bottom of a lake».

La primera —en el habla— produce cambios ocasionales, únicos o poco frecuentes, derivados de la condición de bilingües de los hablantes; la segunda, en cambio, debido a la frecuente y recurrente aparición en el habla de los bilingües, ha llegado a convertirse en un rasgo común también entre los hablantes monolingües. Por su parte, Suzanne Romaine (1988) añade que estos fenómenos no pueden concebirse como «desviaciones de una organización gramatical básica»; en realidad, deben considerarse como la gramática propia y característica de dichas comunidades. Así, puede decirse que la interferencia en la lengua es un rasgo «extendido social y lingüísticamente entre la mayoría de los individuos y grupos que integran» la comunidad (Blas Arroyo, 2005: 545). Ambos fenómenos, por lo tanto, forman parte de un mismo proceso: primeramente, ha de producirse una interferencia en el habla (individual) para, progresivamente, extenderse, integrarse y formar parte de la lengua común (Payrató, 1985: 71).

Cuando una interferencia se consolida (integración), confluyen varios factores, no únicamente la influencia de una lengua sobre otra, esto es, el traslado de las estructuras de una lengua A a otra lengua B (Galindo, 2002). En algunos casos, la economía lingüística juega un papel relevante; en otros, lo hace la existencia en la otra lengua de un término fonéticamente parecido; pero el hecho de que una lengua tenga en su sistema algún paradigma complejo o, por el contrario, simple, favorece que los hablantes bilingües lo compensen con el esquema de la lengua B.

Weinreich establece tres niveles de lengua que pueden verse afectados (fónico, gramatical y léxico), aunque durante mucho tiempo se consideró que la interferencia no afectaba al nivel gramatical, ya que se pensaba que era menos permeable que los niveles fónico o léxico (Meillet, 1975: 82; Sapir, 1921: IX). Silva-Corvalán (1992) profundiza sobre esta cuestión siguiendo los postulados de Weinreich —y posteriormente de Givón (1979) y Bickerton (1981)— y llega a la misma conclusión: incluso en situaciones en las que el contacto lingüístico es intenso, con una alta presión cultural, los hablantes de la lengua secundaria simplifican o sobregeneralizan reglas gramaticales, pero no introducen elementos de modo que el sistema de la lengua se vea modificado (Silva-Corvalán, 1992: 55). Así pues, la permeabilidad en el sentido de Weinreich y Silva-Corvalán es posible siempre y cuando las estructuras en relación sean paralelas.

Por lo que respecta a la zona de contacto analizada, existen varios estudios que se han ocupado de abordar las particularidades de las interferencias entre español y catalán, principalmente desde este último (Payrató, 1985; Woolard, 1992; Boix, 1993; Vila Moreno, 1997; Galindo, 2006) e incidiendo en la importante penetración del español en el catalán. Sin embargo, también hay estudios que se ocupan de analizar el otro lado de este fenómeno bidireccional, la penetración del catalán en las estructuras del español de esta zona bilingüe. Nos referimos a los trabajos más recopilatorios de Seib (2001) o Sinner y Wesch (2008), así como otros más concretos que revisaremos más adelante. Recordemos que Carsten Sinner mantiene una página web cuyo objetivo es compilar un listado bibliográfico de publicaciones sobre el estudio de aspectos relevantes sobre el español de las regiones catalanohablantes: (<http://www.carstensinner.de/castellano/bibliografia.html>). Así pues, dentro de este amplio apartado de la interferencia, nos vamos a ocupar de préstamos, calcos –en tanto que interferencias léxicas– e interferencias en el ámbito morfosintáctico.

Préstamos y calcos

En la literatura, igual que en la lengua oral, son frecuentes las transferencias léxicas o *préstamos*: términos (y entidades) que son desconocidos en la lengua receptora son adoptados directamente de la otra lengua, en este caso del catalán, a veces con adaptaciones ortográficas (y las correspondientes fonológicas) propias del español. Sirvan los siguientes ejemplos para reforzar la explicación, todos extraídos de un conjunto de novelas, como hemos indicado, escritas por autores nacidos en Cataluña y que escriben en español. En cada ejemplo, se marca en cursiva el término o expresión que se comenta y, entre corchetes, se añade la explicación del término o se aporta la expresión propia en español cuando la hubiere en el *Diccionario de la lengua española* (DLE), Real Academia Española (edición en línea).

> Paso por delante de una panadería. Me compro una *coca* de piñones y me la voy comiendo mientras regreso a casa (Mendoza, 1990: 87) [*Coca*, según el DLE: *torta*].

> El *lampista*, al que fueron a pedirle que viniera a arreglar la campanilla porque sin saber cómo se había roto y perdido la cadena del llamador de la puerta (Vázquez Montalbán, 1987: 67) [*Electricista*, pero la nota del libro lo traduce como *fontanero*].

> Hoy, en vez de tortilla de berenjena, pan con tomate y *fuet* (Mendoza, 1990: 57) [*Fuet*, según el DLE, es un embutido parecido al salchichón].

> ¿Qué te pasa en el ojo? ¿Por qué haces *gañotas*? (Marsé, 1990: 174). [*Gañota*: mueca].

> Desde que Olga se fue, media hora antes, no había soltado la caja de betún. Pasó del vino blanco a la *barreja* y ya se había bebido tres vasos (Marsé, 1990: 86, 88, 89, 93, 94, 96, 99). [*Barreja*: mezcla de dos alcoholes, como anís y moscatel].

> Era una *costellada* y a mí las *costelladas* al aire libre me van e igual me como doce costillas a la brasa, *butifarra*, *cansalada*, *alioli*, un kilo de pan y me quedo tan fresco (Vázquez Montalbán, 1987: 59).

Este último ejemplo, de Vázquez Montalbán, recoge varias palabras sin correspondencia en español: en concreto, *costellada*, que se mantiene en catalán, hace referencia a una reunión al aire libre, normalmente, para asar chuletas. Aparte, *butifarra* y *alioli* constan en el DLE como términos procedentes del catalán; por lo tanto, préstamos incorporados y adaptados ortográfica y fonológicamente al español. Sin embargo, *cansalada*, escrito en catalán, es la panceta en español. Cabe apuntar, además, que, por un lado, *costelladas* y *gañotas* son préstamos no documentados en los diccionarios –como sí sucede con *coca*, *fuet*, *butifarra* o *alioli*– y, por otro, que, pese a ello, incorporan recursos característicos de la morfología del español: la marca de plural con «a» denota la adaptación ortográfica. En resumen, en los ejemplos anteriores, quedan claros dos procesos distintos de transferencia: por un lado, la transferencia integral de un elemento léxico del catalán porque no tiene correspondencia en español, como *fuet*, *butifarra*, *coca* o *alioli* (que constan en el DLE y con marca de catalanismo); por otro, el uso de un elemento léxico que sí tiene su equivalente en español, como *lampista*, *cansalada*, *costellada* o *gañota*, pero que en el contexto que recrean estas obras no es extraño emplear el término catalán, pese a que, como indicamos, existe el correspondiente *electricista*, *panceta*, *chuletada* y *mueca*. Otros ejemplos habituales son *pica* (lavamanos) o *biquini* (sándwich mixto). Se corrobora este hábito con una cita de Isabel Franc:

> Aquella noche no tenía nada para cenar, ni ganas de preparar si lo hubiera tenido, ni demasiado apetito. Entró en el Frankfurt de la esquina, antes de subir a su apartamento, para comprar un sándwich de jamón y queso, que al ser blandito y caliente le entraría bien. Aunque tenía serios problemas para pedirlo. Lo que en su ciudad se conocía como «un sándwich mixto», ahí lo llamaban «*biquini*» y a ella le costaba usar semejante nomenclatura, le daba apuro entra en un bar y decir: «Póngame un *biquini*». Era como pedir que le pusieran un sujetador o unas bragas (2004: 18).

Siguiendo la definición de Weinreich, estamos, pues, antes una interferencia a nivel de lengua, porque debido a la frecuente y recurrente aparición en el habla de los bilingües, ha llegado a convertirse en un rasgo común también entre los hablantes monolingües.

Por lo que respecta a los *calcos*, estos se han definido como la adición de una acepción a una palabra o de un nuevo valor a una estructura ya existentes en la lenga receptora. Según Juan Gómez Capuz (2009), la traducción, la imitación se realiza mediante un proceso sintético y con recursos lingüísticos propios de la lengua que introduce el calco. A continuación, ofrecemos algunos ejemplos de calcos semánticos, es decir, cuando tiene lugar una extensión semántica de una palabra ya existente: «Yo me hice su amigo y me *engrescó* para que fuese con él a un gimnasio de Hospitalet» (Vázquez Montalbán, 1987: 19). El verbo *engrescar* está recogido por el DLE con el significado de 'incitar a riña' o 'meter a otros en broma, juego u otra diversión'; sin embargo, no recoge la acepción de 'animar' que tiene en catalán. Veamos otro ejemplo de la misma novela: «Meto los ojos en el televisor y pienso, ya se apañará en su día el *manso* que le toque en suerte» (Vázquez Montalbán, 1987: 32). De nuevo, el adjetivo *manso* (aquí sustantivado) queda recogido en el DLE con las siguientes acepciones: «1. adj. De condición benigna y suave; 2. adj. Dicho de un animal: Que no es bravo; y 3. adj. Dicho de una cosa insensible: Apacible, sosegada, tranquila». Ahora bien, en catalán, coloquialmente hace referencia a *tener un amante*, de modo que se añade una nueva acepción al término en español. Sería interesante abordar en otro estudio en qué medida el lector monolingüe, y ajeno a esta realidad bilingüe, es capaz de interpretar la totalidad del contexto. Por último, hallamos otro adjetivo en *El amante bilingüe*: «Aquel mundo *atrafagado* y artificioso lleno de voces y melodías sugestivas, aquella otra vida en colores de la que ella solo podía captar su rumor, intuir su pálida fugacidad, le llegaba a través de la voz impostada y persuasiva de Faneca» (Marsé, 1990: 192). El verbo intransitivo *atrafagar* significa en español 'fatigarse o afanarse', pero en catalán contempla la posibilidad del adjetivo como sinónimo de 'atareado, muy ocupado' (las consultas en los corpus de la RAE, CORPES XXI y CREA, no ofrecieron ningún resultado de este adjetivo). Recogemos un último ejemplo con el verbo *emprenyar* ('cabrearse'), adaptado ortográficamente al español; en este caso procede de la novela de Isabel Franc: «Bueno, jefa, no se *empreñe* conmigo que yo cumplo con mi deber y lo hago lo mejor que puedo» (2004: 74).

En este apartado, deberíamos hablar también de falsos amigos, esos calcos semánticos paronímicos, en los que «el parecido de la voz en ambas lenguas facilita la transferencia del significante y la adquisición de un nuevo significado» (Gómez Capuz, 2009). En *La sombra del viento* podemos leer lo siguiente: «El día de mi cumpleaños, mi padre bajó al *horno* de la esquina y compró el mejor pastel» (Ruiz Zafón, 2001: 64). La interferencia que tiene lugar se desarrolla desde la traducción literal de la palabra polisémica *forn* (lugar o aparato con el que se cocina o cuece, o, por extensión, el establecimiento en el que se vende pan), que se transfiere literalmente al español *horno* en lugar de *panadería*.

Aparte de los ejemplos anteriores, existen transferencias que influyen en unidades más complejas; nos referimos a los calcos que afectan al nivel sintáctico, como la expresión «¡Qué *mudado vas*!» (Vázquez Montalbán, 1987: 218). Podría inicialmente considerarse un mero calco semántico: la extensión del significado del verbo *mudar*, con el significado de 'ir preparado, ir bien vestido, arreglado'. Ahora bien, en español no existe una locución formada con el verbo *ir* seguida del participio del verbo *mudar*, con el significado de 'ir bien vestido con ropa que no es propia para trabajar o de diario', como sí contempla el catalán: el *Diccionari de la llengua catalana*, del Institut d'Estudis Catalans (2007), recoge la locución «anar mudat», que en el ejemplo se ha adaptado morfológicamente al español. Si se consultan el *Diccionario de la lengua española* de la RAE, el *Diccionario de uso del español* de María Moliner (1998) y el *Diccionario del español actual* de Manuel Seco (1999), puede comprobarse que en ninguno se documenta dicha acepción. (Al comprobar en el CREA, cierto es que el número de contextos de «ir mudado» que constan es elevado, 78 casos en 66 documentos, pero son pocos en los que se aprecia el matiz que esta locución tiene en catalán). En consecuencia, puede decirse que la construcción perifrástica resultativa del catalán se ha trasladado al español: tras el proceso de traducción (calco), se han producido cambios morfológicos en el participio siguiendo las terminaciones propias del español (*-ado*). Así pues, este ejemplo es una muestra de que las interferencias pueden darse también en el seno de estructuras más complejas, no únicamente en niveles léxicos.

A continuación, señalamos otra locución documentada tanto en la novela de Vázquez Montalbán como en la de Mendoza; nos referimos a la expresión *pasar la noche del loro*, cuyo significado podría acercarse a 'pasar la noche en vela' o a 'no pegar ojo' a causa de alguna afección o incomodidad: «El señor Joaquín me informa de que su esposa [...] ha *pasado la noche del loro*» (Mendoza, 1990: 57, 67), y «Vi en el espejo la cara de cangrejo que me había dejado el sol y ya me predispuse a *pasar la noche del loro*» (Vázquez Montalbán, 1987: 55). Ni los diccionarios ni los corpus ofrecen ninguna entrada para esta expresión; por lo tanto, hay que considerarla un calco con traducción literal del catalán al español.

Procesos de interferencia paralelos, aunque algo más complejos al que acabamos de describir, tienen lugar en las estructuras *encontrar / echar a faltar, enviar a paseo* o *tener la mano rota*. El primero, documentado tanto en la narrativa de Juan Marsé como en la de Carlos Ruiz Zafón, responde a la definición de calco, puesto que se traslada completamente el esquema sintáctico de una lengua a otra. Veamos los dos ejemplos: «Cuando murió tu padre y tu pobre madre regresó a Granada, estuve a punto de coger a mi nieta y marcharme yo también. Cuánto más vieja me hago, más *encuentro a faltar* el pueblo» (Marsé, 1990: 165); y «Era su secreto. Yo le hablé de mi madre y de lo mucho que la *echaba a faltar*. Cuando se le apagó la voz, Tomás me abrazó en silencio. Teníamos diez años» (Ruiz Zafón, 2001: 114, 119). La traducción exacta de la expresión catalana *trobar a faltar algú* es 'echar de menos a alguien'. Ahora bien, en este proceso de transferencia ocurren varios fenómenos: en primer lugar, hay que tener en cuenta que la transferencia es posible porque, como indicaba Juan Gómez Capuz, existen expresiones paralelas equivalentes.

En el DLE no se documenta ninguna acepción que contemple el significado de 'sentir nostalgia por algo o alguien', ni bajo la entrada *encontrar* ni bajo *faltar*; aunque sí bajo la voz *falta* (*echar en falta*), que remite a *echar de menos*. Asimismo, el *Diccionario de uso del español* remite a dos construcciones:

a) *Echar en falta*. 1 Sentir *necesidad de cierta cosa. 2 Notar que falta cierta cosa: 'La puerta estaba abierta, pero no eché nada en falta'.

b) *Echar de menos*. Notar la *falta de una cosa (notar que no se tiene, que no está en el sitio donde estaba, etc.). Sentir la falta de una cosa (necesitarla). Sentir la ausencia de una persona. *Añorar.

La expresión resultante *encontrar a faltar* puede analizarse como la traducción literal del verbo *trobar* en catalán por *encontrar*, y una transferencia de la estructura sintáctica del catalán al español. Asimismo, en la expresión *echar a faltar*, se mantiene la primera parte de la estructura en español, pero la segunda se calca del catalán, creando así una estructura híbrida.

Por otro lado, en español, para expresar que alguien es diestro o hábil en alguna tarea, suelen emplearse las expresiones *darse buena mano en algo* o *tener buena mano para algo*. En la novela de Carlos Ruiz Zafón encontramos los siguientes fragmentos: «Esa misma teoría me había expuesto en el colegio el padre Vicente, un jesuita veterano que *tenía la mano rota para* explicar todos los misterios del universo» (2001: 42) y «Lamenté que Fermín no estuviese allí, porque él *tenía la mano rota para* librarse de los viajantes de alcanfores y morralla que ocasionalmente se colaban en la librería» (2001: 165). Ciertamente, la locución *tener la mano rota* existe tanto en español como en catalán, pero la diferencia radica en que, en español, remite a la literalidad, pero en catalán *tenir la mà trencada «en» alguna cosa* significa que se tiene mucha práctica en un trabajo o actividad concretos porque se realiza con frecuencia. De nuevo, si se consultan los diccionarios que hemos manejado, comprobamos que *tener la mano rota en algo* no es una locución propia del español; ni *tener mano izquierda* (DLE v. «mano») ni *tener mano en algo o con alguien* (DUE v. «mano») se corresponden exactamente con el significado de la expresión en catalán. Así pues, parece que el sentido metafórico de la locución original se ha trasvasado a la española (literalmente, 'haberse fracturado la mano'), porque el hablante no encuentra una expresión similar en la lengua de llegada que recoja las mismas connotaciones.

Sin embargo, este ejemplo pone de relieve las insuficiencias clasificatorias o descriptivas del término *interferencia*: si fuese un mero calco de la locución catalana, se habría transferido incluso la preposición regida. ¿Por qué, entonces, aparece la preposición *para* cuando lo esperable sería *en*? Quizás ambos ejemplos podrían considerarse una interferencia cuyo origen se encuentra en el nivel léxico: parece que lo que ha ocurrido ha sido un cruce entre dos locuciones: por un lado, la catalana *tenir la mà trencada «en» alguna cosa* y, por otro, la correspondiente española *tener buenas manos «para» algo*, puesto que la nueva locución rige la preposición *para*. Con todo, sería preciso documentar más ejemplos para poder constatar esta explicación.

Interferencias en el ámbito morfosintáctico

Aunque ya se ha señalado que, según Weinreich (1953) y Silva-Corvalán (1992), la permeabilidad solo es posible siempre y cuando las estructuras en relación sean paralelas, en la bibliografía en torno a las particularidades del español hablado en Cataluña se han documentado y estudiado las siguientes interferencias en el nivel morfosintáctico:

a) Confusiones en el género de los sustantivos: *el mal olor - la mala olor* (Vila i Moreno, 1996: 435; Casanovas, 1996: 408).

b) Uso incorrecto de los pronombres negativos (*nadie-nada*) y dobles negaciones (*Si viene nadie, llámame*; *¿Te pasa nada?*) (Vila Pujol, 1996: 272; Casanovas, 1996: 412).

c) Confusiones en los verbos deícticos *ir-venir*; *traer-llevar*: *Si quieres, te lo traigo* (Illamola, 2015: 266).

d) Uso profuso de la pluralización del verbo *haber*: *Esta tarde habían dos carriles cortados* (Blas Arroyo, 1993: 30-31).

e) Uso del expletivo *que* átono en interrogaciones totales (*¿Que hace calor?*) (Vila Pujol, 1996: 272; Vila i Moreno, 1996: 434).

f) Preferencia de la perífrasis verbal con *haber*, en detrimento de *deber* y *tener* (Martínez Díaz, 2002 y 2003).

g) Preferencia del futuro sintético en detrimento de la perífrasis *ir a + infinitivo* (Illamola, 2015).

h) Confusión en el uso de las preposiciones o pérdida de estas: *Ella insistía a hacerlo el lunes*; *el hecho que vengas me alegra* (Casanovas, 1996: 411).

i) Reducción del sistema ternario de los demostrativos locativos (Szigetvári, 1994; Hernández, 1998; Casanovas, 2000: 172; Sinner, 2004; Illamola, 2020).

Para complementar este listado no cerrado, documentamos a continuación otras interferencias que se suman a la caracterización de las particularidades del español de la zona bilingüe en cuestión.

En catalán, la productividad del verbo *fer* (*hacer*) es muy elevada, así como los estudios que recogen y analizan este fenómeno (Seib, 2001; Freixa, 2016, y diversos capítulos en Poch, 2019); incluso se señala en el *Diccionario panhispánico de dudas* (DPD): «En catalán y otras lenguas como el francés o el italiano se utiliza en muchas ocasiones el verbo *hacer* (*fer* en catalán, *faire* en francés y *fare* en italiano) en expresiones o locuciones en las que el español utiliza otros verbos de apoyo, como *dar, causar, pasar, poner*, etc.». En *Sin noticias de Gurb* son frecuentes las escenas de limpieza, cuando el protagonista *hace sábado*, expresión común en ambas lenguas, pero en el siguiente fragmento quizá cabría un verbo más preciso como *limpiar*:

> 11.30 Saco brillo a la plata.
> 12.30 Paso el aspirador. Cambio la bolsa.
> 13.00 *Hago cristales*. Quiera Dios que no se ponga a llover (Mendoza, 1990: 111).

Sin ánimo de ser exhaustivos, documentamos también las siguientes expresiones *hacer de presentador* (111), *hacer regalos* (121), *hacer funcionar* (35 y 56), *hacer memoria* (32 y 84). Para terminar, un fragmento de *La sombra del viento*:

> Su padre había venido a buscarle después de clase acompañado de una niña presumida que resultó ser la hermana de Tomás. Se me ocurrió *hacer una gracia* imbécil sobre ella y, antes de que pudiese parpadear, Tomás Aguilar cayó sobre mí como un diluvio de puñetazos que me dejó varias semanas condolido (Ruiz Zafón, 2001: 108).

También es característico el empleo del artículo determinante ante nombres propios de persona en un uso no solamente coloquial o bajo (Casanovas, 1996: 408), tanto si es el narrador como si son los personajes quienes intervienen. Veamos los siguientes ejemplos: «Seguí a *la* Bernarda a través de una galería rebosante de follaje» (Ruiz Zafón, 2001: 42); y «Les cantaba a todos las cuarenta, incluso a *la* Luisa [...], porque se picaron *la* Montse y el escritor» (Vázquez Montalbán, 1987: 63). O también en *El amante bilingüe*: «Lo que deberían hacer *el* Carreras y *la* Caballé es cantar ópera en catalán. Ya que doblan las películas, pues que doblen también las óperas» (Marsé, 1990: 75).

Se ha señalado también el ámbito de las perífrasis verbales, tanto las de obligación como las prospectivas, como estructuras permeables al contacto lingüístico. Por lo que respecta a las primeras, Eva Martínez (2003) analizó la preferencia de la perífrasis con *haber* en detrimento de *tener que*, por parte de hablantes catalanohablantes. Es decir, para la expresión de la obligación en español, los hablantes cuentan con diversas perífrasis (*haber de + infinitivo, tener que + infinitivo o deber + infinitivo*); no obstante, el estudio citado y otros, como el libro de Lluís Payrató (1985), señalan la alta frecuencia de la perífrasis con el verbo *haber* porque coincide con la perífrasis para expresar la obligación en catalán, junto con otros recursos. De forma muy resumida, puede decirse que los hablantes bilingües simplifican sus sistemas lingüísticos de tal modo que crean uno con recursos válidos en ambos sistemas. Aportamos un ejemplo de *La sombra del viento*: «Lentamente descubríamos la sombra de un amor maldito cuya memoria le *habría de perseguir* hasta el fin de sus días» (Ruiz Zafón, 2001: 13); pero se documenta también en *Sin noticias de Gurb*: «11.35 El señor Joaquín frunce el ceño y me dice que han internado a la señora Mercedes en un hospital y que *habrán de* operarla mañana sin falta» (Mendoza, 1990: 58).

En cuanto a la alternancia entre la perífrasis *ir a + infinitivo* y la forma sintética, también documentada en la bibliografía citada, hallamos algunos ejemplos de esta preferencia en los autores objeto de estudio, en este caso en la de Eduardo Mendoza:

> 23.00 Salgo de bares, a tantear el terreno. Si se presenta la ocasión, no la *dejaré* escapar. Antes de salir adopto la apariencia de Frascuelo Segundo. Si lo que quieren es «marcha», la *tendrán* (1990: 49).

> También me he comprado tres camisas de manga corta (azul cobalto, amarilla, granate), unos mocasines de ante para llevar sin calcetines y un traje de baño floreado con el que me han asegurado que *me haré el «amo»* de todas las piscinas. Que Dios les oiga (1990: 62).

En ambos ejemplos, dada la certeza y la seguridad que se desprende de cada contexto respecto de la aseveración, hubiera sido más habitual emplear la perífrasis con el verbo *ir* (Gómez Manzano, 1988 y 1992; Veyrat Rigat, 1992): *no la voy a dejar escapar, la van a tener*, para el primer ejemplo. El segundo ejemplo incluye además el verbo *hacer*, fenómeno que ya señalábamos líneas más arriba. Así, hubiera sido esperable encontrar la expresión *voy a ser* o *me voy a convertir en el amo de todas las piscinas*.

Cambios de código o alternancias de lengua

A grandes rasgos, el *cambio de lengua*, acuñado por Haugen (*codeswitching*, 1953), ha sido definido generalmente como la capacidad de un hablante bilingüe de alternar en un único acto de habla ciertas estructuras de dos sistemas lingüísticos diferentes. En palabras de Gumperz, el *cambio de código* es «the juxtaposition within the same speech exchange of passages of speech belonging to two different grammatical systems or subsystems» (1982: 59). Para ilustrar este fenómeno tan idiosincrásico del español hablado en Cataluña, aportamos algunos fragmentos como muestras de su recurrencia: «Su coche ya no estaba y la masovera me dijo que no vendría a cenar, que se había ido con la señorita y el *seu promès*» (Vázquez Montalbán, 1987: 126). Con la cursiva, original, se marcan las palabras textuales utilizadas por el personaje, en este caso de la masovera (otro catalanismo que documenta y recoge el DLE), y se recurre a una nota a pie de página para introducir el significado equivalente en español: en este caso, *prometido*. El fragmento puede considerarse un cambio de código, puesto que es un cambio voluntario (de ahí el uso de las cursivas) a través del cual se reproducen, en forma de cita indirecta, las palabras literales de otra persona.

En términos de Emili Boix (1993: 56), el cambio de lenguas se emplea también para traducir parte del discurso previo, con una función reiterativa, sintetizadora o clarificadora. Juan Marsé recurre en varias ocasiones a esta estrategia a lo largo de su novela *El amante bilingüe*: «Esta curiosa habilidad, tocar el acordeón con los pies, causaba mucha pena a los viandantes. ¡Pobre –pensaban–, además de charnego, contrahecho! *Esguerrat!*» (1990: 56). Aquí, el cambio de código cumple con dos cometidos: por un lado, reproducir en estilo indirecto libre lo que le gritan en catalán los transeúntes; por otro, además de traducir el término *contrahecho* al catalán, el objetivo radica en enfatizar la idea con la reiteración, puesto que el término catalán es mucho más enfático –y quizás dramático– que el español. Nótese, además, que el signo de exclamación sigue las normas de puntuación propias del

113

catalán –obligatorio tan solo como cierre–, lo cual lleva a pensar en un cambio de lengua. Además, ya que el significado del término se deduce del término previo, no se precisa ninguna aclaración en forma de nota a pie de página.

Este mismo autor recurre en muchas ocasiones a la cita directa cuando la traducción exacta es imposible, ya sea porque no existe un término equivalente en español ya sea porque las connotaciones pragmáticas que posee el término en una lengua no las posee en la otra: «Tertulias teatrales y poéticas que son en realidad *vetllades patriòtiques* en las que reina un ambiente de fiesta familiar, floral y victimista» (Marsé, 1990: 132). En este ejemplo, el uso de las cursivas justifica la voluntad de emplear las palabras exactas con las que los hablantes denominaban esas veladas. Incluso nos aventuramos a decir que los escritores se valen de este fenómeno de contacto de lenguas como un recurso de compromiso con la verdad: no reproducen únicamente las palabras textuales, sino también la lengua en la que las pronunciaron.

Por último, para corroborar lo expuesto en la cita de Maruja Torres con la que abríamos este capítulo, reproducimos un cambio de código en *Un calor tan cercano*:

> *Bandarras* –bramó–. No tienen otra cosa con la que entretenerse. Tranquila, hija, que esas dos no se quedarán nunca ciegas, ni mudas.
> –Pero los pajaritos sí que se mueren, ¿no? –hipaba yo.
> –Los pajaritos emigran, Manuela. En invierno se van a otros sitios en donde hace calor y la gente está en la playa. *Cagondeu*, como te vuelvan a enredar les voy a dar una hostia (1997: 35).

Como vemos, una de las situaciones que frecuentemente se reproducen es aquella en la que aparecen insultos, palabras o apelativos cariñosos…, porque son expresiones que se reproducen en la lengua propia del hablante y, cuando esta difiere de la lengua base de la conversación, obliga a un cambio de lengua. En otras palabras, los autores se valen de una función expresiva del cambio de código para plasmar usos irónicos, insultos, etc., tal y como ocurre en los actos lingüísticos cotidianos: «Recordó la voz lenta y lubricada de Valls Verdú, su dicción ortodoxa y nasal y su alta y campanuda condición de centinela lingüístico en prensa y radio, en el doblaje de películas y en los programas de TV3, la televisión autonómica. *Llepaculs i filiprim*, lo insultó en voz baja. *Torracollons*» (Marsé, 1990: 32).

No obstante, las distintas aproximaciones a este fenómeno han derivado en distinguir entre *cambio de código* y *alternancia de código*. Si bien el primer fenómeno supone un abandono voluntario por parte de un hablante de una lengua A en el seno de un discurso o de una conversación para pasar a emplear una lengua B –porque presupone que su interlocutor le va a entender–, el segundo fenómeno, la alternancia de códigos, es un fenómeno más breve y prácticamente surge de un modo involuntario en el seno de un único turno de palabra (Vila Pujol, 1999). Como ejemplo de alternancia de código, podemos recuperar el primer fragmento, ya citado, de *Los alegres muchachos de Atzavara*, de Vázquez Montalbán: «El lampista, al que fueron a pedirle que viniera a arreglar la campanilla porque sin saber cómo se había roto y perdido la cadena del llamador de la puerta» (1987: 67). Por su brevedad y por el grado de integración en la comunidad de habla catalana podría considerarse una alternancia.

Se cierra este apartado con un ejemplo de *No me llames cariño*, producido por la agente catalanohablante Montse Murals: «Ja té raó la inspectora. ¡Qué torpes sois, "tiu"!» (Franc, 2004: 103). Por un lado, aunque la novela está escrita en español, algunas intervenciones breves de este personaje son en catalán; por otro lado, estamos ante un cambio de código propiciado por una cita que reproduce las palabras textuales de su superior, la inspectora Emma García; y, por último, una muletilla propia del lenguaje coloquial del español al catalán, de ahí esas comillas y esa «u» como marca de la adaptación fonética. Un fenómeno bidireccional que se constata también en el empleo de «(a)deu» por parte tanto de hablantes bilingües como de monolingües:

> –Vaya... No zabusté cuánto l'agradezco l'atención que ha tenío con este
> pobre charnego...
> –De nada, hombre. Hala, que usted lo pase bien.
> –Mil gracias, zeñora...
> –Adéu, adéu (Marsé, 1990: 20).

En este caso se evidencia que uno de los principales problemas con el que se encuentra el investigador es el límite entre conceptos, es decir, las fronteras entre unos fenómenos y otros. Por ejemplo, en el caso de la interferencia y el cambio de código, es imposible clasificar ambos fenómenos de forma sistemática, por lo que es necesario considerar otros criterios para establecer el límite entre ellos –el grado de conciencia (del hablante) acerca del uso de cada uno de los códigos (producción voluntaria o involuntaria) y las diferencias prosódicas, pero estos criterios se sustentan en el discurso oral, de modo que, al analizar el texto escrito, resulta imposible aplicar muchos de estos criterios–. Tal y como explica Payrató:

> La clau, cal cercar-la especialment en la tendència, en el cas de les interferèn-
> cies, a l'adaptació, a integrar-se en el sistema. Quan el canvi de codi afecta un
> sol mot, però (p. ex. «Me'n vaig a München»), les distàncies s'escurcen amb
> el que podríem considerar una interferència en una primera fase d'adaptació
> (p. ex. «M'he posat els descansos») (Payrató, 1985: 71).

Conclusiones

En este estudio hemos pretendido glosar algunos de los principales fenómenos de contacto de lenguas que tradicionalmente se han tenido en cuenta al caracterizar y estudiar las particularidades del español que se habla en Cataluña: interferencias léxicas y gramaticales y cambios de código. Desde la perspectiva literaria, la presencia de dichos fenómenos puede considerarse una herramienta que ayuda a reflejar el contexto social y lingüístico de la comunidad en la que se inscribe, describir el marco contextual, plasmar la atmósfera del relato, y, por tanto, una estrategia que contribuye a caracterizar a los personajes a través de una mimesis del discurso oral espontáneo, que puede trascender códigos, registros y variedades. Con todo, como línea futura de investigación cabría reflexionar sobre el hecho de considerarlo como un modo de dilucidar la condición lingüística bilingüe del escritor, su dominio del propio instrumento lingüístico, hecho que, al fin y al cabo, desemboca o bien en una adhesión a esa variedad o bien en un distanciamiento voluntario y consciente.

Todos los ejemplos aportados tienen como objetivo corroborar la idea de que también en la lengua literaria es posible rastrear el contacto entre español y catalán, tanto en fragmentos conversacionales que ayudan a caracterizar a los personajes, como en boca del autor-narrador. Configurada esta primera parte, surge ahora el interrogante siguiente: ¿podemos hablar de voluntariedad, de mimesis, o, por el contrario, debemos hablar de desconocimiento y, en consecuencia, de la carencia de esa consciencia sobre las interferencias que salpican el propio instrumento lingüístico? Dicho en otras palabras, plantear el debate de hasta qué punto son fruto de la voluntad creativa de quien escribe, para caracterizar a los personajes y, en consecuencia, la realidad sociolingüística de una determinada comunidad de habla, o, por el contrario, constituyen un acto involuntario, espontáneo e inconsciente.

En una entrevista publicada en el periódico almeriense *IDEAL* (Coca, 2010), la escritora barcelonesa Mercedes Salisachs expresaba con las siguientes palabras su experiencia formativa, pese a que su entorno familiar y social era básicamente castellanohablante: «De pequeña escuchaba continuamente catalanismos, así que cuando empecé a escribir tomé clases de español durante tres años y me compré el María Moliner, que me ha resultado de gran utilidad. Gracias a eso, creo que hoy mi español es correcto». Mercedes Salisachs confiesa su dominio y corrección por su tesón en corregir su español, conocedora de esos recovecos por los que se filtra la lengua en contacto. Aún más, con su testimonio –también narrativo– deja patente su voluntad de no pertenecer a esa comunidad de habla y de distanciarse de ella, una comunidad cuyo español se caracteriza por un conjunto de fenómenos que hemos intentado resumir en estas páginas. La persistencia de este tipo de actitudes, fomentadas por la creencia de que estos fenómenos derivan en un español incorrecto, antinormativo e interferido, invita a otro debate en torno a cuestiones ideológicas que merecen ser abordadas en otra ocasión. Con todo, los estudios que abordan las creencias y las actitudes hacia las distintas variedades del español son un interesante punto de partida para esta cuestión, puesto que su objetivo primero es comprobar la persistencia –o no– de una jerarquía lingüística entre las distintas variedades del español. Los resultados publicados por el proyecto PRECAVES XXI (Cestero y Paredes, 2018) señalan la vigencia entre los hablantes de español de la existencia de un español mejor, aunque los resultados de las encuestas a informantes de Barcelona en cuanto a la valoración de la variedad propia (Illamola y Forment, 2021) podrían relacionarse con esas actitudes positivas o negativas que se señalaban.

Sea como fuere, la presencia de un conjunto de fenómenos de transferencia lingüística relacionados con el contacto de lenguas, en novelas de autores catalanes –escriban su obra en una o en las dos lenguas–, contribuye a dar cuenta de los rasgos propios del español en Cataluña motivados por este contacto constante entre español y catalán. Además, este análisis sienta la base, por un lado, de futuros estudios comparativos entre la lengua de los personajes y la del novelista-narrador, y, por otro, de estudios reflexivos sobre la finalidad última de recurrir o no a estos fenómenos, ya sea como recurso ideológico o meramente estilístico. Lo que sí está claro es que recogen de forma fidedigna la realidad sociolingüística de la comunidad bilingüe.

REFERENCIAS BIBLIOGRÁFICAS

BLAS ARROYO, José Luis (1993): *La interferencia lingüística en Valencia (dirección: catalán-español): estudio sociolingüístico*, Castellón, Universitat Jaume I.

BLAS ARROYO, José Luis (2005): *Sociolingüística del español: desarrollos y perspectivas en el estudio de la lengua española en contexto social*, Madrid, Cátedra.

BLAS ARROYO, José Luis (2008): «Limitaciones (y avances) en el estudio de las variedades de contacto españolas (con especial atención al contexto español-catalán)», en Antonio Álvarez Tejedor (coord.): *Lengua viva. Estudios ofrecidos a César Hernández Alonso*, Valladolid, Universidad de Valladolid, pp. 851-866.

BOIX, Emili (1993): *Triar no és trair. Identitat i llengua en els joves de Barcelona*, Barcelona, Edicions 62.

CASANOVAS CATALÁ, Montserrat (1996): «Algunos rasgos propios del español en las comunidades de habla catalana: fonética, morfosintaxis y léxico», *Analecta Malacitana* 19 (1), pp. 149-160.

CASANOVAS CATALÁ, Montserrat (1997): «¿Qué sucede cuando uno no es monolingüe?: Algunas consecuencias de la interferencia lingüística», *Lenguaje y Textos* 10, pp. 335-339.

CASANOVAS CATALÁ, Montserrat (2000): *Español y catalán en contacto. La expresión deíctica en el castellano hablado de Lleida*, Shaker Verlag, Biblioteca Catalànica Germànica - Beihefte zur Zeitschrift für Katalanistik. Anexos a la *Revista d'Estudis Catalans* 3.

CESTERO, Ana María y Florentino PAREDES (2018): «Creencias y actitudes hacia las variedades cultas del español actual: el proyecto PRECAVES XXI», en *Percepción de las variedades cultas del español: creencias y actitudes de jóvenes universitarios hispanohablantes*, monográfico del *Boletín de Filología* 53 (2), pp. 11-43.

COCA, César (2010): «Quienes mandan se creen dioses», *Ideal*, 5 de septiembre.

DEPARTAMENT DE CULTURA I POLÍTICA LINGÜÍSTICA (2018): *Enquesta d'usos lingüístics de la població. Els usos lingüístics a l'àmbit metropolità*, Barcelona, Generalitat de Catalunya.

FRANC, Isabel (2004): *No me llames cariño*, Barcelona, Egales. Editorial Gay y Lesbiana.

FREIXA ALÁS, Margarita (2016): «Combinaciones léxicas con el verbo *hacer* en el español de Cataluña», en Dolors Poch (ed.): *El español en contacto con las otras lenguas peninsulares*, Madrid / Frankfurt, Iberoamericana / Vervuert, pp. 225-263.

GALINDO, Mireia (2006): *Les llengües a l'hora del pati. Usos lingüístics en les converses dels infants de primària a Catalunya*, tesis doctoral, Barcelona, Universitat de Barcelona.

GÓMEZ CAPUZ, Juan (2009): «El tratamiento del préstamo lingüístico y el calco en los libros de texto de bachillerato y en las obras divulgativas», *Tonos Digital: Revista de Estudios Filológicos* 17, pp. 1-24.

GÓMEZ MANZANO, Pilar (1988): «La expresión de futuro absoluto en el español hablado en Madrid y en México», *Anuario de Letras* 26, pp. 67-86.

GÓMEZ MANZANO, Pilar (1992): *Perífrasis verbales con infinitivo (valores y usos en la lengua hablada)*, Madrid, Universidad Nacional de Educación a Distancia.

GUMPERZ, John J. (1982): *Discourse Strategies*, Cambridge, Cambridge University Press.

HERNÁNDEZ GARCÍA, Carmen (1998): *Algunas cuestiones más sobre el contacto de lenguas: estudio de la interferencia lingüística del catalán en el español de Cataluña*, tesis doctoral, Barcelona, Universitat de Barcelona.

IDESCAT (2023): Censo de población y vivienda. En línea: <https://www.idescat.cat/pub/?id=censph&n=5992>.

ILLAMOLA, Cristina (2015): *Contacto de lenguas y la expresión de la posterioridad temporal en el español de Cataluña*, tesis doctoral, Barcelona, Universitat de Barcelona.

ILLAMOLA, Cristina (2020): «Demostrativos y adverbios deícticos en la obra periodística en español de Joan Maragall», en Dolors Poch (ed.): *Lenguas juntas y revueltas. El español y el catalán en contacto: prensa, traducción y literatura*, Valencia, Tirant lo Blanch, pp. 141-162.

ILLAMOLA, Cristina y Mar FORMENT FERNÁNDEZ (2021): «Actitudes y creencias de los jóvenes universitarios barceloneses hacia la variedad andaluza. Datos del proyecto PRECAVES XXI», *Philologia Hispalensis* 35 (1), pp. 117-142. <https://doi.org/10.12795/PH.2021.v35.i01.06>.

MARSÉ, Juan (1990): *El amante bilingüe*, Barcelona, Seix-Barral.

MARTÍNEZ DÍAZ, Eva (2002): *Las perífrasis modales de obligación «tener que + infinitivo» y «haber de + infinitivo»: Variación e interferencia en el español de Barcelona*, tesis doctoral, Barcelona, Universitat de Barcelona.

MARTÍNEZ DÍAZ, Eva (2003): «La frecuencia del uso de "haber" y "tener" en las estructuras perifrásticas de obligación: algún fenómeno de variación en el español de Cataluña», *Interlingüística* 14, pp. 681-694.

MEILLET, Antoine (1975): *Linguistique historique et linguistique générale*, París, Honoré Champion.

MENDOZA, Eduardo (1990): *Sin noticias de Gurb*, Barcelona, Seix-Barral.

MORENO FERNÁNDEZ, Francisco (1993): *La división dialectal del español de América*, Alcalá de Henares, Servicio de Publicaciones de la Universidad de Alcalá.

MORENO FERNÁNDEZ, Francisco (2000): *Qué español enseñar*, Madrid, Arco Libros.

MORENO FERNÁNDEZ, Francisco (2009): *La lengua española en su geografía*, Madrid, Arco Libros.

PAYRATÓ, Lluís (1985): *La interferència lingüística: comentaris i exemples català-castellà*, Barcelona, Curial Edicions Catalanes, Publicacions de l'Abadia de Montserrat.

POCH OLIVÉ, Dolors (ed.) (2019): *El español de Cataluña en los medios de comunicación*, Madrid, Editorial Iberoamericana.

POCH OLIVÉ, Dolors y Bernard HARMEGNIES (1994): «Dinámica de los sistemas vocálicos y bilingüismo», *Contextos* 23-24, pp. 7-40.

ROMAINE, Suzanne (1988): *Pidgin and Creole Languages*, Londres, Routledge.

RUIZ ZAFÓN, Carlos (2001): *La sombra del viento*, Barcelona, Planeta.

SAPIR, Edward (1921): *Language, an Introduction to the Study of Speech*, Nueva York, Harcourt, Brace and Company.

SEIB, Jörg (2001): *La variedad bilingüe del español hablado en Cataluña caracterizada por interferencias y convergencias con el catalán*, Mannheim, Universität Mannheim.

SINNER, Carsten (2004): *El castellano de Cataluña: Estudio empírico de aspectos léxicos, morfosintácticos, pragmáticos y metalingüísticos*, Tubinga, Max Niemeyer Verlag.

SINNER, Carsten y Andreas WESCH (eds.) (2008). *El castellano en las tierras de habla catalana*, Madrid, Iberoamericana.

SUBIRATS MARTORI, Marina (2010): «Els trets lingüístics de la població metropolitana», *Papers: Regió Metropolitana de Barcelona* 5 (2), pp. 78-90.

SZIGETVÁRI, Mónika (1994): *Catalanismos en el español actual* (Katalán Elemek a Mai Spanyol Nyelvben), Budapest, Eötvös Loránd Tudományegyetem.

TORRES, Maruja (1997): *Un calor tan cercano*, Madrid, Santillana.

TUSQUETS, Esther (2007): *Habíamos ganado la guerra*, Barcelona, Bruguera.

VÁZQUEZ MONTALBÁN, Manuel (1987): *Los alegres muchachos de Atzavara*, Barcelona, Mondadori.

VEYRAT RIGAT, Montserrat (1992): «Para una clasificación automática de la perífrasis "ir a" + "infinitivo"», en Carlos Martín Vide (coord.): *Lenguajes naturales y lenguajes formales: actas del VIII congreso de lenguajes naturales y lenguajes formales* (Girona, 21-25 de septiembre de 1992), Barcelona, PPU, pp. 657-664.

VILA MORENO, Francesc Xavier (1997): «Transcodic Markers and Functional Distribution in Catalan», *Diálogos Hispánicos de Ámsterdam* 19, pp. 195-212.

VILA PUJOL, M.ª Rosa (1999): «La lengua española en contacto con la lengua catalana», en Antonio Álvarez Tejedor (ed.): *La lengua española: patrimonio de todos. Ciclo de conferencias*, Burgos, Caja de Burgos, pp. 41-60.

LAS DOS VOCES DE JOAN MARGARIT
La creación poética en catalán y en castellano

Dolors Poch Olivé
Universitat Autònoma de Barcelona

INTRODUCCIÓN

El autor que escribe su obra en dos lenguas es dueño y señor de sus composiciones y, por tanto, puede cambiar lo que le plazca entre una y otra versión y no son aceptables las críticas a este respecto. El estudio de estas diferencias, en cambio, es extraordinariamente interesante porque arroja luz sobre la creación literaria de un escritor bilingüe que escribe, además, en un contexto bilingüe. Algunos trabajos realizados sobre otros autores bilingües han puesto de manifiesto que el proceso de creación literaria adopta diversas formas: Llorenç Villalonga, por ejemplo, cambió frecuentemente de lengua literaria (Berger, 2002); Josep Pla escribía en sus dos lenguas pero nunca simultáneamente (Quintana, 2005; Poch, 2019); Terenci Moix, al escribir *El dia que va morir Marilyn*, fluctuó entre el castellano y el catalán (Tietz, 2002); Juan Marsé, también bilingüe, escribía exclusivamente en español pero sus textos contienen muchos rasgos procedentes del catalán (Illamola, 2003-2004; Poch, 2019); Maria Beneyto escribe también en dos lenguas y, en su caso, se trata de poemas de carácter muy diferente (Ballart, 2020); Jordi Pere Cerdà, bilingüe catalán/francés, escribe casi toda su obra en catalán y él mismo autotraduce al francés un número importante de sus poemas (Cerdà, 2021) y, finalmente, puede citarse el caso de Carme Riera, que escribe sus novelas en catalán, en primer lugar, y, posteriormente, las autotraduce al castellano (Freixas, 2020). Los escritores mencionados se expresan, pues, en sus dos lenguas, hablan con sus dos voces, pero ninguno de ellos lo hace de forma casi simultánea como Joan Margarit, quien ha explicado en múltiples ocasiones que así se desarrolla su proceso de creación. El presente trabajo, situado en la óptica del estudio de la creación literaria por parte de un poeta bilingüe que escribe casi a la vez en sus dos lenguas, se propone estudiar el proceso de creación poética del autor. No se trata de realizar un análisis literario de su obra ni tampoco de valorar si la versión catalana es mejor que la versión castellana o viceversa. En cambio, el estudio de las dos versiones de sus poemas reviste enorme interés por su singularidad, que puede proporcionar una interesante información sobre sus relaciones con sus dos lenguas o, dicho en otras palabras, porque permite caracterizar las dos voces de Margarit.

EL SUCESIVO CAMBIO DE LENGUA POÉTICA

Los primeros libros de poesía de Joan Margarit se publicaron en castellano en los años sesenta. Los escribió en la que era su lengua de cultura y este periodo de escritura en español duró, como él mismo indica, alrededor de quince años. El trabajo de Marisa Elisabeth Martínez Pérsico (2019), que contiene una larga entrevista con Joan Margarit que versa sobre la configuración de su proceso de escritura, es uno de los pocos estudios que recoge, en palabras del propio poeta, su metamorfosis lingüística. Joan Margarit publica, en 2020, su trabajo *Poètica* en la editorial Empúries y, simultáneamente, la versión castellana de la obra, *Poética*, en Arpa Editores. En este trabajo se cita la versión en catalán del volumen pues en la castellana se indica que el poeta ha contado con la colaboración de Jordi Gracia en la elaboración del libro, pero sin precisar los términos de dicha colaboración y por ello se ha preferido citar la versión en la que figura Joan Margarit como autor único. En *Poètica* el escritor se explaya sobre su proceso de creación literaria explicando que su escritura bilingüe se fue configurando durante un periodo de veintidós años: «La intuïció no va arribar-me fins als trenta-vuit anys i la reflexió no la vaig donar per acabada fins als cinquanta» (2020*a*: 14). A los treinta y ocho años, en 1977, publicó su primer libro escrito en catalán, *L'ombra de l'altre mar*, seguido de una decena más, hasta que en 1999 aparece *Estació de França*. El propio Margarit caracteriza la primera etapa del proceso de esta forma:

> La il·luminació em va venir d'una carta d'un gran poeta i amic, Miquel Martí
> i Pol, [...] la correspondència –en català, perquè la llengua de la meva intimitat
> no ha canviat mai– era la nostra manera més regular de comunicar-nos. En
> una d'aquestes cartes em deia que havia donat a llegir la meva carta anterior a
> la seva filla [...] per preguntar-li si la persona que l'havia escrit podia esdevenir
> un poeta català. En aquell mateix instant, en llegir-ho, vaig comprendre-ho.
> Molt excitat, vaig començar a pensar en tots els poetes que m'interessaven
> [...] per veure si en trobava algun que hagués escrit en una llengua que no
> fos la materna. No en vaig trobar cap. O, més ben dit, només vaig trobar els
> poemes francesos de Rilke, i en aquell moment vaig recordar com m'havia
> sorprès la seva baixa qualitat comparada amb l'obra en alemany. Hi vaig trobar
> reflectida una petita mostra del conflicte. De seguida vaig començar a escriure,
> i aviat vaig publicar els primers onze llibres en català [...]. (2020*a*: 14-15).

Se configuran, así, en la poesía de Joan Margarit, dos etapas relacionadas con
su escritura en las dos lenguas y se podría hablar de un bilingüismo sucesivo. En la
primera etapa escribe en castellano y en la segunda pasa a escribir en catalán de forma
entusiástica, pero algo precaria, puesto que su escritura en esta lengua se va perfec-
cionando durante la década de los noventa. Él mismo lo señala en su libro *Poètica*:

> El pas de la llengua castellana al català va significar una sobtada il·luminació
> del territori poètic, però alhora una tristesa profunda pel que jo suposava que
> hauria de significar l'abandó de la llengua que tant m'havia donat també en
> lectures i aprenentatge. Malgrat que fracassar treballant seriosament no és
> mai, en realitat, un fracàs, quedava una ferida sentimental [...]. Del 1984 al
> 1995 vaig escriure *Llum de pluja*, *Edat roja*, *Els motius del llop* i *Aiguaforts*,
> quatre llibres molt coherents [...]. La pau amb la pròpia obra va necessitar
> aquest segon temps, el que va transcórrer durant la publicació d'aquests
> quatre llibres [...]. La febre de compondre es va anar normalitzant. Res no
> enterbolia ja la imatge en el mirall lingüístic on em mirava: podia tractar
> qualsevol tema de la història interior en la mateixa llengua en la qual havia
> succeït, s'havia estructurat i es rememorava. A la poesia, sent per a mi el que
> sempre havia estat, se li havia esvanit un tel subtil que em separava dels poe-
> mes. El destí poètic s'acomplia després de molts anys d'errors personals que
> provenien de la força del bilingüisme, a causa de la infància en la postguerra
> civil primer, i del trasllat de la vida personal en la primera joventut a les Illes
> Canàries, després [...] (2020*a*: 19-20).

He aquí la evolución creativa en catalán de Margarit hasta mediados de los
años noventa. El propio poeta, como se ha visto, es consciente de que no descubrió
las relaciones entre poesía y lengua hasta que comenzó a escribir en catalán:

> ... aviat vaig publicar els primers onze llibres en català [...]. Van guanyar els que llavors eren els premis més importants [...]. En va ser la culminació el premi Carles Riba a *Mar d'hivern*. Però tots els llibres tenien el mateix defecte: l'excés d'entusiasme poètic i lingüístic, natural pel fet d'acabar de descobrir la causa primera de tots els meus problemes, el que jo ignorava de la relació entre la poesia i la llengua. De tots aquells llibres, a l'obra completa en queda l'equivalent a un sol llibre, amb el títol explícit de *Restes d'aquell naufragi*, i no és fins el 1986, amb *Llum de Pluja*, que començarà a regularitzar-se la meva escriptura i la seva publicació. Tinc una obra en la qual gairebé no hi ha poemes de joventut. Però em consola pensar que això és un avantatge, perquè jo mateix, quan llegeixo la poesia completa d'algú, acostumo a fer-ho començant pels últims poemes que va escriure i vaig continuant enrere fins que, en general, ho deixo córrer quan m'acosto a la producció de joventut (2020*a*: 15).

Los poemarios *Llum de pluja* (1986), *Edat roja* (1991), *Els motius del llop* (1993) y *Aiguaforts* (1995) han sido publicados también en español antes de que el poeta se definiera como escritor bilingüe: *Luz de lluvia* (Península, 1987), *Edad roja* (Granada, 1995), *Los motivos del lobo* (Columna, 1993) y *Aguafuertes* (Sevilla, 1998). Margarit explica la gestación de la traducción castellana de estos libros:

> *Llum de pluja* va sortir en una col·lecció bilingüe de Península i els altres van ser publicats per l'editorial Columna, que dirigia el poeta i amic Àlex Susanna. Excepte *Edat roja*, una gran part del qual va traduir al castellà Antonio Jiménez Millán i alguns poemes Luis García Montero, dels altres vaig fer-ne jo mateix una versió en castellà (2020*a*: 20).

Interesante comentario puesto que, en este caso, el poeta menciona explícitamente que su labor consistió en realizar una traducción, algo que en ningún momento afirma después de 1999, año en el que comienza a publicar su obra en las dos lenguas y momento a partir del cual concibe su labor como la escritura de dos poemas y nunca se refiere a la posible operación de traducirlos.

Vale la pena detenerse aquí a analizar, a través de algunos ejemplos, las características de las traducciones de estos cuatro libros. *Edad roja* se publica en edición bilingüe en 1995 y debe recordarse que es el único libro del que Margarit afirma explícitamente que en buena parte ha sido traducido por Antonio Jiménez Millán y «algunos poemas» por Luis García Montero. En esta primera edición se indica en la portada: «Edición bilingüe» y, en el interior, se dice «Versión y prólogo de Antonio Jiménez Millán», sin ninguna mención precisa a la posible colaboración traductora de García Montero, cuyo nombre figura solo como miembro del comité asesor (1995: 6-7). El prólogo es un breve texto de cuatro páginas en el que Jiménez Millán glosa la trayectoria poética de Margarit y el poemario *Edad roja*. La última frase de esta nota inicial es la única en la que se atisba la participación de Jiménez Millán en una labor distinta a la de editor y prologuista, pues afirma: «A mí me gustaría que estas versiones no fueran un eclipse del original» (1995: 12). Tampoco aquí se menciona la posible participación de Luis García Montero en la tarea, ni tan siquiera la participación del propio autor. En los poemas de *Edad roja*, se observa que Jiménez Millán (o García Montero, tal vez) procuran no separarse del original catalán, como puede verse en el siguiente ejemplo del poema «L'illa del tresor» y su traducción como «La isla del tesoro» (1995: 34-35):

<table>
<tr><td>

Mira-la als vidres. Fa molts anys
que t'allunyaves perquè ja temies
fondejar en l'aire sensual, lluent,
on ara s'aventura el teu record.
Mira per la finestra: sents la música
i l'olor de cafè que, hospitalària,
es difon per la casa. Però enyores
la resplandor boirosa de la costa,
el silenci de l'illa, que ha tornat,
perillosa i abrupta, aquest matí.

</td><td>

Mírala en los cristales. Hace tiempo
que te alejabas porque ya temías
fondear en el brillante aire sensual
en el que se aventura tu recuerdo.
Mira por la ventana: sientes la música
y el olor de café que, hospitalario,
se extiende por la casa. Pero añoras
el resplandor brumoso de la costa,
el silencio de la isla, que ha vuelto,
peligrosa y abrupta, esta mañana.

</td></tr>
</table>

La traducción al español persigue la máxima fidelidad al original y respeta al máximo la sintaxis excepto en el tercer verso, por estrictas cuestiones métricas, ya que el traductor transforma los *decasíl·labs* del original en endecasílabos españoles. En el cuarto se elide la marca temporal «ara» –porque incluirlo no respetaría el isosilabismo de la composición original– y en el quinto verso el traductor ha elegido, en español, «sientes», uno de los dos sentidos contenidos en el catalán «sents». Debe señalarse que los textos de estos poemas aparecidos en las ediciones de la obra completa de 2018 (a cargo del propio autor) son idénticos a los de la versión de 1995. A continuación, puede verse un ejemplo de cómo se comporta Joan Margarit cuando «traduce» al castellano sus libros anteriores a *Estació de França*. Se trata del poema «Avantpassats» / «Antepasados», procedente de la edición bilingüe de *Aguafuertes* (1998: 58-59):

Poso els seus ossos en aquest sonet,
ossos cansats, vinguts des de la dura
terra de vinya i blat a Sanaüja
fins a l'anonimat de l'esquelet.
S'esforcen a sortir del no-res:
dintre meu sento com el passat busca
ressons, encara, de la seva lluita.
Són la força de viure, algú que venç
l'eternitat saltant de mur en mur.
Vénen fins al meus ulls: són aquest fred
que mira els murs cansats de casa seva
quan, a vegades, torno a Sanaüja.
Ningú no pensa en ella: fora de mi,
ja no els queda cap altra sepultura.

Pongo sus huesos en este soneto,
huesos venidos de la tierra dura
de viñas y de trigo en Sanaüja
hasta mi propio, anónimo, esqueleto.
Se esfuerzan en salir desde la nada:
pugnan dentro de mí, busca el pasado
todavía los ecos de su lucha.
Son la vida que empuja, alguien que vence
la eternidad saltando muro a muro.
Vienen hasta mis ojos: son el frío
que mira las paredes de su casa
cuando, a veces, regreso a Sanaüja.
Ya nadie piensa en ellos, salvo en mí,
no les queda ninguna sepultura.

Como puede apreciarse, las diferencias de sentido entre los dos poemas son importantes: la imagen «ossos cansats» del segundo verso desaparece en la versión castellana; la imagen de que los huesos «pugnan dentro de mí» en el sexto verso de la versión castellana no existe en el texto catalán; el penúltimo verso del poema en catalán cuyo significado es 'nadie piensa en ella [en la casa], soy el único que piensa en la casa' se convierte en «Ya nadie piensa en ellos, [en los huesos]». En la versión castellana, los huesos adquieren mucha más importancia que la que tienen en la catalana, en ocasiones por razones métricas y también por el hecho de que, en la traducción, su imagen se arrastra hasta el verso final del poema.

Es interesante añadir que el texto catalán de «Avantpassats» que figura en la edición de *Tots els poemes* (2018*b*: 243) es idéntico al de la edición bilingüe de 1998 pero que, en cambio, «Antepasados», en la edición de *Todos los poemas* (2018*a*: 258), contiene diferencias significativas con respecto al texto de la edición bilingüe de 1998:

Estas palabras son cansados huesos
venidos desde aquella tierra dura
de viñedos y trigo en Sanaüja.
Los comparto en mi anónimo esqueleto,
quieren salir desde su nada oscura.
Pugnan dentro de mí, y en el soneto
suena aún su pobreza como un eco
de la vida y sus armas. Esa lucha
salta la eternidad, no cesa nunca
pero tampoco significa nada.
Son esta evocación lejana y turbia

del frío de una casa en Sanaüja
y ahora, más allá de mis palabras,
no les queda ninguna sepultura.

Parece que, en esta nueva versión, que claramente parte de la traducción española que hizo en su día (la cual funcionaría como intertexto), Margarit se ha propuesto cumplir efectivamente el objetivo de la composición catalana que entonces fue incapaz de realizar adecuadamente. Como se nos dice en el original catalán, el autor pretende componer un soneto, y el poema está formado por catorce versos (efectivamente), aunque las rimas no cumplen a la perfección su cometido: aunque hay rima asonante abrazada en los dos primeros cuartetos, en los tercetos se ve incapaz de mantener una rima adecuada, y quedan algunos versos libres. En la primera traducción española de 1998, una composición de también catorce versos, mantiene la rima en el primer cuarteto (con mezcla de rima asonante y consonante), pero no quiere condicionar el sentido en el resto de versos y opta por una traducción literal, sacrificando la forma, y manteniendo la rima cuando el sentido no sea forzado. Al cabo de los años, el principio compositivo se ve alterado, y ya se muestra convencido de poder prescindir de algún sentido del original, a cambio de mantener la idea inicial que impulsó el poema: construir un soneto. En esta nueva versión española, todos los versos riman en asonancia (y algunos en consonancia entre ellos), y mantiene la rima u-a a lo largo de los cuartetos y los tercetos, hasta el final. Ha prevalecido, en esta segunda versión, la forma por encima del contenido, aunque sea la versión más fiel al ánimo inicial que impulsó el poema catalán: construir un soneto sobre los antepasados.

En este caso, la distancia entre «Avantpassats» y la última versión de «Antepasados» es muy grande, diríase que se trata de dos composiciones y no es posible hablar del texto castellano como una traducción literal del poema catalán. Se trata de otro poema. Además, las diferencias entre los dos textos en castellano son, también, muy grandes, de modo que Margarit (no se puede aventurar en qué momento) ha reescrito la versión castellana del poema siguiendo los principios por los que se rige su creación literaria posterior a 1999: la escritura de dos buenos poemas.

Es, por tanto, crucial en la creación literaria del poema la cuestión de su relación con las lenguas, con sus dos lenguas, con sus dos voces. En los ejemplos que se acaban de comentar se intuye que la relación que mantenía con su lengua materna tal vez es algo diferente de la relación que mantenía con su lengua de cultura. Cualquier bilingüe, aunque sea capaz de expresarse en sus dos lenguas en cualquier situación comunicativa para hablar de cualquier tema, en su fuero interno sabe que hay diferencias. Es el caso de Margarit: el poema surge, siempre, de su «cripta» particular en catalán, y luego es capaz de escribir dos poemas, uno en cada una de sus lenguas. Y vale la pena explorar las diferencias que se acaban de comentar pues, como se verá, las versiones castellanas sufren, a lo largo del tiempo, muchas más correcciones y modificaciones que las versiones catalanas.

LA POETIZACIÓN SIMULTÁNEA EN DOS LENGUAS: *ESTACIÓ DE FRANÇA*

A finales del siglo pasado, por primera vez, Joan Margarit publicó simultáneamente un poemario en catalán y en español: fue concretamente en 1999, el volumen se titula *Estació de França* y apareció en la editorial Hiperión, de Madrid. El título del libro, como puede apreciarse, está en catalán, el resto de la información que aparece en la portada del volumen está en español y, en la contraportada, figuran dos columnas de texto que, como es habitual, proporcionan información sobre el autor: una de ellas está en catalán y la otra, en español. Así es como al cabo de los años nos cuenta el propio autor su proceso creativo, con la perspectiva del tiempo y el profundo cambio que representó:

> Del 1995 al 1998 vaig escriure un llibre que va marcar el final de totes aquestes ignoràncies i el començament de l'etapa on soc encara avui, vins anys després, quan escric aquesta història als vuitanta-un anys. Em refereixo a *Estació de França* [...]. En les pàgines d'aquest llibre va cristal·litzar definitivament tota la història en relació amb la llengua dels poemes [...]. Era la primera vegada que em plantejava des del primer moment l'escriptura d'una obra i que aquesta havia de ser en les dues llengües. Va representar un autèntic punt d'inflexió: ja mai no deixaria d'escriure i publicar així els llibres de poesia (2020*a*: 20-21).

A pesar de este relato hecho con la perspectiva de los años, recordemos que el autor sintió la necesidad de explicar la convivencia de las dos lenguas en el libro y escribió un breve prólogo, dirigido especialmente a los lectores castellanohablantes, titulado «Sobre las lenguas de este libro», que puede considerarse una suerte de declaración programática. Dicho prólogo es de sobra conocido y ha sido citado por diversos autores que han estudiado la trayectoria poética de Joan Margarit (especialmente Martínez Persico, 2019, y Torresi, 2012). No obstante, vale la pena recordar aquí algunas de las afirmaciones que contiene:

> Este es un libro de poesía bilingüe. No se trata de poemas en catalán traducidos al castellano, sino que están escritos casi a la vez en ambas lenguas

[...]. No me resulta sencillo decir en qué lengua me llega un poema. Diría que la primera noticia que tengo respecto a la existencia de un poema no es ni tan solo verbal [...]. Como en los cuentos, se trata de entrar en una cripta y es preciso conocer la contraseña para abrirla [...]. Accedo en catalán a ese lugar y enseguida planteo en esa lengua el esqueleto del poema. Lo trabajo mucho y, en general, se parece poco la versión final a la inicial. En este libro, todas las versiones, modificaciones y vueltas a empezar que sufre en mis manos un poema las he realizado en catalán y en castellano a la vez. No me preocupan las diferencias entre los dos poemas resultantes: tienen un origen común y ambos buscan ser dos buenos poemas (2018*a*: 285-286).

En la edición en catalán del conjunto de casi toda su poesía, *Tots els poemes, 1975-2015*, figura otro prólogo escrito especialmente para dicha edición, donde Margarit no se refiere en ningún momento a su proceso de creación y, con respecto al prólogo a la edición bilingüe de Hiperión, indica lo siguiente:

La primera edició d'*Estació de França* va ser publicada el 1999 per l'editorial Hiperión de Madrid. Un fet insòlit, la publicació d'un llibre de poesia en català a una editorial madrilenya de poesia en castellà. El motiu era que el segell on jo havia publicat des de 1985 –Columna– va ser comprat pel grup Planeta i va desaparèixer del mercat de la poesia en català. El més senzill per a mi en aquell moment va ser anar-me'n a Madrid a una editorial especialitzada en poesia i proposar-li l'edició no com a traducció d'un llibre ja fet a Catalunya sinó com una primera edició en les dues llengües alhora. El text en prosa «Sobre les llengües d'aquest llibre» [...] cal entendre'l [...] com un intent d'explicar al lector de parla castellana un tema tan important per als catalans com el bilingüisme i, en el meu cas, la seva repercussió en l'escriptura dels poemes (2018*b*: 269).

El resto de este texto está dedicado a explicar la inflexión que, en cuanto a temática, supuso *Estació de França* en la trayectoria poética del autor. Por otra parte, *Tots els poemes* contiene exclusivamente las composiciones de Margarit escritas en catalán, no es una edición bilingüe y, en 2018, muchos años después del ya lejano 1999 (año de la primera edición de *Estació de França*), el autor era ya conocido como poeta que escribía su obra en dos lenguas. Seguramente no parecía necesario explicar al lector en catalán en qué consiste el bilingüismo puesto que quien se inclinaba por leer *Tots els poemes* probablemente no se interesaría por *Todos los poemas* (2018*a*), es decir, no se producía en estos volúmenes la coexistencia de las dos lenguas. No obstante, el lector bilingüe que comparte dicha característica con el poeta tiene también una gran curiosidad por la versión castellana de sus composiciones puesto que, si bien sabe perfectamente en qué consiste el bilingüismo, son muy pocos (o casi ninguno) los escritores que afirman que no se traducen ni se autotraducen, sino que escriben prácticamente a la vez en las dos lenguas. El lector bilingüe puede pensar que tal vez es esperable que los poemas de Margarit sean idénticos en catalán y en español, pero el propio poeta afirma, como se ha señalado, que existen diferencias entre ellos («No me preocupan las diferencias entre los dos poemas resultantes»). Por otra parte, aunque el catalán y el castellano comparten muchas características, no son lenguas idénticas y ello despierta la curiosidad por comparar ambas versiones.

Así, el mosaico que se dibuja se inicia en 1999 con una edición bilingüe cuyo título está en catalán y en la cual el poeta explica su proceso de composición, y continúa en 2018, en la edición dedicada a los lectores en catalán en la que se encuentra una referencia a la de 1999 en el prólogo dedicado a los lectores en castellano, pero no se explica el proceso de escritura de la poesía. El lector bilingüe, por tanto, interesado en la creación literaria, debe acudir al prólogo en español para conocer el funcionamiento del escritor bilingüe. Además, Margarit es plenamente consciente de que en *Estació de França* (y así es también en el resto de sus poemarios bilingües) se dan diferencias entre los poemas escritos en una y en otra lengua y afirma que lo único que le parece importante es que los dos poemas sean buenos.

La mayoría de estudiosos de la obra de Margarit alaba, como es lógico, su capacidad de expresarse literariamente en dos lenguas. Así, por ejemplo, Enric Soria afirma, en relación con esta última etapa de creación bilingüe, que

> si el castellano de sus primeros libros era fruto de unas circunstancias y el catalán de los siguientes lo fue de una elección, estos últimos son el resultado de una *actitud*, que es la del Margarit seguro de sus fuerzas. [...] se trata de una voluntad muy deliberada y consecuente de crear algo poderoso y verdadero por medio de la palabra en dos idiomas diferentes y a la vez (2007).

Por su parte, Remedios Sánchez García y Raquel Lanseros Sánchez (2017: 384) indican que la producción poética de Margarit está claramente condicionada por el hecho de escribir en dos lenguas y que ello probablemente haya marcado su adscripción generacional por parte de la crítica. Y José Luis Morante (2019: 48-49) señala que la incorporación lingüística del catalán como vehículo de su poesía y el hecho de que él mismo realice las versiones al castellano modificó esencialmente el perfil literario de Margarit también en lo referente a la temática de sus composiciones. Así pues, a partir de 1999, la poesía de Margarit cobra otra dimensión por utilizar sus dos voces para escribir su poesía. Ya se ha comentado la originalidad de escribir en dos lenguas de forma casi simultánea y, sin duda, tienen razón los estudiosos que indican que, en parte, se trata de una cuestión generacional. Y también debe destacarse que, al hacerlo así, la proyección de la obra de Margarit tuvo más alcance al ser capaz de transmitir su creación en dos lenguas diferentes, una de las cuales perteneciente a un sistema literario muy potente.

LAS DISTINTAS VERSIONES DE LOS POEMAS DE JOAN MARGARIT

Como ya se ha indicado, el año 1999 marca un punto de inflexión en la creación poética de Joan Margarit, pues es el momento en el que él mismo se define como escritor bilingüe. Y ya se ha señalado también que el prólogo de *Estació de França* puede considerarse una suerte de documento programático del proceso de creación poética del autor. De entre los autores que se han ocupado de las diferencias presentes en los poemas de Margarit en catalán y en castellano cabe destacar los trabajos de Torresi (2010, 2012) y de Martínez Pérsico (2019). Stefano Torresi señala que, «In ogni caso, Margarit non si premurerà di trasporre un testo –poichè non é questo che deve fare, vista la presunta "simultaneità" di gestazione e di redazione– ma di garantire la buona riuscita della lirica» (2010: 70). Y compara, a continuación, los poemas «Camí de tardor» y «Camino de otoño» de *Estació de França* para poner de relieve las diferencias entre ambos: el texto catalán habla del *merlot* (pájaro macho, pues la hembra es la *merla*), mientras que en castellano debe utilizar *mirlo*, que no posee ninguna connotación de género; se observan cambios en el uso de los tiempos verbales («ens ha rebut», pretérito perfecto, se convierte en el presente de «nos recibe»). Stefano Torresi (2012) profundiza en las diferencias ya señaladas y también comenta el poema «Paisatge a prop de l'aeroport» / «Paisaje cerca del aeropuerto», de *Estació de França*, en el que aparecen la mayoría de los fenómenos señalados en su trabajo anterior, así como algunas diferencias léxicas y sintácticas. Stefano Torresi (2012: 581) se pregunta, en sus conclusiones, por cómo escribe Margarit su poesía, para concluir que, al no tratarse de traducciones, no se puede hablar de pérdidas y compensaciones en los textos, sino de etapas imprescindibles para llegar al resultado final y no como intervenciones realizadas *a posteriori* para mantener el sentido y la musicalidad del texto original.

Marisa Elisabeth Martínez Pérsico, en el trabajo ya mencionado, analiza las circunstancias históricas del escritor y toma en consideración las diferentes teorías sobre la autotraducción para intentar establecer la modalidad adoptada por el poeta en su escritura en dos lenguas. Según la autora, del análisis del corpus de poemas que ha establecido se desprende que, en todos los casos, en la versión castellana frente a la versión catalana,

> existe un movimiento de *autonomización* moderada, puesto que se evidencian pocos ítems que provocan la construcción de sentidos muy diferentes entre los poemas en ambas lenguas. Las variaciones se circunscriben a una ligera amplificación léxica y métrica, a cambios en las líneas de arranque, al trastocamiento del orden versal o a diferencias en la versificación. Hemos señalado algunas excepciones más creativas en las que un traductor (no autor) probablemente no hubiera incurrido. También identificamos la alternancia de códigos tanto a nivel interoracional como intraoracional en varios poemas en catalán y comprobamos que casi siempre esta alternancia se asocia al tópico de la violencia de base histórico-autobiográfica (2019: 36).

Como puede apreciarse, los autores que se han interesado por las diferencias entre los poemas en catalán y en castellano de Joan Margarit han puesto de manifiesto la existencia de variaciones de las que el propio poeta advertía en el prólogo a *Estació de França*. Torresi y Martínez Pérsico coinciden en señalar los mismos fenómenos en las composiciones que han analizado. Se trata de observaciones muy interesantes que ponen de relieve que la poesía de Margarit es cambiante y que el autor constantemente modifica sus composiciones y dichas observaciones merecen ser completadas con el análisis de otros aspectos de la poesía bilingüe de Joan Margarit, como los que se apuntan a continuación: ¿Se observan diferencias entre los poemas en catalán debidas al paso del tiempo? ¿Se observan diferencias entre los poemas en castellano debidas al paso del tiempo? Si estas diferencias existen ¿están «sincronizadas» temporalmente?

Con el fin de intentar dar respuesta a las cuestiones anteriores se analiza a continuación, de forma sistemática, un pequeño corpus procedente de uno de sus poemarios de madurez: *Càlcul d'estructures / Cálculo de estructuras*. Se comparan cuatro versiones de los mismos poemas: 1) la primera en catalán (Proa, 2005*a*); 2) la primera bilingüe castellano / catalán (Visor, 2005*b*); 3) las versiones, bilingües, contenidas en la edición de *Arquitecturas de la memoria*, preparada por José Luis Morante (Cátedra, 2019), y 4) las versiones en catalán y castellano que figuran en *Tots els poemes* (Proa, 2018) y en *Todos los poemas* (Planeta, 2018). La elección como corpus de un conjunto de composiciones procedentes de *Càlcul d'estructures* viene dada porque relaciona la faceta poética del autor con su otra faceta, la de arquitecto especialista, precisamente, en realizar los cálculos necesarios y precisos para que un edificio se sostenga, algo que el propio escritor señala en el epílogo de las dos versiones de la primera edición de esta obra:

Sobre la concisió, diria que un poema és com l'estructura d'un edifici molt particular, a la qual no pot faltar ni sobrar un pilar ni una biga: si li tréiem una sola peça, s'enderrocaria. Si en un poema es treu una sola paraula, o es canvia per una altra i no passa res, és que no era un poema. O encara no era un poema. Només arriba a ser-ho quan no se'n pot treure o canviar cap peça de l'estructura. Però llavors tampoc serà necessàriament un bon poema [...] la qualitat fonamental és l'exactitud: un poema ha de dir just el que necessita [...] el seu lector o lectora. D'aquesta exactitud ve el seu poder de consolació, perquè la poesia serveix per introduir en la soledat de les persones algun canvi que proporcioni un major ordre interior enfront del desordre de la vida (Margarit, 2005*a*: 103).

El hecho de que Joan Margarit revisara constantemente sus composiciones e introdujera, constantemente también, modificaciones en ellas está probablemente relacionado con la búsqueda de estas dos cualidades que debe poseer el poema. La cuestión es si, en sus dos lenguas, en sus dos voces, el poeta es capaz de calcular con la misma precisión la estructura que hará que sea un buen poema o si, en cambio, el proceso es diferente en cada una de las dos lenguas.

Cabe señalar que, en la portadilla de *Cálculo de estructuras*, debajo del título del libro, se indica «Traducción del autor» (2005*b*: 5), lo que no ocurre en ninguna otra de las ediciones analizadas. José Luis Morante, por su parte, explica que en *Arquitecturas de la memoria* «el criterio del editor es responsable de la selección poemática, aunque asesorado por la perspectiva del creador». Ello sugiere que el autor ha intervenido, de alguna forma no precisada, en la confección de la antología y, a continuación, añade que «en caso de variantes o modificaciones se elige la versión más reciente» (2019: 103), comentario que también parece sugerir que los poemas presentan modificaciones con respecto a versiones anteriores. Debe añadirse también que la antología de José Luis Morante, *Arquitecturas de la memoria* (2019), es la segunda edición de una antología anterior con el mismo título publicada en 2006 por la misma editorial. Esta segunda edición contiene poemas de los diversos libros de Margarit escritos *a posteriori*, hasta *Cálculo de estructuras*. El extenso y completo estudio inicial de Morante comenta, desde el punto de vista literario, las obras de Margarit antologadas, y añade un epígrafe titulado «Análisis de variaciones en castellano» (2019: 96-101), en el cual el editor recoge las variaciones, exclusivamente de la versión castellana, que figuran en los poemas reunidos en su antología, pero solamente hasta *Aguafuertes*, es decir, no aparece ningún comentario de los libros publicados por Margarit desde *Estació de França* (lo que hace suponer que no se ha actualizado esta parte del prólogo). Morante enumera las diferencias sin introducir ninguna referencia a la versión en catalán de los poemas y no realiza tampoco ninguna reflexión sobre el proceso creativo del poeta. Finalmente, los volúmenes de *Tots els poemes* y *Todos los poemas* han sido preparados directamente por Margarit, que, libre de introducir modificaciones en sus poemas, ofrece unas versiones diferentes de las que aparecen en libros o antologías anteriores. Las composiciones que se comentan a continuación son «Escrits i cambres» / «Escritos y estancias», «Secrets» / «Secretos», «Tango» / «Tango» y «Els fills del capità Grant» / «Los hijos del capitán Grant».

«Escrits i cambres» / «Escritos y estancias»

Las últimas versiones de estos dos poemas, las que se encuentran en *Tots els poemes* (2018) y *Todos los poemas* (2018), son las siguientes:

ESCRITS I CAMBRES	ESCRITOS Y ESTANCIAS
El naufragi del Deutschland	*El naufragio del Deutschland*
El va acabar d'escriure el pare Hopkins S.J.	terminó de escribirlo el padre Hopkins
Al Col·legi Saint Beuno en un verd	el mes de mayo de mil ochocientos
i idíl·lic lloc de Gal·les lluny del mar,	setenta y seis en Saint Beuno College.
el maig de mil vuit-cents setanta-sis.	Allí, lejos del mar, en un paraje
Els jesuïtes poden precisar	verde e idílico de Gales,
en quina cambra s'allotjava quan,	los jesuitas conservan aún la habitación
a partir d'un vaixell que va enfonsar-se	donde expresó, a partir de un barco hundido
al mar del Nord durant un temporal,	durante un temporal del Mar del Norte,
va fer el poema místic del dinou.	la angustia mística del diecinueve.
Avui ningú no sap en quina cambra	Hoy nadie sabe ya en qué habitación
va escriure Luis Cernuda *La familia*,	escribió Luis Cernuda *La familia*,
aquest naufragi que és com el del Deutschland.	nadie lo sabe. Ya, ni los jesuitas
Ningú no ho sap: ni els jesuïtes	encontrarían los manteles de hilo
no han trobat mai les estovalles fetes	–los mismos que cubrían entonces los altares–,
amb la mateixa roba de l'altar	ni algún cristal de los que reflejaron
ni cap dels vidres on va reflectir-se	la conocida cena que presiden,
el conegut sopar que presideixen	toda la eternidad,
els ulls color de por i les mans de cera	los ojos color miedo y unas manos de cera.
tota l'eternitat. És el poema	Es el poema místico del veinte.
místic del vint: aquí és la família	En medio de la niebla, a la familia
que, en la boirosa i gélida parodia	–una parodia de la Santa Cena–
del Sant Sopar, s'enfonsa en un dels roncs	la hunde alguno de los roncos, súbitos
i sobtats temporals durant el qual	temporales durante los que suele
se'ns obre als peus l'abisme de la història.	abrir la historia a nuestros pies su abismo.

Pueden apreciarse en el poema diferencias importantes entre la versión catalana y la castellana relacionadas con el significado: ambas versiones comienzan proporcionando, aunque en distinto orden, la información relativa al lugar donde Hopkins compuso su poema en 1876. Pero aparece, además, una diferencia más significativa que la relativa a la ordenación. La versión catalana consigna, en primer lugar, dicha información y, después de un punto y seguido, pasa a proporcionar otras: los jesuitas saben en qué habitación se alojaba el padre Hopkins cuando compuso su poema. En cambio, en la versión castellana, la información está organizada de otra forma pues se dice que allí, en el paisaje de Gales, los jesuitas conservan la habitación del poeta donde este «expresó» la «angustia mística» del XIX, mientras que, en la versión catalana se dice, simplemente, que en esa habitación Hopkins «va fer el poema místic del dinou», haciendo desaparecer la *angustia* (seguramente por falta de sílabas y por no querer añadir un verso más que el original catalán). La segunda parte del poema introduce la comparación con el poema de Luis Cernuda «La familia» (Cernuda, 1991), el poema místico del siglo XX, de dos formas diferentes: la versión catalana dice explícitamente que el poema de Cernuda describe otro naufragio similar al del Deustchland, pero esta información se ha suprimido en la versión castellana. Y siguen las diferencias: en la versión catalana se añade, a continuación, que los jesuitas no saben (en presente) en qué habitación escribió Cernuda ni han encontrado los manteles utilizados en la cena que se describe en «La familia», mientras que en la versión castellana se dice que ni siquiera los jesuitas serían capaces de encontrar los manteles utilizados en esa cena. En ambas versiones se señala que la desintegración de la familia es una parodia de la Santa Cena, aunque en catalán es una brumosa y gélida parodia, mientras que desaparecen los calificativos en español, y la familia parece hundirse en medio de la niebla. A continuación, vemos como cambia el agente en las dos redacciones: en la versión catalana, la familia se hunde en un temporal, si bien en los versos castellanos un temporal histórico hunde a la familia. Durante este metafórico gran momento histórico, se dice en catalán que «se'ns obre als peus l'abisme de la història», mientras que en castellano este último verso contiene un fuerte hipérbaton: durante el temporal «abre la historia a nuestros pies su abismo». Así pues, lo que es más impersonal o dependiente de un nosotros, en español aparece como producto de un agente concreto: el temporal metafórico y la historia.

Mientras que la versión catalana no ha cambiado en ninguna reedición desde que fuera publicada, la versión castellana ha sufrido diversas modificaciones: en la edición bilingüe de 2005*b*, la primera parte del poema podría considerarse una versión literal del texto en catalán; la segunda parte incluye el verso en el que se explicita que el naufragio de la familia es similar al del Deutschland; no hay cambios en los tiempos verbales con respecto a la versión catalana y en los últimos seis versos del poema aparecen diferencias que lo alejan de la versión catalana (se convierten, en castellano, en «gélida, entre la niebla, la familia / —una parodia de la Santa Cena— se hunde en uno de los temporales»). Al mantener un poco el sentido catalán, pues, la familia se hunde a sí misma en un temporal, y podríamos hallarnos ante un posible intertexto más «fiel» con respecto al supuesto original catalán, puesto que siempre aparece como inmutable. El último verso del poema en castellano contiene el mismo hipérbaton que figura en la versión de 2018.

Ya en este primer poema que se comenta pueden verse algunas tendencias que son muy importantes en la evolución de la poesía de Margarit. En primer lugar, debe señalarse que, por lo menos en su etapa de escritor bilingüe, sus poemas en castellano no parecen nunca totalmente cerrados, sino que están sometidos a constante revisión y variación. Ya se ha mencionado que el poeta considera que es fundamental que el poema contenga las palabras precisas, ni una más ni una menos, en busca del poema «perfecto». La otra tendencia que apunta aquí es el hecho de que Margarit parece encontrar la forma ideal del poema con mayor facilidad en la versión en catalán que en la versión en castellano, pues mientras que la primera no ha variado en las sucesivas ediciones, la segunda presenta una distancia importante con respecto a la versión catalana y también con respecto a las sucesivas versiones en castellano. Cabe también destacar que ambas versiones contienen el mismo número de versos, aunque su extensión silábica puede variar, así como también lo hace su redacción, que no es idéntica en las dos lenguas. La distribución de la información en los versos es diferente en cada una de las versiones (se puede posponer, alterar o eliminar) en función de las exigencias de la métrica.

«Secrets» / «Secretos»

Las versiones catalana y castellana del poema son las siguientes en las ediciones de 2018*a* y 2018*b*:

SECRETS	SECRETOS
Fins i tot amb mal temps ella sortia	Aunque hiciese mal tiempo, por la noche,
quan era ja de nit, havent sopat,	al terminar la cena, ella salía
i no a fer d'infermera, deia el pare.	*y no a hacer de enfermera*, comentaba mi padre.
Tenia un pis més gran damunt del nostre	Vivía en uno de los pisos altos
i sempre em deia alguna cosa amable	y, siempre, al coincidir en la escalera,
en trobar-me-la a l'escala. Fins i tot	me decía algo amable. Intentó,
em volia ensenyar a parlar francès:	incluso, enseñarme a hablar francés:
no vaig entendre el que va dir la mare	mi madre dijo algo que yo no comprendí
fins l'any següent però, des de llavors,	hasta el año siguiente y, desde entonces,
van prohibir-me que parlés amb ella.	me prohibieron hablarle.
Ens vèiem, Malgrat tot, jo anant cap a l'escola	Pero, por la mañana, cuando yo iba a la escuela
i ella tornant a casa i, d'amagat,	y ella, de vuelta a casa, tomaba el desayuno

l'acompanyava al bar on esmorzava.
Una vegada, en un d'aquells matins,
es va treure el rellotge i va donar-me'l
perquè li recordava coses tristes.
En tornar a casa jo també me'l treia
i l'amagava rera els comptadors.
Segons ella, en mirar-lo, jo sabria
si seria feliç l'hora propera.
Un altre dia em va regalar un llibre
de poesies de Campoamor.
Va llegir *El tren expreso*: en acabar-lo
plorava i jo patia perquè ens veien.
Quan el rellotge avisi de tristeses
llegeix aquest poema, et farà fort,
va dir eixugant-se amb molta cura els ulls.
En acabar aquell curs, el mes de juny,
la vaig deixar de veure, fins que un dia,
un dia clar i blavíssim de setembre,
algú la va trobar morta al seu bany.
En el barri la gent, durant molts dies,
en va parlar en un to de *no és estrany*
que m'espantava per la complaença.
Passats uns mesos, els de casa
ens vam mudar al seu pis, pintat de nou
i on no quedava ja més rastre d'ella
que un forat despintat sota el lavabo.
Just on entrava al mur la canonada.
Des del qui sóc avui fins a aquells anys
s'ha estès la meva vida i he perdut,
per amor a vegades, totes les meves cases.
No he tornar a llegir Campoamor,
ni he tapat o pintat aquell forat
per on retorna desolat i brusc,
sempre secret, el sexe de la infància.

en el cercano bar, hablábamos un rato.
Uno de aquellos días, quitándose el reloj,
dijo que me lo daba porque no le traía
más que recuerdos tristes. Yo también
cada tarde al volver me lo quitaba
y lo ocultaba tras los contadores.
Según ella, al mirarlo yo sabría
si sería feliz la hora siguiente.
Después me regaló un libro de poemas
de Campoamor y me leyó en voz alta
«El tren expreso». Acabó llorando,
y yo sufría por si nos miraban.
Cuando el reloj te avise de tristezas,
leer este poema te hará fuerte,
dijo, secándose los ojos.
El mes de junio, al acabar el curso,
dejé de verla hasta que un día limpio,
muy azul de septiembre, fue encontrada
muerta en el baño. Transcurría el tiempo.
En el barrio la gente aún comentaba
lo sucedido con un *no es extraño*
que me asustaba por su complacencia.
Pasados unos meses, mi familia
fue a vivir a su piso: lo pintaron
hasta que no quedó ni rastro de ella.
Pero, bajo el lavabo, descubrí
un trozo sin pintar, justo en el sitio
donde la cañería entra en el muro.
Desde quien soy ahora hasta aquel tiempo
se ha extendido mi vida, y he perdido,
a veces por amor, todas mis casas.
Ya no he vuelto a leer a Campoamor,
ni he tapado o pintado el agujero
por el cual vuelve brusco, desolado,
siempre secreto, el sexo de la infancia.

Una primera diferencia significativa que presentan las dos versiones se encuentra en los versos 4 y 5. El texto catalán dice «Tenia un pis més gran damunt del nostre» y el texto castellano dice «Vivía en uno de los pisos altos», donde puede verse que la información es diferente: en catalán se ofrece la localización del piso de ella y se lo compara con el piso en el que vive el protagonista del poema, mientras que en castellano se suprimen estas explicaciones y únicamente se indica que hay varios pisos altos y que, en uno de ellos, vive la protagonista. Cabe señalar el catalanismo «hacer de enfermera» que aparece en el tercer verso de la versión castellana, calco evidente de «fer d'infermera». Más adelante, se explica que ella «tenía la intención» de enseñar francés al protagonista (texto catalán) y en la versión española se afirma que «intentó» enseñarle a hablar francés, es decir, se podría entender que algunas clases se dieron (aunque es ambiguo y también puede sugerirse que intentó convencer a su madre). Después de la prohibición por parte de la madre del protagonista de que ambos se siguieran viendo, el texto catalán precisa expresamente que se saltaban la prohibición («Ens vèiem, malgrat tot [...] d'amagat») con lo que la transgresión parece más grave, mientras que el texto castellano se limita a «Pero, por la mañana [...] hablábamos un rato», como si coincidieran o se encontraran, y no existiera la culpa por la infracción de una prohibición paterna. Más adelante, en catalán el protagonista explica que «En tornar a casa jo també me'l treia» –en referencia al reloj–, mientras que estas acciones son descritas con mucha mayor precisión al concretar en el texto castellano que esto sucedía todas las tardes. Ella le regaló un libro de poemas de Campoamor «un altre dia», pero, en el texto castellano, la percepción del tiempo no es la misma: «Después me regaló un libro de poemas de Campoamor». Y esta inadecuación temporal se da en otros casos como en «una vegada» frente a «uno de aquellos días» o en «durant molts dies» frente a «aun». Al terminar la lectura del poema de Campoamor ella llora y él «patia perquè ens veien», pero en la versión castellana la situación no es la misma: «yo sufría por si nos miraban», cuando la certeza debía ser mayor pues aclara que le leía el poema en voz alta (dato que no aparece en ningún verso catalán). Y, después de la lectura ella se secó los ojos «amb molta cura», precisión que no es recogida por el redactado español. Al final del verano, un día de septiembre, se nos cuenta que fue encontrada muerta en su cuarto de baño, aunque la organización de la información (y, por tanto, también la propia información) es distinta: el hallazgo del cuerpo de ella es mucho más personalizado en catalán y también lo es la forma de referirse a los comentarios de la gente. Y, cuando la familia se mudó al piso de ella, recién pintado, parece ocurrir lo contrario, pues en la versión catalana se indica, simplemente, la existencia de un desconchado mientras que, en la castellana, es la voz poética quien encuentra el rastro de ella en un trozo de pared sin pintar. Como puede verse, las diferencias entre los dos textos afectan a la cantidad de información ofrecida y a la forma en la que dicha información está organizada. El proceso de escritura es similar al del poema anterior, pues se distribuye más o menos la información por el mismo verso o por los versos adyacentes, que pueden tener más o menos sílabas, aunque en este caso hay un verso de más en la versión española. A pesar de mantenerse los cambios entre agente-paciente que ya señalábamos en sustantivos del poema anterior, en este caso vemos una manera relativamente diferente o, en todo caso, no exacta de narrar los hechos del pasado. Seguramente, al tener que adaptarse la información a las palabras y los metros de otra lengua, los conectores temporales se han visto modificados. Asimismo, se aprecia la libertad del poeta por suprimir o añadir percepciones o detalles a voluntad, en una u otra redacción, no precisamente para perfeccionar el sentido del poema, sino más bien dictados por la adecuación de la materia poética a unas unidades métricas que se deben respetar.

Igual que en el caso del poema anterior, las reediciones en catalán de «Secrets» no presentan variación alguna, y podría decirse que el poeta encontró las palabras justas y precisas ya en la primera versión publicada originalmente en 2005. En cambio, no ocurre así en las versiones castellanas. Como en el poema anterior que hemos comentado, la redacción publicada en *Cálculo de estructuras* (2005*b*) está más cerca del texto catalán, como podemos ver en algunos versos que copiamos para que pueda apreciarse la proximidad con respecto a la versión catalana de la que parecen partir: «Vivía en otro piso más grande sobre el nuestro», «Incluso / me quería enseñar a hablar francés», «me prohibieron incluso que le hablase», «Nos encontrábamos cuando al volver / ella a casa, yo me iba hacia la escuela / y, a escondidas, le hacía compañía / mientras desayunaba en aquel bar», «Una mañana se quitó el reloj / y me lo dio: para olvidar, me dijo / las cosas tristes que le recordaba», «También me lo quitaba yo al volver», «Hacia el final me regaló aquel libro / de Campoamor», «y yo sufría porque nos miraban», «la encontraron / muerta en su baño», «Mucho tiempo después / en el barrio la gente aún comentaba / lo sucedido con un *no es extraño*» (2005*b*: 23-26). La última parte del poema, que se aleja de la versión catalana, es ya idéntica a la misma parte en la versión de 2018.

Se repite, pues, en este poema, el esquema que se ha visto en «Secrets i cambres»: la versión catalana parece definitiva ya desde la primera versión –nunca se modifica–, mientras que la redacción castellana sufre muchas más modificaciones en un itinerario de progresivo alejamiento de la versión catalana: diríase que el poema busca su propia personalidad en la versión española y la encuentra, pero necesita mucho más tiempo que el que necesita la versión catalana. No parece que las dos voces de Margarit se comporten de manera idéntica: la voz de su lengua materna parece encontrar más rápidamente las palabras que el poema requiere, mientras que parece más difícil encontrarlas en la voz que corresponde a su lengua de cultura, o que, en todo caso, la versión española se cree mucho más fácilmente modificable que el original catalán.

«Tango» / «Tango»

Las dos versiones de 2018 de este poema son las siguientes:

TANGO

Ens va separar el sexe, que és l'ossada
dura i oculta de l'amor.
Vam baixar junts al metro:
en entrar als corredors, com un amant,
l'aire calent li feia una carícia.
Cadascú se'n va anar a la seva andana.
Vaig ser el primer a marxar:
la vaig deixar per sempre,
com si s'hagués llençat al pas del tren.

TANGO

Nos separaba el sexo, esa osamenta
dura y oculta del amor.
Fuimos al metro juntos: la corriente
de aire cálido de los corredores
la acarició, como hacen los amantes.
Cada cual fue a su andén.
Fui el primero en salir: ella aún estaba
inmóvil y mirando fijamente las vías.
La dejé para siempre,
igual que si se hubiese lanzado bajo el tren.

Aunque existen matices evidentes entre las dos versiones (como cuando el poeta se refiere al aire cálido de los corredores que acaricia a su compañera «com un amant» o «como hacen los amantes», variando el número y el agente de la acción), la diferencia más importante entre las redacciones de este poema se encuentra en los versos 7 y 8. En ellos puede verse que, en la versión castellana, aparece una información que no figura en la versión catalana: «ella aún estaba / inmóvil y mirando fijamente las vías». Sin duda, estos datos intensifican el efecto del poema pues subliminalmente es una referencia a alguien que se va a suicidar lanzándose a las vías del tren –tal vez una nueva Ana Karenina–. Además, estos dos versos dan más cohesión al poema, motivando la comparación del olvido de un encuentro furtivo con una muerte, y, por lo tanto, con la desaparición del otro para siempre.

Este poema es especialmente interesante porque es uno de los pocos casos en los que la versión catalana cambia en las distintas ediciones. La de la primera edición de *Càlcul d'estructures* (2005*a*) es idéntica a la de 2018 que se acaba de comentar. La versión de 2005*b*, *Cálculo de estructuras*, contiene la información añadida que se ha comentado referida a los versos 7 y 8 del texto castellano de 2018: «Vaig ser el primer en sortir: ella s'estava / immòbil i mirant les vies fixament» (2005*b*: 34-35). Pero, como ha podido verse, la edición en catalán de 2018 rechaza este añadido y vuelve al texto de 2005*a*. Es decir, la primera versión se elige como definitiva. Por lo que se refiere al texto castellano, la edición de 2005*b* aparece ya con el contenido que se ha comentado de los versos 7 y 8 y sigue así hasta la edición de 2018.

Se puede apreciar, en este caso, un interesante periplo: una modificación en catalán que es rechazada para volver a la primera edición en catalán y unas variaciones del texto castellano que mantienen el *pentimento* original que lo alejan del texto catalán porque le añaden una importante información. Es importante subrayar que las diferencias que afectan al texto catalán conducen, en realidad, a remachar la idea de que la primera versión escrita es la considerada definitiva por el poeta. Dos textos, dos lenguas, dos voces, y en este caso dos estilos, puesto que en el catalán predomina la esticomitia, mientras que en las versiones españolas el texto es más sinuoso, fomentando esta impresión los numerosos encabalgamientos que se crean en los pocos versos de la composición.

«Els fills del capità Grant» / «Los hijos del capitán Grant»

Las dos versiones de 2018 son las siguientes:

ELS FILLS DEL CAPITÀ GRANT	LOS HIJOS DEL CAPITÁN GRANT
En la primera pàgina del llibre	En la primera página del libro
Encara queda la dedicatòria.	aún se lee la dedicatoria,
Des dels gravats a ploma	y desde los grabados a la pluma
els distingits aventurers em miren	aún me miran aquellos distinguidos
I sento que es fa fosc al Turó Park.	aventureros, y el anochecer
Des de llavors, el seu veler, el *Duncan*,	cae de nuevo sobre el Turó Park.
no ha deixat de buscar pels oceans	El Duncan, sus dos palos, desde entonces
l'illa on els nàufrags van llençar el missatge.	no cesa de buscar por los océanos
Llegint, fugia d'aquell món	la isla desde donde los náufragos lanzaron
que es presentava massa perillós,	su mensaje. Leyendo, me escapaba
com les noies després, com la mort ara.	de un mundo que surgía peligroso,
Amb aquest llibre, algú	como después las chicas, y hoy la muerte.
va llançar al procel·lós mar del demà	Alguien lanzó con aquel libro
una altra ampolla amb un missatge a dins	al proceloso mar de mi futuro
que diu: no fugis, sempre et tocarà	una botella y, dentro, otra misiva
algun naufragi, perquè tu pertanys	que decía: No huyas. Un día llegará
–igual que el *Duncan* i el capità Grant–	tu naufragio, porque eres una parte
al boirós oceà del món real.	–igual que el Duncan y el capitán Grant–
	del nebuloso océano del sueño y del olvido.

Las principales diferencias entre los dos textos de 2018 se concentran, como se verá, en los versos finales del poema. Al principio de la composición se aprecia, como en «Secrets i cambres», una reorganización de la información que subraya un contenido u otro de aquello que se transmite. Aquí, mientras que el texto catalán separa la dedicatoria del resto de la información referida a los grabados y al anochecer en el Turó Park, el texto castellano lo une todo, sin puntos, de forma que el lector percibe, de golpe, toda la información referida a la situación. En los versos 4 y 5 de las dos versiones aparecen diferencias significativas debido, sin duda, a los problemas métricos que se plantean al tener que encajar «distingits aventurers» en la métrica del español. Este problema acarrea, sin duda, la aparición de un verso que permite resolver la situación. Debe señalarse también que la forma de caracterizar el Duncan es diferente en las dos versiones: se habla simplemente de un «veler» en catalán, pero se mencionan «sus dos palos» en español.

La importante diferencia que se ha mencionado al comienzo de este párrafo se refiere al hecho de que el poeta cambia el punto de vista de la voz poética a partir del momento en que comienza a establecer un paralelismo entre la novela de Julio Verne y la botella que lanzaron al mar los hijos del capitán Grant. A la voz poética, la lectura de la novela le servía para huir del mundo real que le parecía peligroso, pero, a la vez, el libro era como una botella que contenía un mensaje. De la lectura del texto catalán se desprende que esa botella probablemente estaba destinada a la voz poética. El texto castellano es mucho más explícito, se podría decir que es mucho más contundente porque la voz poética entra de lleno en el poema: «Alguien lanzó con aquel libro | al proceloso mar de *mi* futuro | una botella y, dentro, otra misiva | que decía: No huyas. Un día llegará | *tu* naufragio» (las cursivas son nuestras). Así, el contenido es muy diferente por el hecho de que utiliza abiertamente la primera persona (lo que no sucede así en el texto catalán) y también porque son muy diferentes las expresiones «sempre et tocarà algun naufragi» y «Un día llegará tu naufragio». En la primera expresión, la referencia es a los distintos naufragios que, en sentido figurado y en forma de diferentes tragedias, alcanzan a todo el mundo en distintos momentos de su vida. En el segundo verso, se contempla un único naufragio que invita a pensar en una desgracia concreta que afectará solo al yo poético, o que puede ser leído como un *memento mori*, en alusión al final de la vida. Y el último verso muestra también significativas diferencias, trastocando el sentido entre una y otra redacción: «al boirós oceà del món real» frente a «del nebuloso océano del sueño y del olvido». En la versión catalana se habla del mundo real mientras que en la castellana las referencias son el sueño y el olvido.

Como en los casos anteriores la versión en catalán del poema es idéntica en todas sus reediciones (2005*a*, 2005*b* y 2018). De nuevo el poema parece haber encontrado las palabras precisas y necesarias en la lengua materna del poeta, y su versión definitiva es la primera. Y, también en esta ocasión, la versión en castellano de 2005*b* y la de 2018 son diferentes, mostrando un progresivo alejamiento del texto en catalán. Las diferencias que cabe subrayar de la primera versión en castellano son: «aventureros, y de nuevo siento | cómo anochece sobre el Turó Park», «Leyendo, yo escapaba | de un mundo demasiado peligroso», «Alguien lanzó con este libro», «una botella y, dentro, otro mensaje», «no huyas, también te llegará | algún naufragio, porque tú eres parte [...] | del nebuloso océano real». Se aprecia, pues, el mismo periplo evolutivo por el que han pasado las versiones de los poemas analizados anteriormente: solidez de la primera versión del texto catalán y evolución de las versiones en castellano que se alejan progresivamente de la versión en catalán hasta resultar en un poema con personalidad propia.

CONCLUSIONES

La reducida extensión de este trabajo no permite detenerse a analizar un corpus amplio, pero lo expuesto hasta ahora pone de manifiesto que el estudio de la escritura poética de Joan Margarit desde la perspectiva de la producción de un escritor bilingüe reviste gran interés porque permite comprender mejor la propia obra y porque indaga en los procesos de escritura de los autores que escriben en más de una lengua o, en otras palabras, de los autores que poseen varias voces.

Margarit es un caso paradigmático de toda una generación de escritores nacidos en Catalunya que hablaban dos lenguas pero que tenían solamente una lengua de cultura, el español, y que, por tanto, concebían la expresión literaria en español. Las transformaciones sociopolíticas de la sociedad hicieron que, con el tiempo, fuera posible expresarse literariamente en cualquiera de las dos lenguas. No obstante, ambas lenguas no estaban en pie de igualdad pues los escritores que decidieron utilizar el catalán como lengua literaria debieron pasar por una etapa de adquisición del registro literario en dicha lengua para poder utilizarla como vehículo de expresión literaria. Margarit ha sido de los pocos que decidieron escribir en sus dos lenguas, con sus dos voces, y en este estudio se ha intentado comprender cómo era su relación con ambas. Como se ha visto, el poeta ha reflexionado, en numerosos textos, sobre la escritura bilingüe y sobre su proceso creador. En todos los casos, se trata de reflexiones que sin duda comparten los individuos bilingües o trilingües pero que pueden ayudar a comprender mejor estos procesos a las personas monolingües. Y estas reflexiones son importantes no solamente desde el punto de vista de la creación literaria, sino que también lo son para los lingüistas que estudian el bilingüismo o el multilingüismo con la finalidad de comprender la conducta lingüística de hablantes de estas características.

Queda también de manifiesto el hecho de que sería deseable disponer de una edición crítica de la poesía de Margarit en sus dos lenguas. Se trata de una tarea titánica dado el número de ediciones existente de sus poemas, pero, sin duda, sería extremadamente útil para los estudiosos tener toda esta información para poder profundizar en los análisis de los poemas. Como se desprende de los ejemplos aquí analizados, los poemas de Margarit cambian de forma sincrónica y diacrónica. Es decir, la versión castellana de un poema aparecida en una edición bilingüe presenta, en muchas ocasiones, importantes diferencias con respecto a la versión catalana: el eje de la variación sincrónica. Y las versiones catalanas y las versiones castellanas de sus poemas son diferentes desde una perspectiva temporal pues Margarit los modifica en busca, siempre, de la mejor composición posible: el eje diacrónico. Y a este fenómeno hay que añadirle el hecho de que las versiones castellanas suelen sufrir muchos más cambios en el eje temporal que las versiones catalanas. Como se ha señalado, los cambios suelen encontrarse, en general, en las versiones castellanas, aunque lo cierto es que nunca se produce una reinterpretación completa de una composición. Como creador de dos poemas Margarit dispone libremente de su material poético y se ha visto que, en muchos casos, el número de versos es diferente en catalán y en castellano a causa de cuestiones métricas. También es frecuente la reorganización de la información, la supresión o el añadido. Y se siente también libre de modificar el sentido de un verso, aunque ello introduzca también algún cambio en el significado global de un poema. En las versiones castellanas se siente más libre, pero esa libertad puede interpretarse de diferentes formas: no se sabe si es debida a que no se siente tan seguro en esta lengua como en catalán y piensa que siempre puede mejorar sus textos o a que, en el fondo, contradice su poética buscando la mejor versión de un original catalán que, generalmente, no se altera. Es como si su autoría le proporcionara un salvoconducto para crear en catalán y retocar el poema en otra lengua sin perder su escritura primigenia, ligada a su lengua materna.

Esta última observación entronca con uno de los problemas que se planteaban al comienzo de este trabajo y que hacía referencia a si el escritor bilingüe se comporta de la misma forma en sus dos lenguas, con sus dos voces, o se pueden apreciar diferencias. Probablemente, el hecho de que las versiones castellanas reciban muchas más correcciones y transformaciones apunta en el sentido de que, tal vez, los hablantes bilingües mantienen relaciones diferentes con sus lenguas. Es este un camino que, tanto desde los estudios literarios como desde la lingüística, merece la pena ser explorado.

REFERENCIAS BIBLIOGRÁFICAS

BALLART, Pere (2020): «Una "criatura múltiple": la voz lírica bilingüe de Maria Beneyto», en D. Poch y J. Julià (eds.): *Escribir con dos voces. Bilingüismo, contacto idiomático y autotraducción en literaturas ibéricas*, Valencia, Universitat de València, pp. 167-182.

CERDÀ, Jordi Pere (2021): *Al vent del Sud. Antologia de poesia autotraduïda al francès*, eds. J. Julià y D. Poch, Lleida, Pagès Editors.

CERNUDA, Luis (1991): *La realidad y el deseo (1924-1962)*, Madrid, Alianza, pp. 252-254.

FREIXAS, Margarita (2020): «Creación literaria y traducción: aproximación al análisis lingüístico de las versiones españolas de dos cuentos de Carme Riera», en J. Julià y D. Poch (eds.): *Escribir con dos voces. Bilingüismo, contacto idiomático y autotraducción en literaturas ibéricas*, Valencia, Universitat de València, pp. 203-222.

ILLAMOLA, Cristina (2003-2004): «De la oralidad a la escritura. Niveles de interferencia en las creaciones literarias de autores catalanes», *Anuari de Filologia* XXV-XXVI, pp. 81-94.

MARGARIT, Joan (1995): *Edat roja / Edad roja*, Granada, Diputación Provincial de Granada.

MARGARIT, Joan (1998): *Aguafuertes* (edición bilingüe: traducción del autor), Sevilla, Renacimiento.

MARGARIT, Joan (1999): *Estació de França*, Madrid, Hiperión.

MARGARIT, Joan (2005*a*): *Càlcul d'estructures*, Barcelona, Proa.

MARGARIT, Joan (2005*b*): *Cálculo de estructuras* (edición bilingüe) Madrid, Visor.

MARGARIT, Joan (2018*a*): *Todos los poemas (1975-2015)*, Barcelona, Planeta.

MARGARIT, Joan (2018*b*): *Tots els poemes (1975-2015)*, Barcelona, Edicions 62.

MARGARIT, Joan (2020*a*): *Poètica*, Barcelona, Empúries.

MARGARIT, Joan (2020*b*): *Poética*, Barcelona, Arpa Editores.

MARGARIT, Joan (2021): *Animal de bosque* (edición bilingüe) Madrid, Visor.

MARTÍNEZ PÉRSICO, María Elizabeth (2019): «Bilingüismo y autotraducción: la poesía de Joan Margarit. Un estudio de caso», *Artifara* 19, pp. 19-45, en línea: <https://docplayer.es/159170954-Bilinguismo-y-autotraduccion-la-poe sia-de-joan-margarit-un-estudio-de-caso.html>.

MORANTE, José Luis (2006): «Introducción» a J. Margarit: *Arquitecturas de la memoria*, Madrid, Cátedra, pp. 13-112.

POCH, Dolors (2019): «Escribir desde los márgenes», en D. Poch (ed.): *El español de Cataluña en los medios de comunicación*, Madrid, Iberoamericana / Vervuert, pp. 245-270.

POCH, Dolors (2020): «Las lenguas *traspuen*: la escritura en español de Josep Pla y Un señor de Barcelona», en D. Poch y J. Julià (eds.): *Escribir con dos voces. Bilingüismo, contacto idiomático y autotraducción en literaturas ibéricas*, Valencia, Universitat de València, pp. 223-240.

QUINTANA TRÍAS, Lluís (2005): «*El Viaje en autobús* de José(p) Pla: ¿una incorporación al canon?», *Revista Hispánica Moderna* 59 (1-2), pp. 119-140.

SÁNCHEZ, Remedios y Raquel LANSEROS (2017): «Un poeta al margen de generación: itinerario poético de Joan Margarit», *Castilla. Estudios de Literatura* 8, pp. 373-392. <https://doi.org/10.24197/cel.8.2017.373-392>.

SORIA, Enric (2007): «Joan Margarit, poeta en dos lenguas», *El Coloquio de los Perros*, número monográfico especial dedicado a Joan Margarit: *Uno de los nuestros*, en línea: <https://elcoloquiodelosperros.weebly.com/>.

TORRESI, Stefano (2010): «Bilinguismo e autotraduzione in Catalogna: i casi di Pere Gimferrer e di Joan Margarit», en S. Torresi (ed.): *Itinerari poetici e linguistici di tema ispano-catalano*, Macerata, Edizione Simple, pp. 43-80.

TORRESI, Stefano (2012): «La poesía bilingüe de Joan Margarit», en P. Bota (coord.): *Rumbos del Hispanismo en el cincuentenario de la AIH*, vol. 5, pp. 577-581.

LA EXPERIENCIA AUTOTRADUCTORA DE QUIM MONZÓ
De *El millor dels mons* (2001) a *El mejor de los mundos* (2002)

Margarita Freixas Alás
Universitat Autònoma de Barcelona

En las páginas siguientes se llevará a cabo un análisis contrastivo de las versiones en catalán y en castellano de los textos de *El millor dels mons* (2001) y de *El mejor de los mundos* (2002), de Quim Monzó, con la finalidad de analizar el alcance de la reescritura en el texto castellano y de detectar las estrategias lingüísticas empleadas en las dos versiones. Este estudio resulta relevante por cuanto se trata de la única experiencia de autotraducción de una obra literaria que ha realizado un escritor en cuya trayectoria destacan no solo sus obras de ficción en catalán, sino también su labor como autor bilingüe de columnas periodísticas y su experiencia como traductor del inglés y del castellano al catalán.

EXPERIENCIAS PREVIAS COMO TRADUCTOR

La labor de Quim Monzó como traductor se sitúa en sus inicios como escritor (Ainaud, 1998; Maestre Brotons, 2005: 48-49). Ha llevado a cabo versiones del inglés al catalán de novelas y de antologías de cuentos de autores de reconocido prestigio, entre los que destacan Truman Capote, J. D. Salinger, Mary Shelley, Thomas Hardy, Ray Bradbury y Ernest Hemingway. Sus trabajos como traductor se concentran en una etapa comprendida desde 1981, año en el que publica *Vides corrents* y *El vals*, de los originales *The standard of living* y *The waltz*, de Dorothy Parker, en colaboración con Miquel Florensa, hasta 1995, cuando se editan los *Contes per a nens i per a nenes políticament correctes*, de James Finn Garner, donde realizó un trabajo de cotraducción junto a Maria Roura. Con posterioridad a esta fecha, ha llevado a cabo traducciones de obras teatrales del inglés al catalán, con contribuciones como *Tots eren fills meus*, de Arthur Miller (estrenada en el Teatro Romea el 15 de diciembre de 1999), o *Escenes d'una execució*, de Howard Barker (estrenada en el Teatro Nacional de Cataluña el 11 de abril de 2002). Son más escasas, en cambio, sus incursiones en la traducción del castellano al catalán, y se limitan a una obra de teatro, *Diàleg en re major*, de Javier Tomeo (1996), y a un libro para un público infantil o juvenil, *C. El petit llibre que encara no tenia nom*, de José Antonio Millán (1998).

La ocupación de Monzó como traductor comenzó como una forma de conseguir un trabajo remunerado. En 1982, las traducciones le ayudaron a mantenerse en Nueva York, ciudad a la que se desplazó gracias a una beca para estudiar literatura norteamericana durante un año: «Como con lo que me daban de beca no llegaba ni a pagar el alquiler –entonces Nueva York era carísimo–, pues hacía traducciones» (González, 2012). En el momento en que consolida su trayectoria como autor literario y como articulista en la prensa, deja de traducir de forma asidua. Recuerda de esta manera ese momento en una entrevista: «Hasta que pude vivir de los artículos y de los libros y entonces dejé las traducciones, porque pagaban una puta miseria. Traducir literatura está muy mal pagado. Están mejor pagadas las traducciones técnicas. No se entiende, no se entiende» (González, 2012).

Tal y como señala Jordi Ainaud (1998: 164-165), Monzó no valora las traducciones como «una via que té l'escriptor per aprendre l'ofici tot imitant els autors que admira», sino como una actividad necesaria, tanto desde el punto de vista más personal y lucrativo, como por la contribución que supone para dar a conocer obras y a autores de la literatura norteamericana. Así, en su artículo «La palla y el gra» (Monzó, 1987: 158-160), lamenta la escasez de traducciones al castellano, y todavía menos al catalán, de autores como Robert Coover, Kurt Vonnegut Jr., Donald Barthelme, John Barth o Truman Capote.

A lo largo de la trayectoria de Monzó como traductor, Jordi Ainaud detecta una evolución estilística. Señala la existencia, en las primeras versiones al catalán, como la de *Frankenstein o el Prometeu modern*, de Mary W. Shelley (1983), de pasajes con un modelo de lengua que considera «pseudocarneriano» (Ainaud, 1998: 162), cargado de arcaísmos y de cultismos como los que detecta, por ejemplo, en el siguiente fragmento, que destaca por el empleo de formas verbales inusuales en el habla coloquial, como el pretérito perfecto simple (*replicà*, en vez del perifrástico *va replicar*), el imperfecto de subjuntivo (*haguera*, en lugar del condicional *hauria*) o la perífrasis «ser ignorant (d'alguna cosa)»:

> –Déu meu! Papa, Víctor diu que sap qui va assassinar el pobre William.
> –Dissortadament, nosaltres també –replicà mon pare–. M'haguera estimat més haver-ne estat ignorant per sempre més, a haver descobert tanta depravació i ingratitud en algú que valorava tant.
> –Pare, estimat, esteu equivocat: Justine és innocent (cf. Ainaud, 1998: 161).

Seguramente el estilo de la novela romántica de Shelley, de principios del siglo XIX, condicionó las elecciones lingüísticas de Monzó en su traducción de *Frankenstein*. En cambio, según Ainaud (1998: 163), Monzó emplea una lengua más depurada en las traducciones de los textos de Ernest Hemingway (*El sol també s'aixeca*, 1984), Ray Bradbury (*Les cròniques marcianes*, 1983), J. D. Salinger (*Nou contes*, 1986) y Truman Capote (*Música per camaleons*, 1988, y *El convidat del dia d'Acció de Gràcies*, 1989).

La voluntad de respetar las estrategias expresivas del autor provoca que Monzó recuerde la dificultad que le supusieron algunas traducciones, como *Les cròniques marcianes*, de Ray Bradbury, donde encontró «un munt de jocs de paraules i locucions que són difícils d'expressar en poques paraules en una llengua llatina» (Van Campen, 2006), o la desazón que le produjo optar por mantener errores lingüísticos en los pasajes en español que Ernest Hemingway introdujo en *The sun also rises*:

> Em va ser difícil traduir *Fiesta (El sol també s'aixeca)* d'Ernest Hemingway. Utilitza expressions espanyoles per fer el text pintoresc, i ho fa malament perquè ell no coneixia la llengua. Vaig decidir deixar-les mal escrites. En casos com aquest, traduir pot ser dur perquè pot deixar d'agradar-te l'autor. Vaig llegir Hemingway fins que vaig entrar a la seva cuina i vaig trobar-hi massa coses que no m'agradaven (Van Campen, 2006).

La práctica de la traducción literaria lo más ajustada posible al original es la que también Monzó defiende cuando afirma, en diversas ocasiones, que debe aspirarse a un estilo de traducción literal, que reproduzca lo más fielmente posible el texto original, respetando sus características incluso en los casos en que se encuentran usos lingüísticos que suponen algunas transgresiones desde el punto de vista normativo. En este sentido, en el artículo titulado «Pagant, Sant Pere canta», critica duramente a los traductores que creen «saber-ne més que no pas el mateix autor» i que, por este motivo,

> amb aquesta creença, li esmenen la plana, li canvien un pi per un roure, li eliminen les repeticions volgudes i fan un ús constant del diccionari de sinònims quan l'autor no el feia servir gens, i volia, precisament, aquell seguit de repeticions. Era així com ens trobàvem amb camioners que parlaven com subscriptors de *Serra d'Or*, i amb adolescents del Midwest que haguessis jurat que estudiaven a l'escola Virtèlia (Monzó, 1990: 22-23).

En «Versions massa originals» ya había criticado también la tendencia a modificar el estilo y el contenido en las traducciones que se alejan en exceso del original: «... creuem els dits perquè a ningú no se li acudeixi traduir al català aquest llibre, tan llaminer pels versionistes. O versioneros, que és com se n'ha dit sempre dels cantants i els grups de la mena de Los Mustang» (Monzó, 1987: 115).

La única ocasión en la que Monzó declara haber empleado la técnica de la adaptación es en la traducción de *Contes per a nens i per a nenes políticament correctes*, de James Finn Garner (1995) –a partir de *Politically correct bedtime stories*–, donde, junto a Maria Roura, reconoce que

> [v]am haver de fer-ne una versió nova, de trair-la, perquè en català hi ha molts detalls políticament incorrectes que no existeixen en anglès i que havíem d'incloure. Com és el cas dels articles *el/la, els/les*... En anglès no hi ha diferenciació de gènere, i aquí em vaig adonar que n'hi ha, cada vegada que rebia una carta de l'escola del meu fill (Van Campen, 2006).

Monzó y Roura inventan fórmulas antisexistas, como «tothom i totdon», que no tienen equivalente en inglés, ya que el texto original emplea *everyone*, y adaptan culturalmente los cuentos, de manera que Cenicienta escucha «discos de *Sopa de Cabra*» y el flautista de Hamelín canta *Oh, gavina voladora* (Ainaud, 1998: 159). Se trata, en definitiva, como subraya Colom-Montero, de estrategias empleadas por Quim Monzó y Maria Roura para intensificar la parodia, introduciendo más convenciones del lenguaje políticamente correcto que las que se encuentran en el texto original. Así, por ejemplo, «the children of the kingdom grew strong and tall» se traduce por «els i les nens i nenes del reialme van créixer alts i altes i valents i valentes» (Colom-Montero, 2021: 99).

LA AUTOTRADUCCIÓN DE ARTÍCULOS PERIODÍSTICOS

En paralelo a las labores de traducción y de creación de textos literarios, Quim Monzó ha desarrollado una extensa labor como articulista de opinión redactando sus propias columnas en catalán y en castellano. Entre 1982 y 1996 publica en catalán en *El Món, El Correo Catalán, El Temps, La Vanguardia, Diari de Barcelona* y *Avui* (Maestre Brotons, 2006: 11). En esta época, ocasionalmente había escrito textos periodísticos en español (Nadal, 1990) y, a partir de 1996, publica de forma regular en español en *El Periódico* y en *La Vanguardia*. Desde 1984 hasta 2010, Monzó ha ido recogiendo en volúmenes en catalán una selección de los artículos periodísticos que considera más atemporales: *El dia del senyor* (1984), *Zzzzzzzz* (1987), *La maleta turca* (1990), *Hotel Intercontinental* (1991), *No plantaré cap arbre* (1994), *Del tot indefens davant dels hostils imperis alienígenes* (1998), *Tot és mentida* (2000), *El tema del tema* (2003), *Catorze ciutats comptant-hi Brooklyn* (2004) y *Esplendor i glòria de la Internacional Papanates* (2010). Para preparar estos volúmenes, Monzó reconoce que en el proceso de traducción del castellano al catalán ha introducido cambios significativos en los textos, ya que «si és necessari canviar res ho canvio: una paraula innecessària va fora, una digressió que embolica la comprensió també, una d'aquestes rimes internes que de vegades se t'escapen…» (Ollé, 2008: 84).

A partir del 3 de mayo de 2011, momento en que *La Vanguardia* pasa a ofrecerse en edición bilingüe, castellano y catalán, Monzó publica de forma asidua textos en catalán y en castellano que aparecen en la prensa de forma simultánea. En estos casos, tal y como se ha señalado, las traducciones son verdaderos procesos creativos en los que el escritor se toma en muchas ocasiones la libertad de construir textos nuevos, con cambios significativos, adiciones y supresiones, con la finalidad de que las columnas periodísticas sean comunicativamente eficaces en cada una de las lenguas (Freixas, 2020*a*). De esta forma, el proceso de traducción de las columnas periodísticas ofrece a Monzó la posibilidad de adaptar el texto a realidades lingüísticas y culturales distintas. Así, por ejemplo, para una columna del 16 de marzo de 2018, publicada en *La Vanguardia*, emplea dos titulares que remiten a fenómenos propios de cada una de las lenguas: el uso de los clíticos en catalán, en «Per no parlar dels pronoms febles», y el empleo de <k> por <qu> en castellano, en «Ola k tal kieres ke kedemos????». Al ser preguntado por Magí Camps sobre si revisa mucho sus textos periodísticos, Monzó reconoce que no solo corrige ambas versiones de un artículo, sino que en el proceso de autotraducción rehace una y otra vez los textos: «… lo tienes que traducir y hay muchas cosas que no encajan y que las tienes que rehacer para encontrar una lengua más sensata. A veces cambias una cosa en una lengua y piensas que vale la pena cambiarla también en la otra» (Camps, 2018).

LA AUTOTRADUCCIÓN LITERARIA, UNA EXPERIENCIA ÚNICA

En el momento en que Quim Monzó se encarga de la única traducción literaria al castellano de una obra suya, *El millor dels mons* (2001) –titulada *El mejor de los mundos* (2002)–, es ya un autor de reconocido prestigio que ha sido traducido al español por otros escritores: Marcelo Cohen (*Melocotón de manzana*, 1981; *La isla de Maians*, 1987; *La magnitud de la tragedia*, 1990, y *El porqué de las cosas*, 1994), Joaquín Jordá (*Gasolina*, 1984) y Javier Cercas (*Guadalajara*, 1997). Incluso Marcelo Cohen y Javier Cercas trabajaron de forma conjunta en la traducción de *Ochenta y seis cuentos*, en 2001.

En diversas ocasiones, Monzó ha defendido la labor de los traductores profesionales y el hecho de que sus textos puedan leerse traducidos sin que pierdan calidad literaria. En una entrevista realizada por Patricia Landino (2005), se refiere a ello con estas palabras:

> Mi estilo es sobrio y sin muchas florituras. Se traduce sin ningún problema. Además, he tenido traductores de primera: Marcelo Cohen y Javier Cercas. No creo en eso de que en las traducciones se pierde la esencia por el camino. No sé cómo será en poesía, pero en narrativa le aseguro que no, si la traducción es buena.

A pesar de su satisfacción con las traducciones ajenas, Monzó decidió enfrentarse a la autotraducción de *El millor dels mons*. En la crónica que Rosa Maria Piñol (2002) realiza de la presentación de *El mejor de los mundos*, se recoge tanto la seguridad que Monzó declara tener con el castellano como lengua de llegada para una traducción, después de una larga trayectoria como articulista, como la firmeza con la que defiende haber elegido el catalán como única lengua de partida para sus textos literarios:

> Monzó reconoció que se siente mucho más seguro en su uso del castellano después de más de una década de articulista de prensa en esta lengua (en los últimos años, en las páginas de *La Vanguardia*). «Es muy posible que mi chip mental de la lengua castellana haya mejorado, porque los artículos son un gran ejercicio», señaló. Sin embargo, no entra dentro de sus planes escribir narrativa directamente en castellano. «Estoy a punto de cumplir 50 años y

me he pasado la vida puliendo, enriqueciendo y modificando una lengua, la catalana, que es la que elegí para escribir» (Piñol, 2002).

En una nota de prensa publicada en *El Mundo* (15 de febrero de 2002), Monzó calificó la experiencia de verterse al castellano de difícil por la revisión crítica que había supuesto del texto original: «... traducir […] es muy difícil, y en mi caso la dificultad ha sido enorme por la tendencia a reescribir; cambiar comas, quitar adjetivos» (Agencia Efe, 2002). Y unos años más tarde acabó por calificar este ejercicio como algo horrible, por lo que supone de autotraición al texto original: «Vaig traduir un dels meus llibres *El millor dels mons* a l'espanyol, una experiència horrible que no tornaré a repetir mai més perquè t'has endinsar en el text, has de fer de traïdor i de traït a la vegada, i es converteix en una cosa obsessiva» (Van Campen, 2006).

En estas declaraciones se observa una cierta preocupación por tratar de evitar la reescritura con el fin de preservar el texto original sin traicionarlo. Para comprender mejor esta tensión y la técnica de autotraducción literaria de Quim Monzó, se realizará a continuación un análisis contrastivo de los textos de *El millor dels mons* y de *El mejor de los mundos*. Se tratará de mostrar las estrategias que Monzó emplea en español para intentar apartarse lo menos posible del estilo de las narraciones en catalán, de forma coherente con su ideal de traducción orientado a ofrecer un texto lo más cercano posible al original.

ANÁLISIS CONTRASTIVO DE *EL MILLOR DELS MONS* (2001) Y SU VERSIÓN ESPAÑOLA

El volumen *El millor dels mons* (Monzó, 2001) está compuesto por siete cuentos en los que se narran distintas relaciones familiares («El meu germà», «La mamà», «Vacances d'estiu», «Les cinc falques», «Tot rentant plats», «Dos rams de roses» y «La vida perdurable»), una novela corta («Davant del rei de Suècia») y cinco cuentos más en los que un personaje protagonista relata sus conflictos en relación con la sociedad («Després del curset», «Quan la dona obre la porta», «El nen que s'havia de morir», «El mirall» y «La venedora de mistos»). La focalización del narrador en los pensamientos de los personajes protagonistas es el rasgo estilístico fundamental de todas las narraciones, que van encadenando sucesos y pensamientos, en muchas ocasiones como si se tratara de monólogos interiores. De esta forma, en la mayor parte del texto Monzó imagina y reproduce las palabras con las técnicas propias de la oralidad fingida (Brumme, 2008), que se mantienen en el texto traducido al castellano.

Un principio para la traducción: la literalidad

En la mayoría de los textos traducidos apenas se encuentran supresiones, ampliaciones o cambios en las narraciones que afecten a fragmentos amplios. La técnica habitual consiste en una traducción lo más literal posible del original, de manera que las estructuras sintácticas del castellano se ajustan al contenido del original catalán, cuya organización de las oraciones se respeta. Baste como ejemplo significativo el contraste entre las frases que dan comienzo a la narración «La mamà» / «Mamá»:

Teníem deu anys, eren les hores prèvies a l'entrada a classe i ens estàvem al pati jugant a frontó amb la pilota del Xavi, una pilota de tenis que en un temps devia haver estat blanca però que des de feia almenys dos anys –que és quan vam començar a jugar a frontó abans de les classes– era, més que grisa, bruta a còpia de taques (Monzó, 2001: 21).	Teníamos diez años, eran las horas previas a la entrada a clase y estábamos en el patio jugando al frontón con la pelota de Xavi, una pelota de tenis que en un tiempo debió de ser blanca pero que desde hacía como mínimo dos años –que es cuando empezamos a jugar al frontón antes de las clases– era, más que gris, sucia de tantas manchas (Monzó, 2002: 19).

Si se comparan los dos textos, se observa la voluntad de mantener la organización sintáctica de todos los elementos que componen el enunciado: las tres oraciones iniciales, dos yuxtapuestas y una coordinada, y todos los incisos para describir una pelota con la que juegan a frontón. El respeto por la organización sintáctica del original provoca incluso que el escritor no detecte que en castellano el verbo *ser* solo es correcto para introducir el primer atributo del enunciado, *más que gris*, pero no para el segundo, *sucia de tantas manchas*, donde lo más adecuado hubiera sido emplear el verbo *estar*.

Otro caso en el que, fruto de la literalidad, se opta por una traducción mediante un enunciado poco natural en español se encuentra en un pasaje –resaltado con cursiva para la ocasión– de este fragmento de «Vacaciones de verano» a partir del texto «Vacances d'estiu»:

Igual que fins ara veia embarassades pertot arreu, ara veu nens pertot arreu, més que mai. I embarassades; *d'embarassades no ha deixat de veure'n* (Monzó, 2001: 37).	Igual que hasta ahora veía embarazadas por todas partes, ahora ve niños por todas partes, más que nunca. Y embarazadas; *embarazadas no ha dejado de ver* (Monzó, 2002: 33).

En los fragmentos marcados se observa el recurso a la epanalepsis, con la repetición irónica e intensificadora de la alusión a las embarazadas, cuya visión constante amarga a una mujer que ha perdido a su hijo, que se consigue a través de introducir un enunciado con dislocación, «d'embarassades no ha deixat de veure'n».

La traducción, apegada al texto original, tiene como resultado un enunciado de difícil comprensión, ya que la oración, si bien no trata de reproducir la estructura partitiva inexistente en español –*de embarazadas* sería agramatical–, mantiene la dislocación, aunque no se construye con un pronombre necesario para que la frase respete la gramaticalidad; *embarazadas, no ha dejado de verlas* (véase *NGLE*, § 40.3a) hubiera sido la versión más correcta.

Muy raramente el texto traducido presenta cambios estructurales significativos y son muy escasas las muestras de supresiones, como en el fragmento siguiente de «Vacaciones de verano» en el que se elimina una frase (véase el fragmento de «Vacances d'estiu» que se ha marcado en cursiva), desconocemos si por descuido o quizá para no alargar demasiado las consideraciones del personaje con una frase más larga que en el original:

No es tracta del que sospiti la gent. *A ell, tant li fa el que sospiti la gent.* Li importa un rave, la gent, i aquí el volum de la veu és tan alt que a la sala d'espera es giren un parell de caps (Monzó, 2001: 39).	No se trata de lo que sospeche la gente. Le importa un pimiento, la gente, y aquí el volumen de la voz es tan alto que en la sala de espera se vuelven un par de cabezas (Monzó, 2002: 34).

Y no se encuentran casos en que la versión castellana presente un texto ampliado por lo que, en definitiva, la autotraducción no resulta ser en Monzó una oportunidad para reescribir sus textos literarios, tal y como sucede, por ejemplo, con las obras de Carme Riera (Riera, 2002; Freixas, 2020*b*), sino que trata de constituirse en una versión lo más cercana posible a las estrategias expresivas del texto original.

Las opciones léxicas: entre la equivalencia y la elevación del estilo

En el plano léxico, Monzó también trata de reproducir con fidelidad el contenido y el registro del original. Un ejemplo significativo de este procedimiento y de la literalidad con que Monzó versiona su texto al castellano lo constituye el primer párrafo del primer cuento de este libro, el titulado «El meu germà» / «Mi hermano»:

Un migdia de Nadal, en ple dinar i sense que cap malaltia o avís previ –ni que fos petit i discret– ens hagués permès sospitar cap problema de salut, el meu germà es va morir. No havia estat mai un noi gaire actiu –es marejava sovint, i no li agradava jugar a futbol ni emborratxar-se amb els companys quan anàvem al restaurant	Un mediodía de Navidad, en plena comida y sin que ninguna enfermedad o aviso previo –ni tan siquiera pequeño y discreto– nos hubiese inducido a sospechar problema alguno de salud, mi hermano se murió. No había sido nunca un muchacho muy activo –se mareaba a menudo, y no le gustaba jugar al fútbol ni emborracharse

xinès de darrere de l'escola, no tant perquè el dinar fos barat com perquè a l'hora de pagar ens convidaven a gotets de licor sense preguntar-nos l'edat–, però tampoc era malaltís, aquella mena de noi que de seguida es veu que no acaba d'anar bé (Monzó, 2001: 11).	con los compañeros cuando íbamos al restaurante chino de detrás de la escuela, no tanto porque la comida fuese barata como porque en el momento de pagar nos invitaban a vasitos de licor sin preguntarnos la edad–, pero tampoco era enfermizo, ese tipo de muchacho que enseguida se ve que no está bien del todo (Monzó, 2002: 11).

Este párrafo ejemplifica el procedimiento habitual empleado por Monzó a lo largo de todo el volumen: una traducción que sigue la estructura de las frases del texto original, en la que trata de verter el texto al castellano de la forma lo más literal posible. En el fragmento anterior se mantienen todas las características de la oralidad fingida, con las digresiones y los incisos del texto de partida marcados por la puntuación, sin añadir ni suprimir texto, y se intenta trasladar los enunciados al castellano con la mayor fidelidad posible al registro de la narración en catalán.

No obstante, no siempre se consigue una traducción fiel al registro del original. Así, por ejemplo, no es equivalente «ens hagués permès sospitar cap problema de salut» a «nos hubiera inducido a sospechar problema alguno de salud»; *inducir* y la construcción *problema alguno* pertenecen, sin duda, a un registro más culto. Otra consecuencia de la literalidad es que se prefiera incluso trasladar al castellano palabra por palabra el texto catalán aun cuando la lengua de llegada dispone de recursos de uso familiar o coloquial para el mismo contenido. Es lo que ocurre, por ejemplo, con «gotets de licor», que Monzó traduce por «vasitos de licor» sin acudir a la palabra *chupitos*, usada frecuentemente en este contexto con el significado de «sorbito de vino u otro licor» (véase *DEL, s. v. chupito*) y frecuente incluso, con adaptación gráfica, *xupito*, en catalán, tal y como lo demuestran las documentaciones que desde 1992 recoge el *Banc de neologismes* de la UPF (véase *BOBNEO, s. v. xupito*). Ya que para el texto en catalán había optado por la creatividad con la expresión *gotets de licor*, quizás para evitar el castellanismo *xupito*, prefirió decantarse también por mantener la expresión metonímica en castellano, empleando el sintagma *vasitos de licor*.

No obstante, no siempre es constante la preferencia por la literalidad, dado que, en ocasiones, como en la última frase del pasaje mencionado, opta por traducciones con una variación deliberada del contenido. De esta forma, evita traducir al pie de la letra la expresión *no acaba d'anar bé* y no ofrece su equivalente en español, *no termina de ir bien*, sino que prefiere otra manera de expresar la tendencia enfermiza del personaje a través de la percepción de los demás, al referirse a que *se ve que no está bien del todo*.

Otros ejemplos de cambios significativos en relación con la selección léxica se encuentran en las diferencias entre las primeras frases de «Tot rentant plats» / «Fregando platos». En este caso, Monzó elabora un metacuento en el que el narrador nos muestra el proceso de escritura y de reescritura de los enunciados en una ficción del proceso de creación. De esta forma, el narrador omnisciente detiene con frecuencia la narración insertando un adverbio de negación, «No», y a continuación reelabora el texto. Se trata de un recurso a la metaficción muy original, que el escritor reproduce de forma fiel en la traducción:

En la cuina de rajoles grogues del xalet d'alta muntanya, el Mingo i la Rosa renten els plats mentre contemplen, pel finestral, l'estesa de cims que se'ls desplega al davant, el més imponent dels quals és encara nevat, tot i que ja som al maig. De fet, no ens n'hem d'estranyar, perquè de vegades al juliol encara hi ha neu. El Mingo ensabona els plats, hi passa l'esponja Vileda i els. No. No renten els plats: carreguen el rentaplats (Monzó, 2001: 59).	En la cocina de azulejos amarillos del chalé de alta montaña, Mingo y Rosa friegan los platos mientras contemplan, por el ventanal, la plétora de cumbres que se despliega ante ellos, la más imponente de las cuales continúa nevada aunque ya estemos en mayo. De hecho, no debe sorprendernos, porque a veces en julio aún hay nieve. Mingo enjabona los platos, pasa la esponja Vileda y los. No. No friegan los platos: cargan el lavaplatos (Monzó, 2002: 51).

En la versión castellana, Monzó se mantiene fiel a la estructura de la narración original y, sin embargo, de nuevo tiende al cultismo cuando el texto en catalán contiene una palabra para la que es difícil encontrar un equivalente. Es lo que ocurre con «l'estesa de cims que se'ls desplega al davant», traducida por «la plétora de cumbres que se despliega ante ellos», en una versión en la que se pierde el significado de «conjunt de coses esteses» (*DIEC*2) que tiene *estesa* y que explica su relación semántica con *desplegar* que no tiene *plétora*, «gran abundancia de algo» (*DEL, s. v.*). También transforma la palabra *cims*, de uso habitual en catalán, en *cumbres*, de registro culto, en vez de optar por voces, como *cimas* o *picos*, de un registro equivalente al texto original. El fragmento comentado también presenta cambios en el uso de los clíticos que se comentarán en el apartado «La siempre difícil adaptación de los clíticos catalanes».

Las marcas de lenguas y culturas en contacto

Una de las características más destacadas por la crítica en relación con el estilo literario de Quin Monzó es el empleo frecuente de castellanismos. Antoni Maestre Brotons ha interpretado de forma muy adecuada este recurso estilístico en los textos de Monzó:

157

> L'adopció de castellanismes, en Monzó, obeeix a la voluntat de ser més expressiu i, en molts casos, irònic –amb el canvi i la mescla de registres i llengua–, però no de manera sistemàtica. Evidentment, bandeja els arcaismes del tipus *àdhuc* i *llur* i també locucions com *curses de braus* que no han tingut mai tradició parlada. El seu objectiu és expressar-se d'una manera correcta i adequada a l'àmbit d'ús, però també de connectar amb els lectors; per això, ha de mostrar-se flexible a l'hora d'admetre castellanismes, col·loquialismes, vulgarismes i vocables d'argot (Maestre Brotons, 2006: 199-200).

Tal y como se ha mencionado, el recurso a la oralidad fingida en *El millor dels mons* es constante, y provoca que los personajes, en su mayoría en situaciones ambientadas en Barcelona, empleen un catalán en el que de forma natural se encuentran castellanismos de uso frecuente. A lo largo de las piezas que integran este volumen de narraciones, aparecen, por ejemplo, alusiones al «colmado» (Monzó, 2001: 45), a «jugar al millón» (Monzó, 2001: 46), los «carajillos» (Monzó, 2001: 82), los «robustos» (referido a un tipo de tabaco, Monzó, 2001: 90) y los «puros» (Monzó, 2001: 90). Incluso se incorporan menciones a realidades sociales castellanas, como en el cuento «Dos rams de roses», cuando el protagonista recuerda juegos de palabras habituales en los payasos: «Són dos pallassos tradicionals –un pallasso blanc i un august–, però les bromes i els acudits són enginyosos. No expliquen, per exemple, allò del salchichón [sic] i el saxofón [sic], ni allò de la filosofia, la Filo i la Sofia» (Monzó, 2001: 100).

Recientemente, Monzó, en uno de sus artículos de *La Vanguardia*, «El Payaso» (1 de octubre de 2020), se refiere justamente al recuerdo de infancia de los payasos que emplean los juegos de palabras que evocó en el cuento «Dos rams de roses»: «A mí no me daban miedo, simplemente me aburrían. Que uno saliera con un saxo, explicara que era un saxofón y el otro le preguntara: "¿Un salchichón?"... Lo del augusto, que cuando el listo le hablaba de la filosofía apuntaba: "¿La Filo y la Sofía"?» (Monzó, 2020).

En los textos traducidos, las palabras en castellano se integran en el texto de manera que ya no se percibe la convivencia de dos lenguas y de dos culturas. Así ocurre con el fragmento sobre los payasos en «Dos ramos de rosas»: «Son dos payasos tradicionales –un payaso blanco y un augusto–, pero las bromas y los chistes son ingeniosos. No cuentan, por ejemplo, aquello del salchichón y el saxofón, ni lo de la filosofía, la Filo y la Sofía» (Monzó, 2002: 85).

El texto en castellano de *El mejor de los mundos* no contiene, en contrapartida, apenas elementos que se refieran a un contexto de contacto de lenguas y de culturas, más allá de que en las traducciones se mantienen los nombres de los personajes en catalán, con la grafía original sin adaptaciones, como ocurre, por ejemplo, con «Anna», una de las hijas del protagonista de «Dos rams de roses», o «Vanessa», una vecina del protagonista, Amargós, de la novela corta «Ante el rey de Suecia».

Significativamente, el texto castellano no incorpora catalanismos. Con esta elección, Monzó se decanta por un modelo de lengua literaria en castellano dirigida a lectores que no necesariamente viven en Cataluña y que, por lo tanto, no conocen su situación sociolingüística. En consecuencia, el castellano de Cataluña tiene poca presencia en los textos literarios traducidos por Quim Monzó. Las interferencias del catalán, cuando se producen, parecen deberse a calcos de las frases del texto original y no a elecciones expresivas para mostrar el habla común de las zonas urbanas en las que transcurren los cuentos y la novela corta de *El millor dels mons*. La prueba de esta afirmación es que se trata de fenómenos que ocurren ocasionalmente y no con la función de caracterizar de forma sistemática el habla de los personajes. Son casos como los siguientes de «Vacaciones de verano», traducción de «Vacances d'estiu»:

Arriba quan la clínica comença a despertar-se. La dona encara dorm. Dorm fins a les vuit, quan duen l'esmorzar, i la resta del dia intermitentment (Monzó, 2001: 43).	Llega cuando la clínica empieza a despertarse. La mujer aún duerme. Duerme hasta las ocho, cuando llevan el desayuno, y el resto del día intermitentemente (Monzó, 2002: 38).

En el fragmento anterior, la escena se centra en la visita del marido a su mujer hospitalizada en el momento en el que le sirven el desayuno. El texto en castellano emplea *llevar* por *traer*, común en el castellano de Cataluña (véase Szigetvári, 1994; Casanovas 2005: 137), y un uso que ha podido documentarse también en los artículos periodísticos más recientes de Monzó (Freixas, 2019), por lo que constituye un rasgo del español empleado por este autor. Otro ejemplo se encuentra en el calco siguiente de «Fregando platos», traducción de «Tot rentant plats»:

—Queda't. ¿Ho has sentit a dir mai, que un plat més a taula no ve d'aquí? On sopen dos… (Monzó, 2001: 65).	—Quédate. ¿No has oído nunca decir que, en la mesa, no viene de un plato? Donde cenan dos… (Monzó, 2002: 56).

La expresión catalana «No ve d'aquí», «No ve d'això» o «No ve a això» (*Diccionari català-valencià-balear, s. v. venir*) se emplea para informar de que alguna cosa no tiene importancia o no puede impedir otra cosa, y carece de traducción literal en castellano, por lo que *no ve d'aquí* se ha trasladado en forma de calco por Monzó como *no viene de*, expresión que no recogen los diccionarios generales de español por no ser de uso común en esta lengua. La presencia de catalanismos, no obstante, es excepcional, de manera que puede entenderse que su uso es involuntario y, al diluirse también los castellanismos del original, puede afirmarse que no existe la voluntad de mostrar en la traducción fenómenos propios del contacto de lenguas.

La siempre difícil adaptación de los clíticos catalanes

El análisis contrastivo de los textos de *El millor dels mons* y de *El mejor de los mundos* revela la dificultad del escritor para dar con equivalencias adecuadas en los casos en los que ha empleado clíticos en el original. En las versiones en castellano ocasionalmente se encuentran ejemplos de traducciones que no reflejan el contenido de la secuencia de clíticos del texto original. Véase, por ejemplo, cómo la ausencia del pronombre en «Fregando platos», traducción de «Tot rentant plats», dificulta la comprensión de la frase en español, ya que se elide el complemento que estaba presente en el texto original, «hi (= pels plats) passa l'esponja Vileda» se hace equivaler a «pasa la esponja Vileda» y no a «*les pasa* la esponja»:

El Mingo ensabona els plats, hi passa l'esponja Vileda i els. No. No renten els plats: carreguen el rentaplats (Monzó, 2001: 59).	Mingo enjabona los platos, pasa la esponja Vileda y los. No. No friegan los platos: cargan el lavaplatos (Monzó, 2002: 51).

Otro caso se encuentra en una frase del narrador de «Vacances d'estiu» en la que se relata una costumbre particular de los protagonistas, dejar un vaso de bicarbonato en la nevera para eliminar los olores:

Només hi deixa el got amb bicarbonat que hi tenen per eliminar les olors (Monzó, 2001: 43).	Solo deja el vaso con bicarbonato para eliminar los olores (Monzó, 2002: 38).

La supresión de la oración subordinada con el clítico, «que hi tenen», en la versión española supone un cambio en la concreción de la frase y una limitación del significado. En los dos casos examinados, la traducción sin los clíticos se aparta ligeramente del significado del texto original. Sin embargo, debe tenerse en cuenta que la traducción de los clíticos del catalán es siempre difícil por su abundancia en esta lengua, que dispone, además, de pronombres que no tienen equivalente en castellano, como ocurre con *en*. Véanse, por ejemplo, los casos de omisión del pronombre *en* que se da en las versiones españolas de los textos siguientes:

... m'encanta el gust de pintallavis acabat de posar; ho sap i per això se'n posa quan veu que arribo (Monzó, 2001: 92).	... me encanta el gusto de pintalabios acabado de poner; lo sabe y por eso se pone cuando ve que llego (Monzó, 2002: 79).
Uns metres més enllà un altre home també demana almoina, i també n'hi donem (Monzó, 2001: 96).	Unos metros más allá otro hombre pide también limosna, y también le damos (Monzó, 2002: 82).

De hecho, en una entrevista con Montserrat Serra (2018), Monzó subraya la importancia de los pronombres en los textos en catalán no contaminados por la estructura del castellano, y reconoce la dificultad que supone para él escribir en castellano sin la posibilidad de recurrir a las connotaciones y posibilidades del sistema de *pronoms febles* de su lengua materna:

> —*El dia que es va anunciar el Premi d'Honor, parlant de llengua, vau dir una cosa interessant que no sé si es va entendre: que us trobeu sovint amb textos que pretenen ser escrits en català, però que l'estructura beu del castellà. «Si no parlés el castellà, no podria entendre'ls», vau dir.*
> —*Jo us ho explico: hi ha gent que escriu en català o que parla en català per ràdio i televisió, però l'estructura sintàctica no l'entens. I aleshores has de pensar què t'ha volgut dir aquell paio. El que és més flagrant és el no-ús dels pronoms febles. Diuen: «No vull». Però de què em parles? No vol que l'aixafi un cotxe o no vol menjar peres? «Ah, no en vull», parla de les peres. I això passa amb molts articulistes que escriuen directament en català. A vegades que m'han demanat algun article en castellà, em poso a escriure'l però hi ha un moment que com que el castellà no té pronoms febles, vaig de cul. I a vegades faig servir coses que no calen, perquè ells ja sobreentenen de què parles. Trobes a faltar els pronoms febles.*

La ausencia en castellano de un sistema rico en clíticos constituye, en definitiva, un escollo para la expresividad de Monzó, dado que no puede recurrir en sus textos en español a un procedimiento que suele emplear con recurrencia en catalán y que le ayuda a compactar el significado y a ser más preciso en relación con los elementos referenciales.

CONCLUSIONES

El contraste entre los textos en catalán y en español de *El millor dels mons* (2001) y de *El mejor de los mundos* (2002) ha supuesto un acercamiento a la única incursión de Quim Monzó en la autotraducción de una obra literaria. En la rueda de prensa que se realizó tras la aparición de la versión en castellano se muestra que se trata de una apuesta editorial para poner en valor la obra a cargo de un autor de prestigio, que contaba con una extensa trayectoria como articulista en dos lenguas, catalán y español, y como traductor, básicamente del inglés al catalán (Piñol, 2002). El análisis de los textos revela que, a diferencia de las estrategias de reescritura empleadas en las versiones de textos periodísticos (Freixas, 2019), donde son frecuentes las ampliaciones, supresiones o cambios significativos, en la traducción literaria de *El mejor de los mundos* Monzó optó por una traducción muy literal, en la que se trata de respetar al máximo la organización sintáctica y el contenido del original. Esta postura es acorde con el ideal de traducción de Monzó, que entiende que los textos resultantes deben ceñirse lo máximo posible a las opciones expresivas del texto de partida, evitando grandes modificaciones.

No obstante, se encuentran algunas diferencias relevantes entre el texto original en catalán y su traducción. En las narraciones de *El millor dels mons* el contacto de lenguas y culturas propio del ambiente urbano barcelonés se muestra a partir de la integración de castellanismos que se diluyen en la traducción al español, donde apenas se muestra la convivencia con la lengua catalana a través del mantenimiento de los nombres propios de los personajes en catalán. Las interferencias del catalán se presentan en forma de calcos léxicos y sintácticos empleados de manera ocasional, y no como recursos expresivos para caracterizar el habla de los personajes. Asimismo, se ha podido comprobar cómo las dificultades para encontrar equivalentes léxicos en castellano a palabras de difícil traducción en catalán se resuelven en muchas ocasiones acudiendo a voces de registro más culto (véase, por ejemplo, el caso de *estesa*, traducido por *plétora*, o de *cims*, por *cumbres*) y cómo las estructuras originales del catalán con clíticos, en ocasiones pierden la precisión expresiva del texto original. Este comportamiento lingüístico, y en especial la tendencia a emplear calcos, puede explicarse por la dominancia del catalán en el habla de Quim Monzó. El propio autor, como se ha mostrado en las entrevistas recogidas, se refiere al catalán como la lengua que eligió de forma consciente para la expresión literaria, mientras que el castellano es una lengua de uso familiar, que emplea de forma frecuente en las obras periodísticas y que se diferencia de otras variedades españolas por el contacto con el catalán. Son en este sentido especialmente significativas las palabras de respuesta de Quim Monzó a Montserrat Serra (2018) en una entrevista en la que se le pregunta por la presunta falta de naturalidad de su castellano escrito:

> Fa anys m'ho deien. Això sobretot ho deien al Terenci Moix. Quan vaig començar a escriure en castellà a *El Periódico*, després de molts anys d'escriure en català, el model de castellà que feia servir era el de la meva mare i,

evidentment, tot el que havia llegit. Però, és clar, hi ha castellans diversos. El que es parla a Catalunya té punts de diferència amb la resta d'Espanya. Hi ha una acadèmia de la llengua castellana, em sembla. Es va crear en aquells moments de gran glorificació de la situació, deien que seria l'acadèmia que marcaria el castellà a Catalunya i seria una acadèmia més de les que hi ha per Llatinoamèrica. En Marsé fa servir *plegar*, i *paleta* per *albañil*… També hi ha els refistolats de l'altra banda.

Este «castellano diverso», el «que es parla a Catalunya» y que «té punts de diferència amb la resta d'Espanya» resulta, en definitiva, una herramienta con la que Quim Monzó se siente cómodo para la escritura periodística, en la que reproduce con frecuencia fenómenos de contacto, pero no para la escritura literaria, seguramente porque en su autotraducción en *El mejor de los mundos* parece dirigirse a un lector de cualquier territorio de lengua española para el que los matices del contacto de lenguas entre el catalán y el castellano son irrelevantes.

REFERENCIAS BIBLIOGRÁFICAS

AGENCIA EFE (2002): «Quim Monzó traduce al castellano su obra "El mejor de los mundos"», *El Mundo*, 15 de febrero. En línea: <https://www.elmundo .es/elmundo/2002/02/14/cultura/1013708236.html>.

AINAUD, Jordi (1998): «Quim Monzó, traductor», *Revue d'Études Catalanes* 1, pp. 157-165.

BOBNEO (Universitat Pompeu Fabra): *Banc de Neologismes*. En línea: <https:// bobneo.upf.edu>.

BRUMME, Jenny (2008): *La oralidad fingida: descripción y traducción*, Madrid, Iberoamericana Vervuert.

CAMPS, Magí (2018): «Quim Monzó: "Som trilingües: parlem espanyol, catanyol i, alguns, català"», *La Vanguardia*, 3 de junio. En línea: <https://www.lavanguardia .com/cultura/20180603/444025822827/som-trilingues-parlem-espanyol-ca tanyol-i-alguns-catala.html>.

CASANOVAS, Montserrat (2005): *Español y catalán en contacto. La expresión deíctica en el castellano hablado en Lleida*, Freiburg in Breisgau, Shaker Verlag / Aachen.

COLOM-MONTERO, Guillem (2021): *Quim Monzó and Contemporary Catalan Culture (1975-2018)*, Cambridge, Legenda.

Diccionari català-valencià-balear (Joan Alcover i Francesc de B. Moll) (1993): *Diccionari català-valencià-balear*, Palma de Mallorca, Editorial Moll. En línea: <https://dcvb.iec.cat/>.

DIEC2 (Institut d'Estudis Catalans): *Diccionari de la llengua catalana*. En línea: <http://dlc.iec.cat/>.

DLE (REAL ACADEMIA ESPAÑOLA) (2014): *Diccionario de la lengua española*, 23.ª ed., Madrid, Espasa-Calpe. En línea: <http://www.rae.es>.

FINN GARNER, James (1995): *Contes per a nens i nenes políticament correctes* [*Politically correct bedtime stories*], trad. de Quim Monzó y Maria Roura, Barcelona, Quaderns Crema.

FREIXAS, Margarita (2019): «El castellano de Cataluña en los textos periodísticos de Quim Monzó», en Dolors Poch (ed.): *El español de Cataluña en los medios de comunicación*, Frankfurt am Main / Madrid, Vervuert / Iberoamericana, pp. 171-192.

FREIXAS, Margarita (2020*a*): «Columnismo literario y autotraducción: Quim Monzó en la prensa diaria», en Dolors Poch (coord.): *Lenguas juntas y revueltas: el español y el catalán en contacto. Prensa traducción y literatura*, Valencia, Tirant lo Blanch, pp. 77-97.

FREIXAS, Margarita (2020*b*): «Creación literaria y traducción: aproximación al análisis lingüístico de las versiones españolas de dos cuentos de Carme Riera», en Dolors Poch y Jordi Julià (coords.): *Escribir con dos voces: bilingüismo, contacto idiomático y autotraducción en literaturas ibéricas*, Valencia, PUV, pp. 203-222.

GONZÁLEZ, Enric (2012): «Quim Monzó y Enric González o cómo construir un idioma», *Jot Down*, 30 de agosto. En línea: <https://www.jotdown.es/2012/08/quim-monzo-y-enric-gonzalez-o-como-construir-un-idioma/>.

LANDINO, Patricia (2005): «Nunca he marcado grandes diferencias entre el periodismo y la narrativa», *Renglones* 58-59 (noviembre de 2004 - abril de 2005), pp. 114-116.

MAESTRE BROTONS, Antoni (2005): *L'argumentació en l'obra periodística de Quim Monzó*, tesis doctoral, Alicante, Universitat d'Alacant.

MAESTRE BROTONS, Antoni (2006): *Humor i persuasió: l'obra periodística de Quim Monzó*, Alicante, Universitat d'Alacant.

MONZÓ, Quim (1987): *Zzzzzzzz*, Barcelona, Quaderns Crema.

MONZÓ, Quim (1990): *La maleta turca*, Barcelona, Quaderns Crema.

MONZÓ, Quim (2001): *El millor dels mons*, Barcelona, Quaderns Crema.

MONZÓ, Quim (2002): *El mejor de los mundos*, trad. Quim Monzó, Barcelona, Anagrama.

MONZÓ, Quim (2018*a*): «Per no parlar dels pronoms febles», *La Van-guardia*, 16 de marzo. En línea: <https://www.lavanguardia.com/opinion/20180316/441551768337/per-no-parlar-dels-pronoms-febles.html>.

MONZÓ, Quim (2018*b*): «Ola k tal kieres ke kedemos????», *La Vanguardia*, 16 de marzo. En línea: <https://www.lavanguardia.com/edicion-impresa/20180316/441551774360/ola-k-tal-kieres-ke-kedemos.html> .

MONZÓ, Quim (2020): «El Payaso», *La Vanguardia*, 1 de octubre. En línea: <https://www.lavanguardia.com/opinion/20221001/8550012/payaso.html>.

NADAL, Marta (1990): «Quim Monzó. Contra la hipocresia d'una falsa normalitat», *Serra d'Or* 372, pp. 11-15.

NGLE (Asociación de Academias de la Lengua Española) (2009-2011): *Nueva gramática de la lengua española*, 3 vols., Madrid, Espasa-Calpe.

OLLÉ, Manel (2008): *Retrats. Quim Monzó*, Barcelona, Quaderns Crema.

PIÑOL, Rosa Maria (2002): «Traducir tu propia obra es difícil, porque tienes la tentación de reescribir cosas», *La Vanguardia*, 15 de febrero. En línea: <https://ducros.cat/corpus/index.php?command=show_news&news_id=55>.

RIERA, Carme (2002): «La autotraducción como ejercicio de recreación», *Quimera* 210, volumen monográfico dedicado a la autotraducción, pp. 10-12.

SERRA, Montserrat (2018): «Quim Monzó: "Diuen: 'No vull' Però de què em parles? No vol que l'aixafi un cotxe o no vol menjar peres? Ah: No en vull!" (i II). Segona part de l'entrevista a l'escriptor, 50è Premi d'Honor de les Lletres Catalanes», *Vilaweb*, 19 de marzo. En línea: <https://www.vilaweb.cat/noticies/quim-monzo-diuen-no-vull-pero-de-que-em-parles-no-vol-que-laixafi-un-cotxe-o-no-vol-menjar-peres-i-ii>.

SZIGETVÁRI, Mónika (1994): *Catalanismos en el español actual (Katalán elemek a mai spanyol nyelvben)*, tesina, Budapest, Eötvös Loránd Tudományegyetem. En línea: <http://carstensinner.de/castellano/szigetvari.pdf>.

VAN CAMPEN, Jordi (2006): «Quim Monzó, el traductor traduït», *Visat* 1, pp. 1-3. En línea: <https://visat.cat/espai-traductors/traductor/quim-monzó>.

EL PLURILINGÜISMO EN LA OBRA DE PONÇ PONS

Andrea Pereira
Universitat Autònoma de Barcelona

UN POETA COMPROMETIDO CON SU LENGUA Y SU TERRITORIO

Uno de los autores más importantes del panorama literario menorquín es Ponç Pons, nacido en Alaior en 1956, durante muchos años catedrático de instituto y recientemente ya jubilado de su labor docente. Cuando tenía diez años, decidió que quería dedicarse a la poesía, y desde entonces no ha parado de escribir: cuenta con más de una veintena de títulos publicados, ha ganado algunos de los premios más prestigiosos de las letras catalanas y ha sido traducido a diversas lenguas. Además, no solo ha escrito poesía, sino que también ha cultivado la narrativa, el teatro y el género del dietario. Para Pons, la literatura es una forma de vivir comprometido con el mundo y, más concretamente, con Menorca (Quetglas, 2010); él mismo se describe –mediante un neologismo– como un *illòman* (*islómano*) ecolingüista preocupado por la urbanización turística del territorio y la castellanización de la isla: «Pens en la nostra petita illa mediterrània i tenc por que ens la massifiquin i corrompin, que acabem perdent la llengua i ens destrossin el paisatge, el territori que estim tant» (Pons, 2020: 56).

El compromiso isleño de este poeta menorquín no fue tan precoz como el descubrimiento de la poesía: las circunstancias históricas de su infancia y adolescencia le llevaron a escribir sus primeros versos en español, y no tuvo acceso a un conocimiento más profundo de la lengua catalana y de su tradición literaria hasta su ingreso en la Universitat de les Illes Balears, donde estudió Filología Hispánica.

Como ha explicado en diversas entrevistas, pasar a escribir en catalán fue una decisión política que tomó con todas las consecuencias, y, por ello, siempre cita estos versos de Salvador Espriu: «Ens mantindrem fidels per sempre més | al servei d'aquest poble» (Pons, 2018). El cambio de lengua, por tanto, es un reflejo del compromiso del poeta con Menorca.

El pueblo por el que lucha este *illòman* menorquín, sin embargo, trasciende las fronteras de la isla, porque él se describe como un «menorquín de Cataluña»: todo lo que sucede en esta comunidad, ya sea en el ámbito político, ya sea en el cultural, siente que le concierne (Pons, 2018). A diferencia de otros isleños, él no considera que el menorquín sea una lengua diferente del catalán, sino que defiende el compromiso lingüístico y cultural entre todos los territorios de habla catalana: desde su punto de vista, caer en el localismo identitario supondría reducir la cultura menorquina a un espacio anecdótico y prescindible dentro del Estado español (Pons, 2001).

Para el autor de *Nura*, el saberse parte de una nación cultural que cuenta con más de trece millones de hablantes es muy importante, ya que es consciente de que, más allá del valor literario de las obras, el canon de la literatura mundial es un espejo que refleja un conjunto de relaciones de poder, y, si no fuera porque la literatura menorquina se inscribe dentro de la tradición catalana, todavía ocuparía una posición más periférica en el sistema literario. En *Els ullastres de Manhattan* (2020), por ejemplo, el autor compara la cultura estadounidense, de relevancia mundial, con la menorquina, y denuncia la falta de conciencia ecolingüística de los isleños:

> Crec que els dos principals signes identitaris d'un poble són la llengua i el territori, i els nostres, per manca d'orgull, consciència, estimació, viuen amenaçats. [...] El problema és que molts menorquins no valoren prou la nostra llengua i l'empren per costum, rutina, inèrcia, comoditat, però no viuen ni intueixen la seva literària força, riquesa i potencialitat (Pons, 2020: 37-38).

Una de las consecuencias de la falta de conciencia lingüística de los menorquines es que estos no utilizan el catalán como una lengua de alta cultura. Según Pons (2017), la infravaloración del menorquín se debe al escaso sentimiento de catalanidad presente en las Islas Baleares, que favorece el uso del español en los medios escritos y reduce la literatura menorquina a una posición marginal dentro del Estado: «Volen que gallecs, bascs i catalans siguem espanyols, però no els agrada ni interessa que ho siguin les nostres llengües i més d'un voldria reduir-les a expressió local d'un folklorisme exòtic, residual» (Pons, 2020: 32). En este sentido, Sa Fundació (antigua Fundación Jaume III de las Islas Baleares), junto con el apoyo de los partidos de la derecha española, considera que el menorquín, mallorquín, ibicenco y formenterano no son dialectos del catalán, de manera que las islas no formarían parte de los Países Catalanes.

Al considerar que el menorquín no es un dialecto del catalán, a este se le niega el derecho de formar parte de una civilización con una lengua y literatura maduras –como diría T. S. Eliot (Pons, 2020: 32)–, que cuenta con autores imprescindibles para entender la tradición literaria occidental, como Ramon Llull y Ausiàs March. Así, si el poeta se posiciona en contra de la derecha española es porque esta no defiende la inmersión lingüística en catalán en la escuela:

> Al territori se'l volen carregar especuladors i corruptes. I la llengua, els puc anomenar: [Albert] Rivera, el de Ciudadanos, per exemple. És el seu tema, la llengua. L'educació de la llengua per ser precisos: sap que mentre puguem ensenyar català, els qui són com ell no faran res. I per això ell, com va fer Bauzá, hi fa tanta incidència (Pons, 2019*a*).

Para Pons, tanto catalanes como valencianos y baleares deben escribir sin complejos de inferioridad, con la sensación de poseer una lengua importante y de prestigio (Pons, 2014: 66), ya que considera que, si no hubiesen escrito en una lengua minoritaria, algunos autores de la literatura catalana hubiesen recibido mucho más reconocimiento a nivel mundial: «Imaginar-se què hauria passat si Joyce hagués escrit en català, Villalonga en francès i Blai Bonet en anglès» (Pons, 2014: 106). Por este motivo, el menorquín aboga por la creación de una literatura exigente, capaz de dialogar con los escritores extranjeros que él ha leído y admirado. De hecho, en su obra poética constatamos que, si bien cita a algunos autores de expresión catalana, no se inscribe exclusivamente en su propia tradición literaria, sino que es un gran lector que se complace en leer y citar otras muchas tradiciones literarias. Según Pons, más que hijo de la tradición, es hijo de la traducción (2014: 25).

A pesar de que su patria es la lengua catalana (Pons, 1994: 63), los poemas del autor menorquín también son un reflejo de sus circunstancias personales: se complace en recordar que durante su infancia y adolescencia tan solo pudo leer a escritores españoles y a los editados por la colección Austral, y que en la actualidad es un lector voraz que lee sin orden ni concierto. Pons reivindica los clásicos universales y se construye un canon al margen de las modas y los grupos literarios, tal como expone el yo poético de «Fumeres de tardor»:

> La passió d'escriviure i llegir m'ha portat
> dissident lluny del món literari i no vull
> formar part de cap grup limitat per l'edat
> (tenc més segles que Homer) que no sigui d'amics.
> Els antòlegs no saben on m'han de ficar.
> M'estim més, solitari, ser una illa dins l'illa (Pons, 2005: 88).

De esta manera, aunque es consciente de formar parte de una nación cultural común a todos los territorios de habla catalana, también reivindica su identidad *illòmana*, puesto que haber crecido al margen de la tradición literaria catalana también implica no escribir igual que un barcelonés, por ejemplo. Así pues, aunque no considere que el menorquín sea una lengua distinta del catalán, sí que defiende las particularidades culturales de Menorca. Seguramente, escribir desde los márgenes es lo que le permite ser mucho más consciente de que todos los pueblos tienen los mismos derechos, de que no hay culturas mejores que otras. Por esta razón, él nunca ha dejado de interesarse por aprender otras lenguas, porque

> Hi ha una identitat que va més enllà del lloc on has nascut. La cultura t'obre les portes al món i un, a part d'on neix, és també dels llocs que estima i on vol viure. | Les llengües són territoris que pots habitar, i llegir, encara que sigui traduïda, la literatura d'altres països t'enriqueix amb una variada gamma de realitats. | [...] Per molt menorquí que em senti, sempre he cregut en l'*homo/femina universalis...* (Pons, 2020: 58-59).

Desde su punto de vista, la traducción es el mejor ejercicio para conocer la lengua propia y otras culturas. Si Pons empezó a traducir fue porque, al igual que Goethe, piensa que «Quien no sabe lenguas extrañas no conoce la suya propia» (Pons, 2019). En este sentido, se ha interesado especialmente por traducir los versos de poetas portugueses, y actualmente cuenta con dos antologías publicadas: *Quatre poetes portuguesos* (1989) y *Sophia de Mello Breyner Andresen (Antologia poètica)* (2003).

LA CREACIÓN DE UNA *KOINÉ* PROPIA

Ponç Pons aprendió a escribir en catalán gracias a la *Gramàtica catalana* de Francesc de Borja Moll, en la que el lingüista menorquín fijó las variantes dialectales baleares dignas de considerarse literarias (Bonet, 2000: 86). En la obra del poeta, constatamos que este sigue las normas establecidas por el filólogo, ya que mantiene las particularidades dialectales incluidas en la gramática normativa. De esta manera, para el autor de *Nura* escribir en catalán no significa negar la riqueza de la lengua, sino todo lo contrario: «El que convé és col·laborar tots junts en la salvació d'aquesta llengua comuna (que es diu llengua catalana, i no per açò deixam de ser menorquins [...]), rica en variants i dialectes que només pot sobreviure si l'empram amb dignitat, orgull i estimació en tots els àmbits de la vida cultural i pública» (Pons, 2001). Por este motivo, Pons se siente libre de utilizar rasgos propios del dialecto menorquín, pero, al mismo tiempo, de apropiarse de otras soluciones no tan propias de su dialecto. Por ejemplo, mantiene la conjunción *idò*, el pronombre neutro *açò* y el morfema cero en la primera persona del verbo, y sustituye el artículo definido por el personal delante de los nombres propios femeninos; sin embargo, no utiliza el artículo *salat* –tan propio del balear, y del habla cotidiana del poeta–, quizá aproximando su discurso poético a una mayor estandarización, tal como se puede comprobar en este fragmento (donde algunos de estos rasgos han sido marcados en cursiva): «... *m'afegesc* als al·lots que juguen a futbol i m'ho *pas* molt bé. Aquesta combinació de vida literària i vida natural que puc fer aquí és una meravella. No *deman* res més. *Açò* i veure *els* al·lots i *na* Roser feliços» (Pons, 2011*a*: 112). Asimismo, para mantener vivo el léxico menorquín, el poeta se esfuerza por recuperar palabras que ya están en desuso. En este sentido, el vocabulario también es un reflejo de la historia de Menorca, del legado que dejaron los pueblos invasores que se instalaron en la isla. En *Els ullastres de Manhattan*, por ejemplo, el yo poético, que relata en verso la historia de Menorca, presenta algunas de las palabras que surgieron a raíz de la invasión inglesa del siglo XVIII:

> De cop, casaca roja,
> perruca militar,
> bandera altiva,
> una altra guarnició,
> una altra llengua
> que engendra mots mestissos:
> *boínder, moguin, mèrvels,*
> *estèpel, tornescrú,*
> *berguiner, boi, blecverni,*
> *xumàquer, pinxa, xoc,*
> *siti, xenc, ròfils, grevi...* (Pons, 2020: 35).

Hasta el momento, hemos visto que, en su creación literaria, Pons sigue las variantes dialectales fijadas por Borja Moll, pero no siempre es así. El poema «Carta de Nadal a mon pare», por ejemplo, está escrito íntegramente en menorquín no estándar para que suene más auténtico, especialmente teniendo en cuenta que el autor intenta ficcionalizar una carta poética en la que se dirigiría a su padre ya difunto y, por lo tanto, usaría una lengua que coincidiría con el habla que habían utilizado en vida:

> Escrit dialectalment en menorquí perquè soni i sigui més autèntic, avui que és Nadal i ja no vindrà a dinar, he fet una carta en vers al meu pare. Hi ha poemes que estan per damunt de tot l'entarimat crític, de tota la bibliografia de tanta eixorca erudició. Poemes que van més enllà del gèlid virtuosisme i jo aquest, que és més per ser recitat que no llegit, l'he acabat plorant (Pons, 2015: 127).

En esta nota, el poeta destaca la oralidad del poema: dado que es una carta poética dirigida a su padre, y la redacta como si realmente pudiese sentir y tocar a su progenitor, es normal que le hable como si él estuviese vivo (y está claro que la manera como hablamos con los padres, por registro y dialecto, es diferente de las formas que utilizamos en la escritura). A diferencia de otros poemas, en este es como si el lector quedase al margen del mensaje íntimo, ya que surge de una necesidad vital del poeta: «… serà bo o no serà, no ho sé, però és un poema que jo volia fer com a homenatge a ell» (Pons, 2015*b*). En «Carta de Nadal a mon pare», constatamos que el yo poético –que podríamos identificar con Pons– utiliza el artículo *salat* y escribe el nombre de su pueblo natal adaptándolo a la pronunciación menorquina (Lô en vez de Alaior). Así, el poeta se aleja de la estandarización de la lengua que hemos comentado anteriormente para hacer verosímil la conversación con el padre (se han marcado las variantes utilizadas en cursiva):

> Mai vaig ser caçador. M'agradava venir
> a Biniguarda amb tu per veure córrer *es* cans
> o fer cantar perdius. Quan tornàvem a *Lô*,
> caminant i d'enfora sentíem tocar
> *ses* campanes, el món era alegre i segur
> perquè em daves *sa* mà *pes* camí de *sa* vida (Pons, 2015*a*: 32).

Por el contrario, a veces, Pons también utiliza un catalán mucho más estándar de lo habitual. En la novela *L'hivern a Belleville*, por ejemplo, cuando el narrador recrea el diálogo entre él y un cliente de la gasolinera, hace que este personaje que utiliza el verbo *tener* en menorquín (pues elimina la desinencia en la primera persona del singular) no diga *idò*, sino *doncs* –la conjunción causal propia del catalán central–:

–Tenc una roda punxada.

–L'únic que puc fer és canviar-la.

–Doncs, canvia-la, per favor. Tenc pressa! (Pons, 1994: 81).

Esta estandarización de la lengua es comprensible, ya que el personaje que dice *doncs* no es menorquín, sino francés. Por tanto, no sería lógico que el poeta le hiciese hablar en menorquín. El autor tan solo conserva la morfología verbal típica de las Islas Baleares, pero esta es una característica que también mantiene en sus traducciones –escritas en catalán estándar–, porque no le resultaría natural de otro modo (Pons, 2019*b*).

En conclusión, el catalán literario de Pons está a medio camino entre el menorquín hablado, el menorquín estándar y el catalán estándar. De esta manera, el poeta defiende la unidad lingüística de los Países Catalanes sin perder sus raíces isleñas, y consigue disponer de una lengua dúctil comprensible para cualquier hablante catalán, sin caer en un dialectalismo acérrimo ni traicionar su variante propia.

LA ESCRITURA PLURILINGÜE

Como hemos comentado en el primer apartado del trabajo, Ponç Pons piensa que el estudio de las lenguas y las culturas extranjeras es el mejor antídoto para no caer en el radicalismo identitario; al viajar, ya sea físicamente o con la lectura, el poeta se da cuenta de que Menorca no es más especial que otras tierras (Pons, 2020: 68), pero los isleños no deben menospreciar los signos identitarios que les son propios. Para el autor, todas las civilizaciones deberían tener el mismo derecho a sentirse arraigadas a su patria: «Poder ser com els que porten lligat al nom un topònim: d'Assís, d'Abdera, d'Aquino, d'Hipona, de Rotterdam, de Lesbos, de la Manxa... orgullosament de Menorca. Ser universalment local» (Pons, 2020: 34). Ahora bien, el problema con el que se encuentra Pons es que tanto la urbanización del territorio como la pérdida de la lengua debida al proceso de castellanización y a la llegada de turistas de distintas procedencias que se establecen en la isla hacen tambalear la identidad menorquina; se siente colonizado: «Estiu. Invasió per mar i aire. Som una illa ocupada» (Pons, 2021: 25).

El objetivo de este apartado del trabajo es explicar cuál es el vínculo que mantiene el poeta con las tradiciones literarias peninsulares y si existe algún vínculo entre la crisis de la identidad menorquina y la escritura de poemas en español, gallego y portugués. Para entender cuál es la relación que mantiene Pons con la península ibérica, el poema «Postal» (*Desert encès*, 1989) es muy interesante, ya que el yo poético contrapone su identidad cultural a la de los pueblos peninsulares:

> Lusitanament sol i assolat per la pena
> més crua de veure impotent com destrossen cruels un paisatge
> voldria cantar de tot cor la bellesa difícil dels homes i els pobles d'Ibèria.
> Setjat per la nit, rossegat de nostàlgia, voldria i no puc ser iberista i no sóc
> més que febre i desig en un mar que s'esfondra gastat, grec i nu.
> Sense veu ni demà, sense nord ni memòria, espectral, la meva llengua
> té el càncer de l'oblit i eixuta l'ànima, inaudible, s'arrossega
> per la rasposa pell salobre i dura d'aquesta illa. Sóc hereu
> del vent eixorc que brama i del silenci. Només puc
> mantenir encès el foc sagrat i amb ulls sargits, anònim,
> contemplar entristit com suren les ombres desertes de la meva
> casa en runes (Pons, 2011*b*: 21).

En este poema dedicado a Miguel Torga, el yo poético, que podría identificarse con Pons, habla de la península en un sentido amplio, y no de un Estado en concreto, puesto que el autor es un gran conocedor de las culturas castellana, gallega y portuguesa: cuando estudiaba Filología Hispánica en la Universitat de les Illes Balears, y mientras descubría la tradición literaria catalana, también empezó a leer a escritores gallegos y portugueses gracias al profesor Perfecto Cuadrado, y hoy en día se declara enamorado de ambas literaturas, tal como expone en artículos como «Um adéus português» y «Galícia al cor» (Pons, 2020; 2021). Además, en lo que concierne a Galicia, considera que es un pueblo que también lucha por un mayor reconocimiento por parte del Estado español, igual que los territorios de habla catalana; en palabras de Pons (2013), «Ja sé que formam part de l'estat espanyol, però comença a ser hora de reivindicar que a Espanya hi ha més llengües que la castellana, i el gallec, el basc i el català també es mereixen el dret de ser emprades, respectades i valorades amb la igualtat que es mereixen».

Por otra parte, en «Postal», aunque la voz poética se compadezca de no ser y de no poder ser iberista, sí que adopta un rasgo característico del alma lusitana: la *saudade*, es decir, «un cruce intransferible entre pasión y tristeza caracterizado por el recuerdo de un pasado idealizado y la fabulación de esperanzas imaginarias» (Sánchez-Moreno, 2017: 117). El yo poético, que se describe como fiebre y deseo en un mar que se hunde —el de su patria—, es un faro que pretende preservar la lengua de la isla, a pesar de creer que esta está condenada a su desaparición; por este motivo la voz poética se identifica con el alma portuguesa: «Lusitanament sol i assolat per la pena». En este sentido, Víctor Martínez-Gil (2017), a partir de la lectura de algunos críticos y escritores catalanes, establece la relación entre *saudade* y *enyorança*, palabra que sería el equivalente catalán del vocablo portugués, y que uniría culturalmente ambas naciones; de manera que el luso-catalanismo actuaría como contrapunto a la hegemonía castellana dentro de la península. En la obra de Ponç Pons, de hecho, encontramos que el poeta también utiliza esta palabra de la tradición catalana para expresar el deseo de volver a un pasado idealizado que nada tiene que ver con la realidad, tal como podemos leer en este aforismo de *El rastre blau de les formigues*: «Mentre deixam que ens destrossin el paradís del present, molts menorquins enyoram un paradís passat que no existia» (Pons, 2014: 60).

La *saudade*, además, es el origen de la escritura plurilingüe del autor. Al igual que George Steiner (2002: 19), creemos que «solamente aquel que no se siente verdaderamente como en su propia casa dentro de una lengua dada puede usarla como instrumento», y Pons escribe en italiano, gallego, francés, inglés y portugués para criticar la realidad política y cultural de Menorca desde nuevas perspectivas, para no silenciar la voz de aquel que ya no se reconoce en sus versos, jugando con el famoso verso de Ausiàs March: «Jo sóc aquell que un temps va ser Ponç Pons» (2005: 53). El poeta justifica el plurilingüismo en su obra literaria con estas palabras: «Si he escrito en otras lenguas es […] para reinventarme y poder ser otro, porque cuando escribes en otra lengua eres otra persona, y ves el mundo de otra manera. Ya lo dijo Rimbaud: "Je est un autre"» (Pons, 2019*b*). Gracias al plurilingüismo, Pons encuentra un refugio para proyectar, al menos en la imaginación de los lectores, una identidad menorquina distinta a la que promueven los que destrozan el territorio isleño y reducen la lengua local a una mera expresión folclórica. Así, para escribir, el poeta se inspira en la filosofía del autor del *Libro del desasosiego*, ya que se siente identificado con estas citas: «Pessoa diu: "Un gran home és aquell que imposa als altres el seu propi somni, els seus propis somnis". "Amb una absència de literatura com la que hi ha, ¿quina altra cosa pot fer un home de geni si no és convertir-se ell mateix en una literatura?"» (Pons, 2011*a*: 160).

Para criticar la realidad política y cultural menorquina desde una nueva perspectiva, el poeta acostumbra a expresarse en español, una lengua que, a pesar de que le gusta mucho, siempre le ha sonado a imposición (Pons, 2019). Teniendo en cuenta cuál es la ideología de Pons, el poeta podría escribir en español para hacerles llegar este mensaje a los responsables de la decadencia cultural de su isla natal. En este sentido, el poema «Mutis», de *Dillatari*, es un buen ejemplo para criticar la uniformización lingüística y la destrucción del territorio, ya que el autor denuncia el dolor que supone tener que abandonar, metafóricamente, la Menorca de su infancia, y lo hace directamente en metros castellanos:

Cambio de lengua, de lugar, de origen.
Huyo hacia un sur donde no hay nunca invierno.

Los instantes de gloria se esfumaron
y la tierra que amaba la han vendido y muerto.

Soy un isleño que ha leído, un resto
de humanidad perdido al borde de la nada.

Veo líneas de sombra, un libro roto y vuelvo
mi corazón al mar donde anidaba el viento.

Simples palabras que el silencio llena
de luz y mancha de humedad, me exilio,
viajero imposible, en mitad de la noche.

Me despido feliz de haber escrito. Sueño
una playa final de nativas sin duelo.

Le agradezco a la vida el don de haber sentido
la pasión del amor y el prodigio del arte,
pero triste y cansado del eco vacío
abandono extranjero el teatro del mundo (Pons, 2011*a*: 128-129).

Como podrá constatar el lector de estos versos, al escribir en español, Pons se distancia de la voz poética más próxima a su identidad (la que se expresa en catalán), porque componer en otras lenguas le permite alejarse de su zona de confort (Pons, 2019*b*) e iniciar un nuevo viaje literario —en este caso, no voluntario sino forzado–: «me exilio, | viajero imposible, en mitad de la noche». El yo poético es un hombre sin raíces, un paseante que ya no tiene fuerzas para seguir luchando, como el autor menorquín cuando escribe que «Tota la meva vida he hagut d'estar lluitant per defensar el nom i els drets d'aquesta llengua en què escric. Ser espanyol cansa» (Pons, 2014: 175).

En «Mutis», el yo poético es un escritor isleño (como Pons), pero, a diferencia de la voz de «Postal», que hemos analizado anteriormente, su alma ya no siente la *saudade* que le impulsa a ser un faro que ilumine una Menorca en ruinas, sino que tan solo se compadece de la pérdida de los signos identitarios de su tierra. Gracias al tópico literario del *theatrum mundi*, el menorquín retira de la escena la voz con la que se identifica al escribir en catalán; ahora quiere convertirse en un heterónimo español, tal como explica en este fragmento de *Dillatari* que antecede a «Mutis»: «De vegades, estic temptat de deixar la cultura catalana i posar-me a escriure en castellà. Ser un heterònim» (Pons, 2011*a*: 128). Dicho y hecho, en la actualidad el autor cuenta con dos heterónimos, todavía inéditos, y uno de ellos, el de *Vida y fulgor en los montes de Venus*, se expresa en español: se trata de un extremeño mujeriego y bebedor que en pleno franquismo decide emigrar a Nueva York, ciudad en la que construye su vida (Pons, 2019*b*).

Para Pons, la heteronimia, al igual que el plurilingüismo, es un recurso para ampliar su imaginación, para continuar siendo poeta cuando la pena por la destrucción de la Menorca de su infancia le asola. En estos casos, la literatura es su único refugio:

> «El que em resta és perdut».
> Agraït pel present
> de tants dies antics,
> nu dins l'aigua m'és dolç
> naufragar en aquest mar
> de la Literatura (Pons, 2011*a*: 43).

En este caso, el poeta también sigue los pasos de su admirado Fernando Pessoa (recordemos que le dedicó un libro titulado, significativamente, *Pessoanes*), quien transforma la *saudade* en heterónimos desde los cuales retratar la realidad de forma plural. Según Jorge de Sena, existe una relación entre el bilingüismo y la despersonalización en nuevos personajes; así lo explica Xosé Manuel Dasilva:

> … alguna vez se llegó a avanzar que la condición bilingüe de Pessoa podría contribuir, en gran medida, a explicar las complejas razones que condujeron al escritor a crear sus diversos heterónimos. Jorge de Sena llamó la atención en ese sentido sobre las más que probables conexiones entre la doble competencia idiomática del poeta y su propensión a la diversidad heteronímica, caracterizada habitualmente con la fórmula expresiva *drama em gente*, como si el conocido proceso de despersonalización lírica del que fue inventor Pessoa tuviese raíces en la convivencia de dos lenguas que se daba en su caso particular (2003: 138-139).

Esto también se puede aplicar a la literatura plurilingüe de Pons. Al escribir en portugués, el menorquín también se enmascara en una voz que tan solo puede formularse en ficciones ajenas a su personalidad, ya que en Menorca se siente un exiliado: «Som estrangers, | esclaus, exiliats, | a casa nostra» (Pons, 2014: 133). El poeta retrata muy bien la pérdida de la identidad en el poema «Feitiço», escrito originalmente en portugués:

A linguagem
fratura-se
nesta caligrafia
fechada
onde se borra
espaço
de vírgulas calcárias
a memória
queimada da poeira
que deixa atrás de si
miragem branca
o espírito que chora
clama
esquece
perdido no fulgor
trémulo
esquivo
do verso na penumbra (Pons, 2011*a*: 160).

En este poema metaliterario, en el que no aparece ningún deíctico personal, se esconde un poeta que compone una ficción que ya nada tiene que ver con la voz de «Postal», pues el lenguaje borra cualquier rastro de la personalidad más próxima al menorquín: la persona que escribe estos versos se deshace de su propia identidad y su espíritu llora por tener que ser desterrado al olvido. Como se indica en el título de la composición, la escritura es un hechizo, un truco de magia que anula la personalidad del autor, y si esta voz se expresa en portugués es porque Pons quiere rendirle un homenaje a Pessoa, tal como indica en *Dillatari*:

En moments d'abatiment, desànim, desconcert, problemes, desencís..., la literatura, com deia Pavese, «és una defensa contra les ofenses de la vida». Per açò torn a Pessoa. La seva obra, d'una genial lucidesa, d'una intuïtiva saviesa i de gran riquesa formal, m'acompanya i m'alliçona com un model d'exigència i pura passió literària (Pons, 2011*a*: 158).

Para el poeta menorquín, el autor portugués es uno de sus referentes literarios más importantes. De hecho, nos atreveríamos a decir que si Pons se interesa por la escritura en otras lenguas es gracias a Pessoa, ya que se siente identificado con él: «Crec amb Pessoa que "un vertader home només pot ser, amb plaer i profit, bilingüe", que convé ser plurilingüe, però menysprear, com passa aquí, la nostra pròpia identitat és un signe de pobresa i servilisme mental» (Pons, 2011*a*: 62). Així pues, no hay duda de que el menorquín se inscribe en la tradición lusitana: «Llegesc els portuguesos com qui va descobrint el seu arbre genealògic. Menorquí com sóc, la meva capital ja no és Maó, sinó Lisboa» (Pons, 2014: 119).

Ahora bien, en el caso de Pons, podríamos decir que lo importante es encontrar el equilibrio entre la admiración por las culturas extranjeras que le llevan a escribir en otras lenguas y la estima por la propia identidad. Para él, el plurilingüismo es un recurso útil tanto para criticar la degradación de Menorca como para homenajear a un escritor que ha leído y admirado. En palabras de Estrella Massip, que ha estudiado al poeta menorquín y lo ha traducido al francés,

> Les composicions en les quals el subjecte líric s'expressa per mitjà de les formes, els estils i els motius temàtics més variats, heretats de la tradició en la qual Pons s'inscriu, són nombroses. Amb elles Pons ret homenatge als escriptors i artistes que estima, però no només això. Sovint també li permeten reflexionar sobre la seva trajectòria existencial i poètica (2021: 6).

De hecho, la mayor parte de los poemas escritos en portugués van en esta línea, y *Pessoanes*, por ejemplo, es un poemario que dialoga intencionadamente con la tradición lusitana, como explica Pons (2005: 9): «Aquest llibre neix de les converses que he mantingut durant anys amb Fernando Pessoa i és una part lusitana del meu *Dillatari*» (Pons, 2005: 9).

Asimismo, cuando escribe en gallego también lo hace para homenajear la cultura gallega: «També escrivim per agrair. Enamorat de Galícia, m'entrec a la seva llengua i faig poemes en gallec. […] M'agrada aquest clima atlàntic on, a l'hivern, quasi cada dia plou. És inspirador, poètic. Babel va ser una gran sort. Cada llengua té la seva música i quan la interpretes t'obre a un món nou» (Pons, 2015a: 136). Estas palabras del menorquín corresponden a la nota al margen del poema «Os latexos da néboa», de *Camp de Bard*, en el que Pons no se proyecta en un yo poético isleño, sino en un poeta gallego que alaba y defiende los signos identitarios de su tierra:

> Na brétema xeada
> dos montes onde chirlan
> solitarios os merlos,
> amo esta lingua
> que loita por ser lume
> e galizado escribo,
> fervente de tenrura
> poemas entre espidos
> carballos silandeiros (Pons, 2015a: 107-108).

Aunque Pons no escriba sobre Menorca, al defender la lengua y la cultura gallegas también está ofreciendo una muestra de la pluralidad cultural del Estado español, y, por tanto, se opone a la «uniformista castellanitat d'Espanya» (Pons, 2020: 32) –una realidad que también afecta a Menorca–. En este sentido, tal como nos comentó en una conversación personal, si no escribe en euskera no es porque no quiera, sino porque no tiene los conocimientos suficientes para hacerlo. Aun así, como ya hemos podido constatar, el poeta sí que se muestra solidario con todas las nacionalidades históricas del Estado; en *Dillatari*, por ejemplo, dice lo siguiente: «És curiós, ens conviden, ens escolten, ens fan cas, però la poesia catalana, gallega i basca no interessa, no existeix, és un apèndix atàvic d'una cultura espanyola ferma, forta i oficial» (Pons, 2011*a*: 171).

En otras ocasiones, sin embargo, también encontramos poemas escritos en otras lenguas que no mantienen ningún tipo de relación con la defensa de la identidad menorquina, pero que se relacionan con la formulación del *homo universalis* al que aspira a ser Pons. Este es el caso, por ejemplo, de «Officium illusorum», de *Dillatari*:

> Es un oficio extraño.
> Con el tiempo,
> uno se hace mayor y no parece
> ni serio ni juicioso el hacer versos.
> Trasnochados,
> escribimos ilusos a la espera
> de ese instante fugaz en que lo bello
> se hace eterno y, como dijo Keats,
> es una alegría para siempre.
> No sabemos
> adónde nos conduce la poesía
> y queremos, no obstante, ser poema.
> Es un oficio extraño,
> pura droga.
> Quien se mete,
> no sale.
> Quema, engancha.
> Quien lo prueba,
> está perdido y muerto de por vida (Pons, 2011*a*: 167-168).

Esta composición conecta con la primera etapa poética del autor menorquín, en la que la autorreferencialidad y la escritura como una tarea ardua tienen un peso muy importante (Julià, 2019). En este caso, el autor se inscribe en la tradición literaria española: los últimos versos, por ejemplo, recuerdan al soneto de Lope de

Vega en el que se define el amor como un sentimiento contradictorio, y cuando el yo poético expone su deseo de ser poema, este está haciendo referencia a una declaración en la que Jaime Gil de Biedma explica uno de los motivos por los que podría haber dejado de escribir: «... yo creía que quería ser poeta, pero en el fondo quería ser poema» (1982: 17). Al escribir, y al dejar de hacerlo, el poeta barcelonés reflexiona sobre su identidad, y creemos que este podría ser el motivo por el que Pons parafrasea sus palabras. Como expone Luis García Montero (2013), el oficio de Gil de Biedma «era inseparable de la búsqueda de una identidad vital y su personaje literario implicaba un modo de cuestionar y comprometer su yo autobiográfico». Lo mismo sucede con Pons, ya que él se identifica con los autores que han hecho del yo toda una obra (Pons, 2019c). Al querer ser poema, ambos poetas quieren fundirse con la masa, como Baudelaire, porque «Al fin y al cabo, un libro de poemas no viene a ser otra cosa que la historia del hombre que es su autor, pero elevada a un nivel de significación en que la vida de uno es ya la vida de todos los hombres, o por lo menos –atendidas las inevitables limitaciones objetivas de cada experiencia individual– de unos cuantos» (Gil de Biedma, 2011: 30).

Así pues, ser poeta con la intención de devenir poema significa vaporizar el yo, escapar de la propia personalidad para crear un artefacto verbal en el que el lector pueda identificarse con la voz poética. En el caso de Pons, dado que se siente un exiliado dentro de su propia isla («Mutis»), este se evade a partir de la imaginación. Al escribir en gallego, español y portugués, la identidad del poeta se encuentra en un estado de transición, ya que abandona la lengua en la que se siente como en casa para explorar lo desconocido y, así, formularse como un poeta *universalis*. La identidad de Pons no solo está impregnada de menorquinismo, sino también de todas aquellas culturas que, como las peninsulares, admira: «... un, a part d'on neix, és també dels llocs que estima» (Pons, 2020: 59).

Tanto en «Mutis» como en «Feitiço», «Os latexos da néboa» y «Officium illusorum» sobrevive la identidad literaria de Pons, del lector, de aquel que piensa que «La Literatura es un destino», como decía Borges (Pons, 2014: 134). Al escribir a partir de heterónimos y voces alejadas de su identidad más próxima, el poeta se convierte en poema, en un lector de sus propios versos, que ya no le pertenecen, pero con los que se siente identificado, ya que siempre se inscribe en una tradición literaria que admira –y de la cual copia el modelo de lengua literaria–. Además, ya que estos poemas también aparecen contextualizados, ya sea dentro del dietario o en notas al margen, también le permiten criticar la degradación cultural de Menorca desde nuevas perspectivas.

Conclusiones

Ponç Pons es un poeta que, a pesar de sentirse profundamente arraigado a Menorca, no quiere aislarse culturalmente y aspira a ser un autor local y universal al mismo tiempo. Dado que es consciente de las dificultades que tiene un poeta menorquín para ser leído, el autor reivindica activamente la pertenencia de su lengua materna a la lengua catalana, ya que implica formar parte de una nación cultural madura y preservar el habla de su isla —puesto que, como hemos podido constatar, aquellos que consideran que el menorquín no es catalán tienden a escribir en español—. Para Pons, ser consciente de expresarse en catalán no significa escribir como si hubiera nacido en Cataluña, sino conservar, normativamente, los rasgos propios del dialecto menorquín. Ahora bien, en algunos casos, y por cuestiones de verosimilitud, el poeta se permite algunas licencias, como en el poema «Carta de Nadal a mon pare» o la escena entre un gasolinero y un cliente en *L'hivern a Belleville*. De esta manera, Pons crea una koiné propia, a medio camino entre el menorquín hablado, el menorquín estándar y el catalán estándar.

Asimismo, tanto las lecturas de su infancia y adolescencia como el deseo de conocer con mayor profundidad el catalán llevan al poeta a aprender otras lenguas, puesto que él defiende una identidad literaria que va más allá de la identidad menorquina —él quiere ser un *homo universalis*—. A pesar de que la cultura de su isla natal se encuentre en un estado frágil, Pons siempre podrá crear en español, gallego y portugués —entre otras lenguas—. Estas, en concreto, le sirven para reflexionar sobre la identidad menorquina desde una nueva perspectiva y para ampliar su imaginación inscribiéndose en tradiciones literarias que le interesan, y de las que tiene un gran conocimiento. Así, también puede explorar las identidades peninsulares, desde las que no se puede proyectar cuando escribe en catalán, como hemos constatado en «Postal». En estos casos, Pons no crea una lengua literaria propia, como sí hace en catalán, sino que adopta el modelo estándar propio de la tradición en que se inscribe.

Referencias bibliográficas

BONET, Sebastià (2000): *Les gramàtiques normatives valencianes i balears del segle XX*, Valencia, Publicacions de la Universitat de València.

DASILVA, Xosé Manuel (2003): «La traducción según Fernando Pessoa (antología de textos críticos)», *Quaderns: Revista de Traducció* 9, pp. 137-153, en línea: <https://raco.cat/index.php/QuadernsTraduccio/article/view/25354> (consulta: 20/09/2021).

GARCÍA MONTERO, Luis (2013): «¿Ser poeta o ser poema?», en línea: <https://www
.infolibre.es/noticias/opinion/2013/12/22/ser_poeta_ser_poema_11358_1023
.html> (consulta: 20/09/2021).

GIL DE BIEDMA, Jaime (2015 [1982]): «Nota autobiográfica», en *Las personas del
verbo*, Barcelona, Lumen.

JULIÀ, Jordi (2019): «"Perquè escriure és també donar un sentit al món": tipos y
modos de autorreferencialidad e intertextualidad en la poesía de Ponç Pons»,
conferencia pronunciada en la Université Paul-Valéry, Montpellier 3, inédita.

MARTÍNEZ-GIL, Víctor (2017): «A saudade portuguesa e a "enyorança" català:
um exemplo de aproximação entre nacionalismos na área ibérica», en Sérgio Campos Matos y Luís Bigotte Chorão (eds.): *Península Ibérica: nações e
transnacionalidade entre dois séculos (XIX e XX)*, Lisboa, Húmus / Centro de
História, pp. 249-273.

MASSIP, Estrella (2021): «El plurilingüisme a la poesia de Ponç Pons», en línea: <https://hal.archives-ouvertes.fr/hal-03165713/document> (consulta:
20/09/2021).

PONS, Ponç (1989): *Quatre poetes portuguesos*, Palma, Universitat de les Illes Balears.

PONS, Ponç (1989): *Sophia de Mello Breyner Andresen*, Palma, Lleonard Montaner.

PONS, Ponç (1994): *L'hivern a Belleville*, Barcelona, Cruïlla.

PONS, Ponç (2001): «Acadèmics d'un dialecte», *Diari Menorca* (13/09/2001).

PONS, Ponç (2005 [2003]): *Pessoanes*, Alzira, Bromera.

PONS, Ponç (2011*a* [2005]): *Dillatari*, Barcelona, Quaderns Crema.

PONS, Ponç (2011*b* [1989]): *Desert encès*, Barcelona, Quaderns Crema.

PONS, Ponç (2013): «Viure claudicant», en línea: <https://www.ara.cat/opinio/
viure-claudicant_129_2361310.html> (consulta: 20/09/2021).

PONS, Ponç (2014): *El rastre blau de les formigues*, Barcelona, Quaderns Crema.

PONS, Ponç (2015*a*): *Camp de Bard*, Barcelona, Proa.

PONS, Ponç (2015*b*): «Dilluns de poesia a l'Arts Santa Mònica amb Ponç Pons»,
en línea: <https://www.youtube.com/watch?v=t8Quc2sXLY8>.

PONS, Ponç (2017): «Si no defensam la nostra llengua, no ho farà ningú», Barcelona,
El supplement, 30 de abril, en línea: <https://www.ccma.cat/3cat/ponc-pons
-si-no-defensem-la-nostra-llengua-no-ho-fara-ningu/audio/960884/#onboar
ding=true> (consulta: 20/09/2021).

PONS, Ponç (2018): «Ponç Pons diu Ponç Pons», Barcelona, Nollegiu cat, 29 de
noviembre de 2018, en línea: <https://www.youtube.com/watch?v=Pg9N
F_9nhc4> (consulta: 20/09/2021).

PONS, Ponç (2019*a*): «Ponç Pons: "Li estic molt agraït, a Verdaguer"», en línea: <https://mes9.el9nou.cat/ponc-pons-li-estic-molt-agrait-a-verdaguer/> (consulta: 20/09/2021).

PONS, Ponç (2019*b*): *L'escriptura plurilingüe: traducció i poesia* (conferencia pronunciada en la Universitat Autònoma de Barcelona), inédita.

PONS, Ponç (2019*c*): «Ponç Pons. De la poesia com una forma de vida», Vic, Fòrum de Debats, 31 de mayo del 2019, en línea: <https://www.youtube.com/watch?v=PIH3icuedjs&t=4985s> (consulta: 20/09/2021).

PONS, Ponç (2020): *Els ullastres de Manhattan*, Barcelona, Quaderns Crema.

PONS, Ponç (2021): «*Ad vivium*», *Es Diari*, 5 de septiembre, p. 25.

QUETGLAS, Joan (2010): «Ser poeta es una forma de vivir y de comprometerse con el mundo», en línea: <https://www.menorca.info/menorca/local/2010/06/14/1377412/ser-poeta-forma-vivir-comprometerse-mundo.html> (consulta: 20/09/2021).

SÁNCHEZ-MORENO, Iván (2017): «Razones del alma contrita: fenomenologías de la *saudade*. Apuntes para una teoría histórico-cultural de la *saudade*», *Revista de Historia Comparada* 11 (2), pp. 108-131, en línea: <https://revistas.ufrj.br/index.php/RevistaHistoriaComparada/article/view/11498> (consulta: 20/09/2021).

STEINER, George (2002 [1968]): *Extraterritorial*, Madrid, Siruela.

LA ESCRITURA BILINGÜE, O CÓMO CONTAR HISTORIAS EN DOS LENGUAS

Lluís Oliván Sibat

INTRODUCCIÓN A LA ESCRITURA BILINGÜE

Como escritor bilingüe que escribe tanto en catalán como en castellano desearía presentar en este trabajo algunas reflexiones, desde mi experiencia personal, sobre el hecho de crear literariamente en dos lenguas. Quisiera empezar por intentar definir de qué hablamos cuando nos referimos a un escritor bilingüe. Podríamos convenir fácilmente en que un escritor bilingüe es aquel que tiene obra publicada y además escrita originalmente en dos lenguas. Es interesante observar que, a esa condición, la de escritor bilingüe, se puede llegar por diferentes caminos y desde distintos puntos de partida. Tenemos el caso de los escritores que, por su trayectoria vital, en algún momento, se han desplazado de un país a otro o, por razones de distinta índole, han cambiado su lengua de escritura, su lengua literaria, a mitad de su trayectoria (en esta categoría podríamos citar, por ejemplo, a Vladimir Nabokov, a Joseph Conrad o a Milan Kundera). También tenemos a esos escritores que, por razones habitualmente familiares, la emigración, por ejemplo, conviven con una lengua familiar que es distinta de la lengua del país donde viven y, por tanto, de su lengua de uso social, de esa lengua que hablan con todo el mundo excepto con su familia. Estos escritores pueden escribir o bien en esa lengua social o bien en su lengua familiar, o incluso transitar entre los dos idiomas y convertirse así en escritores bilingües. Tenemos otra situación, más parecida a la del catalán, donde en un mismo territorio se usan dos lenguas: sería el caso de territorios fronterizos o de las regiones en las que conviven en la calle dos lenguas distintas. Esto ocurre en algunos países africanos, donde las lenguas autóctonas se han visto sustituidas en muchos ámbitos por las lenguas de los países imperialistas, especialmente el inglés y el francés. Sucede también en el caso catalán, donde en la sociedad conviven dos lenguas, el catalán y el castellano. Los autores que se encuentran en esta situación pueden tener como lengua familiar uno de los dos idiomas; sin embargo, en el seno de muchas familias se hablan también ambas lenguas, como si en ellas se reprodujera el país a pequeña escala. Los escritores bilingües de esta última categoría pueden sentir, en estos casos, ambas lenguas como propias, a un mismo nivel o a distintos niveles (en determinados ámbitos de relación priorizan una u otra lengua, o cambian entre una y otra constantemente y por razones bastante azarosas). Las personas que viven en estos territorios tienen, pues, más facilidad para ser escritores bilingües –para ser buenos lectores y, por lo tanto, buenos escritores en ambas lenguas–. En el caso de Catalunya, además, se da una circunstancia particular, y es que, de esas dos lenguas que se cruzan en la calle, una de ellas, el castellano, es una lengua muy potente en el mundo, con cientos de millones de hablantes, y convive con otra lengua, el catalán, que se habla en un territorio muy limitado, por lo que no suma más de once o doce millones de potenciales hablantes o lectores. El catalán es, para decirlo en términos sociolingüísticos, una lengua minorizada, amenazada en cierta manera. Este es un condicionante importante que no podremos obviar en un trabajo como este.

Hecha esta introducción, y teniendo en cuenta que no soy un teórico de la cuestión sino un escritor, a partir de ahora hablaré de mi experiencia personal e intentaré explicar cómo se puede llegar a ser un escritor bilingüe, por qué se escribe en dos lenguas y si se establece algún tipo de diferencia entre las obras escritas en una u otra lengua por el mismo autor.

LA ELECCIÓN DE UNA LENGUA

Empezaré reflexionando, en primer lugar, sobre la elección de una lengua. Cuando alguien es capaz de escribir en dos lenguas, ¿elige primero la lengua en la que se inicia o es la lengua la que le elige a él? En principio uno se siente siempre más próximo a su lengua materna. Aunque yo sea perfectamente competente en dos lenguas, mi lengua materna es, sin duda, el catalán. Vengo de una familia en la que mi madre es catalana, obviamente catalanoparlante, y mi padre, que vino a Catalunya de Andalucía con dieciséis años a finales de los cincuenta, en seguida empezó a hablar catalán. Por lo tanto, yo siempre he tenido una relación con mi padre en catalán, siempre he hablado con él esa lengua. Mi padre es el pequeño de nueve hermanos y él es el único de todos ellos que aprendió a hablar bien el catalán, pero ya mis primos (la segunda generación) mayoritariamente hablan también catalán como primera lengua. En estas circunstancias, lo más fácil, lo lógico, lo natural para mí era escribir en catalán.

Yo nací en 1968, durante la dictadura de Franco, y en esa época, en las escuelas, se enseñaba el castellano y no el catalán; tuve la suerte, sin embargo, de estudiar en una escuela que fundó mi madre, que era maestra, en la que se empezó a enseñar el catalán y en catalán (ella aprendió por su cuenta). Como consecuencia, a diferencia de otros escritores de mi generación, que empezaron a aprender el catalán en la escuela un poco más tarde, yo ya lo tuve como lengua de referencia desde muy pequeño, o sea que el aprendizaje de la lengua catalana, para mí, nunca fue un problema. También es cierto que en mi casa había una biblioteca modesta (mi madre [...] hija única), y muchos de esos libros, especialmente las novelas, estaban en castellano, o sea que mi formación como lector fue tanto en catalán como en castellano. Con esto quiero decir que el castellano, una lengua que además hablaba con mi abuela y con mis tíos, no era en absoluto una lengua extraña; no lo era como lector y, por lo tanto, tampoco tenía por qué serlo como escritor.

Es cierto que, cuando empecé a escribir, lo hice exclusivamente en catalán. Escribí en catalán durante todos mis años de formación, empecé a publicar también en lengua catalana —mis dos primeras novelas fueron en catalán— y la verdad es que cuando decidí escribir mi primera obra en castellano —mi tercera novela, *El guardián de las hogueras*— al principio estaba un poco inseguro, puesto que en cierta manera me sentía como un impostor.

LENGUA E IMPOSTURA

La pregunta que habría que formularse ahora sería: ¿puede un escritor escribir en una lengua cuando se siente un impostor? Para mí esta condición fue a la vez una losa y un acicate, un reto. He señalado antes que al empezar a escribir mi primera novela en castellano sentía una especie de inseguridad, pero siempre he creído que el hecho de ser un impostor es inherente al hecho de ser un escritor, un narrador; un narrador, por definición, es alguien que inventa una voz narrativa, que la crea desde la nada. En el marco de este proceso, utilizar una lengua que no es exactamente la propia (la lengua familiar), sino que es una lengua literaria, se convierte también en algo natural. Sería interesante plantearse si esta condición de impostor no está siendo impugnada actualmente; se le pide al escritor que se defina, que hable siempre desde una identidad determinada, ya sea de género, de orientación sexual e incluso cultural o étnica. Se le pide esta autenticidad, como si el autor y la voz narrativa tuvieran que confundirse y la legitimidad se la diera precisamente esa identificación. Este punto de vista impugnaría la idea del narrador como impostor. Pero para alguien como yo, que empezó su carrera y que encontró su forma de publicar a través de los premios literarios, la idea del impostor era (y es) muy atractiva, en el sentido de que resultaba muy estimulante jugar –desde el anonimato que proporciona un seudónimo– a engañar, a presentar a mis narradores de manera que los jurados de esos certámenes pensaran que yo era un autor distinto del que realmente era. Ese anonimato se pierde cuando se publica un libro y en la cubierta se lee tu nombre y algunos condicionantes, particularmente el género, quedan claros (incluso los apellidos pueden denotar algo de tu origen). Sin embargo, el anonimato en los premios me parece interesante. En mi caso, por ejemplo, en mi tercera novela en catalán, que fue premiada, la narradora en primera persona es una mujer; el jurado me confesó, a posteriori, que creían que estaban premiando a una escritora. Me ocurrió también con mi primer premio literario en castellano, obtenido por *El guardián de las hogueras*, cuya acción transcurría en algún lugar de América del Sur y que utilizaba determinado vocabulario más propio de variedades latinoamericanas: el jurado pensó que yo era un escritor sudamericano. Por tanto, en esta idea de la impostura siempre me he sentido muy cómodo.

Esta idea del narrador como impostor me parece particularmente interesante en este siglo XXI, en el que ha primado tanto la literatura del yo y que ha denostado especialmente la idea de que un autor pueda narrar desde puntos de vista distintos a su propia condición personal. A mí este hecho me parece fundamental ante la decisión de convertirse en escritor, al menos en mi caso, puesto que lo que siempre me ha interesado de la escritura es acercarme a la naturaleza humana desde distintos ángulos, poder narrar desde distintos puntos de vista, ponerme en otras pieles para contar una historia: eso es fundamentalmente lo que hace un narrador. Pero ciñámonos a esta idea del autor como auténtico, cercano a los puntos de vista de sus propios narradores: desde esta perspectiva podríamos decir que, cuando escribo en catalán, soy un narrador mucho más auténtico, puesto que mis voces narrativas, mis personajes se parecen mucho más a mí y entonces estoy hablando desde mi propia condición o desde un lugar más cercano a ella. ¿Cómo se refleja eso en la prosa o en la narrativa?

En algunas ocasiones, cuando me han preguntado sobre las diferencias entre mi obra en catalán y en castellano, he dicho que mi prosa en catalán suena más como un *cop de puny* (un puñetazo); es decir, una prosa mucho más directa, más cortante, más seca, podríamos decir que es una prosa (e incluso una narrativa) mucho más pegada a la emoción, a las vísceras, mientras que, cuando escribo en castellano, la distancia que existe entre mi día a día y la lengua me permite jugar más con el artificio, y el castellano, por tanto, me ha permitido adentrarme más en el género fantástico, en la distopía, e incluso jugar más con aspectos metaliterarios, y mi prosa muchas veces ha sido más lírica, más fabuladora. Creo que, desde este punto de vista, el uso del catalán y del castellano ha sido, en mis obras, distinto y ha producido obras distintas.

Para ilustrar estas afirmaciones y para contribuir a percibir las diferencias entre mis obras en lengua catalana y en lengua castellana incluyo a continuación dos ejemplos. El primero pertenece a mi tercera novela en catalán, *Un pare possible*, publicada por Columna en 2007. En este fragmento (inicio del capítulo 16), Rosa, la protagonista, se levanta en su habitación de hotel después de una noche un tanto agitada.

Em llevo al migdia, amb un ressol que travessa les cortines, rebota al mirall de la porta de l'armari i cau sobre les meves parpelles com una llosa calenta. El cel és d'un blau brut. La llum del sol arriba a la meva pell amortida per una espessa capa de *smog*. Tenochtitlan, el centre del món, el lloc escollit per l'àliga, s'enfonsa uns quants centímetres cada any. Té els peus de fang. Què se'n pot esperar, d'una ciutat construïda sobre una llacuna i coberta per un cel de diòxid de carboni? No hi ha cap necessitat de sortir. Procuro quedar-me quieta, evitar tota vibració que em sacsegi les meninges. Però un dels meus ovaris s'estira, s'arronsa, es torça com una serp famèlica: Quetzalcóatl al mig del ventre. Surto del llit, em frego els ulls, camino fins al bany. Glopejo una mica d'aigua i l'escupo a la pica. Em rento les dents i em faig mal a la geniva. M'assec a la tassa del wàter, m'aguanto els cabells enrere amb una mà, deixo anar un gemec tènue però prolongat. La regla m'ha començat a baixar. Sang purificadora.

El que ahir em semblava una victòria, una perfecta venjança de gènere, avui és una derrota, un acte embrutidor. Comença la culpa. Dreta, nua, repenjada a la cantonada, la meva imatge és reflectida pel mirall de cos sencer que hi ha a la porta de l'armari. Si em veiés en blanc i negre diria que sóc la *Nikki a la finestra* de la meva fotògrafa preferida, Eva Rubinstein: malucs excessius, pits petits, cabells negres i arrissats, despentinats; tinc, com ella, el cap decantat per posar en contacte el parietal esquerre amb la paret; hi ha també una finestra que m'il·lumina el costat dret; amago les mans al meu darrera, protegint-me l'esquena de la fredor del mur. I, sobretot, els meus ulls són també els seus: uns ulls que no miren l'objectiu, de la mateixa manera que jo sóc incapaç de concentrar-me en el mirall, que intenten travessar-lo i perdre's més enllà. Uns ulls que intenten evitar el que veuen, que volen ser la lent de la càmera o convertir-se en la superfície polida del mirall. Sempre m'ha semblat que, en aquesta obra, la fotògrafa va aconseguir per complet el seu propòsit: dissoldre's. Desaparèixer. Mai una dona ha semblat tan sola, tan desemparada com la Nikki. Però, malgrat la seva aparent indefensió, quan mires la fotografia amb més deteniment t'adones que ella se'n sortirà, que no deixarà escapar més llàgrimes que les justes (Oliván, 2007).

El segundo ejemplo procede de *El guardián de las hogueras*, que obtuvo el premio Ciudad de Getafe de Novela y fue publicada en 2006 por EDAF. El fragmento constituye el inicio del capítulo 3 (seguramente se reconocerá la frase inicial del capítulo, una traducción del *It was a pleasure to burn* de *Farenheit 451*, que funciona como un juego metaliterario). El capítulo describe quién es el personaje que narrará esta historia.

Ojalá fuera un placer quemar. Me llamo Reinaldo Librero. Soy el bibliotecario de una ciudad en la que nadie sabe leer. Mi misión es quemar los libros, a razón de uno por día, y controlar que los fuegos estén en marcha. Así lo mandan la autoridad y la tradición. Cada día las páginas de un libro deben ser repartidas por las hogueras que rodean la ciudad y protegen a la población de los mosquitos que transmiten la enfermedad. Nuestra ciudad es pequeña, aunque solo pueda afirmarlo porque sé que fue más grande y porque mi abuelo solía decirlo, no porque conozca otras. Nadie en la ciudad conoce otras ciudades. Tampoco él, mi abuelo, las conocía. Hace más de doscientos años que nadie llega desde el río ni desde el bosque. Tampoco nadie se atreve a viajar, a intentar saber qué hay mucho más allá de las hogueras. Si algunos lo intentaron, no han vuelto para contarlo.

Hay en los libros noticias de otras ciudades, pero son noticias antiguas e increíbles y no vale la pena esforzarse en descifrarlas. Alguna vez, cuando todavía quedaban en la biblioteca libros ilustrados, vi imágenes de esas ciudades, pero me parecieron de otro mundo, sobre todo por las luces de colores y por las casas enormes, que parecían querer desplomarse sobre la gente.

Ya nadie viaja. Mi abuelo contaba que en otros tiempos se podía viajar por el río y también atravesar el bosque, que las canoas tenían motor para no tener que remar, que grandes barcazas salían del puerto cargadas con una tonelada de troncos: los transportaban hacia grandes ciudades como las que mostraban los libros, cientos de kilómetros río abajo. Por aquel entonces, cuando él me contaba sus historias, yo tenía seis o siete años y todavía quedaban algunos motores, los mecánicos los destripaban y obtenían de ellos trozos de hierro para cuchillos y arados y puntas de flecha y de lanza. Yo vi sus despojos, vi los montones de chatarra, solo por ese motivo creía a mi abuelo. Los niños de hoy no disponen de ninguna prueba para creer en esas viejas leyendas sobre barcas que se mueven solas: hoy casi no quedan vestigios de ese tiempo. Todos los motores han sido ya utilizados, transformados en herramientas. Cualquier metal es precioso en la ciudad. Pero no importa que cueste creer en el pasado: hoy no hay nadie dispuesto a contarlo.

Mi abuelo siempre estaba callado. Solo hablaba conmigo. Solo a mí me contaba la historia de la ciudad. Esa historia que nadie cuenta. Fue él quien me crio y quien me enseñó a leer, aunque sé poco porque murió siendo yo aún muy chico y debía hacerlo en secreto.

Soy el único que sabe leer, aunque es un ejercicio que me cansa y por ese motivo no lo practico apenas. Además, no quiero encariñarme demasiado con los libros, puesto que mi obligación es quemarlos. Soy el bibliotecario, el guardián de las hogueras (Oliván, 2006).

¿POR QUÉ DOS LENGUAS?

He mencionado hasta ahora la capacidad que un escritor puede tener para escribir en dos lenguas y la necesidad de todo narrador de convertirse en un impostor, pero no he formulado todavía una pregunta clave: ¿por qué alguien que tiene la capacidad de escribir en dos lenguas acaba haciéndolo?, o su reverso, ¿por qué no todos los escritores que tienen esa posibilidad lo hacen? Podríamos aducir muchas razones, pero voy a hablar de una cierta necesidad, de mi propia necesidad. Antes de escribir mi primera obra en castellano, no creo que hubiera decidido conscientemente hacerlo, sino que la necesidad vino impuesta por una primera frase que tenía en mente: «ellos viven del otro lado», que además es una forma muy latinoamericana de decir «al otro lado», que es probablemente lo que escribiríamos en el castellano de España; esa frase vino a unirse al paisaje imaginado de una selva tropical, una selva que puede encontrarse en Venezuela o en Colombia, pero nunca en Europa. Se me impuso la idea de que esa novela tenía que funcionar mejor en castellano o de que únicamente podía funcionar en esa lengua. Después, esa obra, que puede leerse como una alegoría e incluso como una distopía, pero que en realidad quiere hablar de nuestro presente, de la aculturación del presente puesto que tiene como protagonista al bibliotecario de una ciudad donde nadie sabe leer, un bibliotecario que tiene como función alimentar con las hojas de los libros las hogueras que protegen a la ciudad de los mosquitos que transmiten, según se dice, una extraña enfermedad que nunca sabremos si es real o imaginaria, necesitó, a mi entender, de la lengua castellana como herramienta de expresión. La novela, mi primer proyecto largo en castellano, tenía un cariz más fantástico que lo que yo había escrito hasta el momento. Como ya he indicado, esa historia se refería a un mundo más alejado del autor, había una distancia física entre el mundo narrado y a la vez una distancia emocional entre el escritor y la lengua de escritura, circunstancia que pudo ser beneficiosa para construir ese mundo más artificial. En esa novela, de hecho, yo quería haber ido mucho más lejos en el uso del lenguaje, puesto que habla de una ciudad donde se ha perdido toda cultura, incluso las tradiciones se han perdido y se han sustituido por una serie de normas bastante extrañas. En este contexto, quería usar el lenguaje como muestra de esta pérdida; lo hice en alguna medida, pero no me atreví a ser radical: la idea era que palabras que designaban objetos que en ese mundo ya han dejado de existir designaran otras realidades; por ejemplo, la palabra *farola* se refiere a un socavón, a un bache, puesto que las farolas se arrancaron mucho tiempo atrás para aprovechar el metal. No me atreví a llevarlo al límite por el temor de que la narración resultara incomprensible.

Pero la idea fundamental es que la lengua de esta novela, el castellano, se me impuso como una necesidad; es más, en un cierto momento, mientras la estaba escribiendo –ya había publicado dos novelas en catalán y por lo tanto me estaba empezando a abrir paso en esa selva que es el mundo editorial– incluso pensé que iba a ser perjudicial para mi carrera. No sé si llegó a serlo.

UNA TRAYECTORIA BILINGÜE

Después de *El guardián de las hogueras* volví a escribir en catalán. Mis siguientes dos libros fueron en esa lengua. La primera fue una novela, *Un pare possible*, que también ganó un premio, el Fité i Rossell de Andorra. Esta novela muestra un corte más realista, aunque también tiene algunos tintes oníricos, puesto que habla del viaje a México de una fotógrafa de treintaiséis, Rosa, que es la narradora –otra vez el impostor–, para una exposición de sus obras, pero a la vez aprovecha esa estancia en México para conocer a la familia que su padre –que dejó a su madre y los abandonó de pequeños a ella y a su hermano– fundó en México y de la que no ha sabido nada hasta hace poco a través de una carta de su hermano mexicano en la que le comunicaba la muerte del padre. Ese descubrimiento de la familia mexicana y de la ciudad flotante de México DF nos lleva a un final frenético y brutal con algunos elementos que, aunque pueden ser realistas, parecen más bien propios del género fantástico. Sin embargo, es una novela que puede calificarse de realista.

Mi siguiente obra, *Parcel·les habitades*, fue un volumen de cuentos que puede leerse también como una novela fragmentaria, pues todos los cuentos comparten el mismo narrador en primera persona. Un narrador más cercano a la idea del narrador identitario, puesto que podría ser mi alter ego: es hijo de un albañil, tenemos algunos rasgos biográficos en común e incluso el pueblo donde ha crecido se parece sospechosamente al mío, un pueblo de la segunda corona metropolitana, a unos treinta kilómetros de Barcelona, con muchas urbanizaciones bastante destartaladas, sin urbanismo alguno... Ejemplifica esa idea del uso del catalán cuando los personajes son más próximos al autor.

Volví al castellano con un volumen de cuentos, *Títulos robados*, donde recogí algunos cuentos que había ido escribiendo como ejercicio de estilo; es cierto que algunos de esos cuentos entrarían de lleno en el género fantástico o bien toman elementos de ese género (*Conversación con el monstruo*, la parte final de *La noche de la iguana*...); eran cuentos que además jugaban con lo metaliterario: el título del volumen hace referencia a que todos los títulos de los cuentos son títulos robados de obras literarias más o menos conocidas de autores de la literatura catalana, castellana y universal, e incluso dentro de los relatos en ocasiones hay guiños a frases, a fragmentos y a personajes de esas mismas obras. El castellano, pues, como lengua para el artificio, para el juego literario.

Retomé de nuevo el catalán con una novela que se acabó titulando *Has marxat sense avisar* por cuestiones editoriales, aunque para mí sigue denominándose *Nusos* (que podría traducirse como *Nudos* o, en un registro informal, como *Desnudos*). Esta es una de las pocas novelas que hubiera podido escribir en ambas lenguas. Incluso empecé a escribir una versión castellana que por razones de oportunidad no llegó a editarse. Es una novela que participa un poco de esas dos ideas que he ido desplegando: la de impostura y la de los elementos fantásticos. Impostura porque la narradora es una chica adolescente, nacida en Madagascar, adoptada por una familia catalana, mientras que su padre era un escritor bilingüe que muere de manera violenta. Ella retoma una novela que el padre estaba escribiendo y a veces no sabemos exactamente quién es el narrador en cada momento: el padre, la hija o una mezcla imposible de los dos. Y los elementos fantásticos porque se narra la historia de la familia del padre y también el tiempo presente: la narración participa de esos dos mundos, del mundo fantástico y del mundo realista; del *cop de puny* y de la recreación de un pasado que, como toda recreación, recurre a elementos fantásticos o de pura invención para completar los vacíos que el pasado deja a la voluntad del narrador.

La última novela para adultos que publiqué –he obviado mis obras para niños– fue otra vez en castellano. El motivo por el que la escribí en castellano es bastante prosaico: la novela se llama *Lo que hay en el fondo*. Cuando me preguntan por los títulos de las novelas siempre respondo que hay novelas cuyo título se descubre casi al final del proceso, pero otras nacen con título porque el título es fundamental: esta fue una de ellas, y el título contenía ese *lo*. En catalán, en un registro coloquial, hubiéramos dicho *Lo que hi ha al fons*, pero ese artículo neutro, *lo*, no está bien aceptado en registros formales, es un *lo* problemático y, lo que es peor, difícilmente sustituible sin pérdida (*El que hi ha al fons*, *Allò que hi ha al fons*, son construcciones bastante forzadas). O sea que ese detalle impuso la lengua de la novela.

Sin duda, esa elección provoca que la novela sea distinta a cómo sería si la hubiera escrito en catalán. Una vez tomada la decisión de escribirla en castellano, la entendí como una segunda parte de *El guardián de las hogueras*, aunque no tienen nada que ver formalmente. En *El guardián de las hogueras* había un río caudaloso, muy ancho, que separaba a los sanos de los enfermos: el agua era un elemento de separación; en cambio, en *Lo que hay en el fondo* (donde invento un país, Korelia, libremente basado en la región rusa de Carelia, una suerte de cuarto país báltico que se independiza de la URSS), el protagonista, Viktor, vive a la orilla de un lago, mientras que la casa de su amiga Alia está en la orilla de enfrente, de forma que la manera más rápida para desplazarse de una casa a otra es cruzando el lago y, así, el agua se convierte en un elemento de unión, un elemento de comunicación.

Estas dos últimas novelas comparten, además, una característica común: son las primeras en las que trato directamente del tema de la lengua. Para Berta, la protagonista de *Nusos*, esas dos lenguas son el catalán y el castellano; en el caso de Viktor, el ruso y el korelio. En ambos casos, la elección de una u otra lengua no es inocua, tiene muchas connotaciones que tienen que ver con el nacionalismo, con la política, que van a ser temas que es necesario tratar si reflexionamos sobre un escritor bilingüe en catalán y en castellano.

LENGUA Y MERCADO

Es evidente que una de las razones que puede tener alguien que dispone de dos lenguas para escribir es optar por la lengua que le proporciona mayores ingresos o más oportunidades de vivir de su trabajo. Podría ser. Está claro que, numéricamente, el castellano tiene millones de lectores potenciales en todo el mundo e incluso tiene mejor salida a otros mercados, puesto que es más fácil traducir a otras lenguas novelas que hayan triunfado en el mercado en castellano. Ese parece un dato objetivo. Podría contradecirlo el hecho de que, digamos, la clase media de los escritores vende un número de ejemplares que tampoco le permite vivir exclusivamente de la literatura. Tampoco es, por tanto, un factor que tenga que ser determinante; al menos en mi caso no lo ha sido en absoluto, incluso puede haber sido un obstáculo a una carrera que ya había empezado en la literatura catalana.

Otro aspecto –hay un tema político en esta cuestión, también– es que el mercado es mucho más amplio en castellano, pero no es menos cierto que el catalán se habla en un Estado, el español, en el que coexisten varias lenguas. Si realmente hubiera una sensibilidad hacia los escritores en catalán –o en euskera, o en gallego, o en asturiano–, en el sentido de que las editoriales en lengua castellana fueran sensibles a los buenos autores en esas lenguas y sus obras tuvieran buenas traducciones y una repercusión importante, el mercado no sería tampoco un obstáculo para el escritor en catalán, puesto que esa salida tanto a un mercado de literatura española como al mercado internacional sería mucho más fácil. ¿Por qué no sucede esto? Yo creo que obedece a temas políticos y culturales, y a un Estado español que no termina de asumir esa plurinacionalidad y esa diversidad de lenguas que podrían ser también una riqueza. De esta forma, generalmente, los autores catalanes, a pesar de que puedan ser muy buenos autores, no son conocidos en el conjunto del Estado español, sus traducciones no tienen habitualmente mucho éxito en castellano y en consecuencia esa salida al mercado internacional también se complica y, por lo tanto, el hecho de poder vivir de la escritura de ficción se convierte en una tarea muy difícil.

LENGUA Y POLÍTICA (O LENGUA Y NACIONALISMO, O LENGUA Y MERCADO, DE NUEVO)

Abordaré a continuación el tema que, como escritor bilingüe, me resulta más complicado: relacionar el hecho de escribir en catalán o en castellano en un país como Catalunya, pues están siempre presentes las cuestiones relacionadas con el nacionalismo que, como se verá, con frecuencia conducen a volver a los aspectos relacionados con el mercado.

¿Cómo va a afectar la lengua elegida a diferentes ámbitos de la producción literaria? Por ejemplo: ¿escribir en catalán condiciona los temas sobre los que se puede escribir? Es evidente que cualquier lengua sirve para contar cualquier historia y para hablar de cualquier tema. Ahora bien, ¿admite el mercado de los lectores en catalán hablar de según qué temas desde según qué punto de vista? Ilustraré esta cuestión con una anécdota personal relacionada con una conversación mantenida con una editora sobre la novela *Has marxat sense avisar*. Esa novela se inicia presentando a un escritor bilingüe que se encuentra en una situación política en la que pronostica lo que sucedería unos años después de 2017, el año del *procés* de independencia catalana, en una situación, digamos, de *equidistancia*. Este escritor es alguien que no se define como nacionalista catalán, pero que tampoco quiere dejarse fagocitar por el nacionalismo español. La editora me comentó que el punto de vista de este personaje no iba a ser muy bien recibido por el lector del mercado catalán. Es decir, muchas veces se asume que el lector en catalán es un lector militante, como si todavía la situación política catalana fuera la misma que se daba bajo el franquismo, cuando, desde mi punto de vista, hoy en día la mayoría de personas que han ido a la escuela en Catalunya en los últimos cuarenta años han aprendido a leer perfectamente en catalán y, por lo tanto, son potenciales lectores de libros en catalán. Esa identificación del escritor en catalán con un escritor nacionalista catalán, y también del lector en catalán con un lector nacionalista catalán es limitadora, pero no podemos dudar de que los editores son quienes conocen realmente el mercado y probablemente tengan algo de razón cuando afirman que determinados libros o determinados puntos de vista, aunque estén bastante matizados, y no sean contrarios al nacionalismo catalán, no son bien recibidos por este mercado. Desde mi punto de vista, me parece un empobrecimiento, pero sin duda esta actitud obedece a determinadas leyes del mercado.

Otro tema que me parece interesante es el de la lengua literaria. Es evidente que ambas lenguas, tanto el catalán como el castellano, tienen una tradición muy importante. El castellano goza de una tradición que nunca se ha roto y el catalán de una tradición que fue muy importante en la época medieval –hemos tenido escritores como Joanot Martorell y Ausiàs March–, pero que se vio truncada entre los siglos XVI y XVIII; no fue hasta finales del siglo XIX cuando se recuperó una cierta literatura importante en catalán. A ello se debe sumar el escaso poder político y la ausencia de unas normas gramaticales y ortográficas bien desarrolladas hasta principios del siglo XX, con lo que no se normalizó el catalán como lengua literaria hasta entrado el siglo XX. Cuando parecía que esa normalización iba viento en popa, sobre todo a partir de la época de la Mancomunitat y durante la Segunda República española –Catalunya consiguió un estatuto, se extendió la enseñanza en catalán y parecía que iba a resurgir toda esa potencia de la literatura catalana–, se produjo el golpe de Estado del general Franco y a continuación la Guerra Civil, los largos años de dictadura fascista, la prohibición del catalán como lengua de cultura... Todas esas circunstancias adversas generaron, por razones obvias, la idea del catalán como lengua de resistencia, como lengua amenazada. Y esta imagen sigue siendo dominante hoy en día. ¿Qué ha provocado esa idea en la lengua literaria?

Muchas veces, la sensación que tengo como escritor al escribir en catalán es que las posibilidades de decir cosas de maneras distintas son escasas, que la lengua catalana es algo menos plástica que la castellana, que se la puede *agredir* menos. El escritor, por definición, debe ser alguien que extienda los límites de la lengua, que la fuerce a ser lo que puede llegar a ser en sus manos. En catalán, la opción de inventar, de usar distintas variantes dialectales o de no ser estrictamente normativo no ha sido bien considerada, porque muchos han creído que el escritor catalán tenía una misión casi educativa, la de mostrar lo que algunos insisten en llamar *el català correcte*, y atreverse con otros registros no era muy bien visto por el propio mundo editorial y por sus correctores de estilo. Esa era la situación cuando empecé a publicar. Tengo que decir que en los últimos años el mercado editorial ha evolucionado y han aparecido pequeñas editoriales que han cambiado mucho esa concepción; también los escritores más jóvenes, los nacidos a finales de los setenta y en los ochenta, han sacudido el panorama: son escritores que se saltan la normativa sin complejos para construir una lengua más viva, más próxima a los distintos modos que tiene la gente de hablar catalán, que se atreven a ampliar las posibilidades del lenguaje literario. Gran parte del mérito de esta renovación no es solo de los escritores, sino también de los nuevos editores, de los nuevos correctores de estilo, que están permitiendo que las novelas en catalán publicadas en los últimos diez años estén, creo, ampliando el campo de batalla. Esto me parece muy importante: que los escritores en catalán aprendamos, junto con todo el mundo editorial, a extender la lengua más allá de los estrictos límites normativos de los registros formales.

En mi caso, recurrir al castellano me permitió esa plasticidad, esa lengua más literaria, y en cambio en catalán mi estilo era mucho más directo, con frases más breves, más cortante. Ahora creo que el futuro es bastante halagüeño para los escritores en catalán y para la edición en catalán, en el sentido de que las nuevas editoriales están apostando muy fuerte al dejar que los creadores creen, fuercen los límites del lenguaje y nos permitan superar un poco esa obligación casi didáctica de los escritores en catalán en relación con su lengua, porque pienso que, en general, cuando impera un cierto didactismo, la literatura inevitablemente se resiente de ello.

Antes, al referirme a la lengua y a la política, he citado dos de mis obras, *Lo que hay en el fondo* y *Has marxat sense avisar*, donde aparece una referencia explícita al conflicto entre dos lenguas que conviven en un territorio. Sus protagonistas son conscientes de que la elección de una u otra lengua no es inocua, de que nunca es políticamente inocente. Lo ilustraré, en primer lugar, con un fragmento de *Lo que hay en el fondo*, publicada por Lengua de Trapo en 2013. Su protagonista, Viktor, es hijo de un expolicía soviético, rusohablante, con quien tiene una relación muy conflictiva, puesto que le acusa prácticamente de la desaparición de su país, del hundimiento de la URSS, y lo trata como si fuera un furibundo independentista korelio. Después, Viktor estudia lenguas románicas, se va a vivir a Catalunya y se casa con una mujer catalana con quien tiene un hijo, Jordi. La narración se inicia cuando una amiga de infancia, Alia, se presenta de improviso en su casa. El texto que cito es un fragmento del capítulo 3.

> Volví con Jordi en brazos después de cambiarle el pañal. Al ver a Alia, rompió a llorar con desconsuelo y dijo «mama», así, con la última a cerrándose en una vocal neutra. Las pocas palabras que pronuncia son en catalán. Yo siempre le hablo en ruso.
> —Mamá no está. Está trabajando.
> Alia me miró con extrañeza, juraría que censurándome por haber elegido el idioma de mi padre (Oliván, 2013).

El siguiente ejemplo procede de *Has marxat sense avisar*, publicada por Columna Edicions, y es un fragmento del segundo capítulo, «Migranya», donde Berta, la hija de un escritor bilingüe que ha muerto violentamente, decide, un tiempo después de su muerte, entrar en su estudio y, en cierta manera, retomar su trabajo y continuar una novela que dejó a medias.

> El pare m'autoritza, doncs, a inventar els motius de la seva mort; autoritza el fet de ser tractat com si fos un personatge més. I això és el que penso fer.
> El pare va morir perquè pretenia ser un individu. Era una persona incoherent, sovint, per molt que s'esforcés en el contrari. I també dubitativa. Però, sobretot, era una persona temorosa de la força del grup, de la crueltat de la comunitat que ens anestesia. I de la seva estupidesa. Era, també, massa orgullós i, malgrat el seu afany per mantenir una línia contínua de pensament, sense salts abruptes ni ruptures, contradictori. Ell, que havia escrit un *Elogi de la covardia*, va morir com un heroi. Això sí: com un heroi sense pàtria, sense bandera de cap país que cobreixi el fèretre, sense un himne que pugui taral·lejar-se ni cantar-se en grup davant del cos present amb la mà posada al pit, sense un déu al qual encomanar-se, sense una multitud afligida o enardida que el tingués en aquesta consideració. Com un «botifler» i, alhora, com un *«polaco de mierda»* (Oliván, 2007).

¿UNA LITERATURA HÍBRIDA?

Me gustaría ahora apuntar una posibilidad, o manifestar una extrañeza, por el hecho de que, en un territorio como Catalunya, donde el 90 % de sus habitantes son capaces de leer en catalán y en castellano, no haya aparecido un tipo de literatura híbrida que utilice en una misma obra, en una misma novela o en un mismo relato, los dos idiomas como lengua literaria, no solo en los diálogos sino incluso recurriendo a diferentes narradores en primera persona. Eso quizá se ha experimentado en narrativa audiovisual, pero que yo tenga constancia no se ha llevado a cabo, o al menos de manera relevante, hasta hace muy poco. En 2020 se ha publicado la novela *El càstig*, de Guillem Sala, que podría entrar en esta categoría de «literatura híbrida», puesto que tanto sus personajes como el narrador utilizan tanto el catalán como el castellano, y a veces incluso cambian de lengua a media frase, sin necesidad de cursivas ni entrecomillados. No es algo que yo me plantee como narrador, pero sí que me parece curioso que ese experimento, esa idea de mezclar en una misma obra dos lenguas que están tan presentes en la sociedad catalana, no se haya producido de manera más significativa o no anecdótica.

Ya para terminar, espero que mi experiencia como escritor bilingüe, aunque no sea generalizable, haya sido útil, al menos, para mostrar cuál es la relación que un escritor establece con sus herramientas de trabajo, las dos lenguas con las que escribe; que haya contribuido también a constituir un acercamiento a las especificidades de un escritor catalán que escribe en catalán y castellano; y, por último, me gustaría apuntar otra posibilidad: he mencionado en diversas ocasiones que yo he utilizado el castellano para acercarme al género fantástico; sin embargo, a veces me planteo si la lengua castellana no ha sido para mí una especie de máscara, puesto que a veces me considero un escritor en catalán que escribe *también* en castellano. Como me dijo un poeta amigo mío, citando a Gabriel Ferrater, en una ocasión en la que yo estaba frente a un bloqueo importante en una novela, en literatura «cualquier problema artístico es un problema técnico». En ocasiones reflexiono sobre si no he sido yo quien no ha sabido ver la suficiente plasticidad en el catalán como para acercarme a lo fantástico, para jugar con los límites, y para eso he debido utilizar otra herramienta, la lengua castellana. De todas maneras, bendito sea ese problema técnico, puesto que para mí ha significado un goce poder disponer de estas dos herramientas y poder utilizarlas, digamos, a voluntad, no sé si a mi voluntad o a la suya, la de las lenguas: muchas veces creo que ellas han decidido más que yo mismo cuándo debían ser usadas.

REFERENCIAS BIBLIOGRÁFICAS

OLIVÁN SIBAT, Lluís (2005): *El taxidermista*, Barcelona, Viena Edicions.

OLIVÁN SIBAT, Lluís (2006): *El guardián de las hogueras*, Madrid, EDAF.

OLIVÁN SIBAT, Lluís (2007): *Un pare possible*, Barcelona, Columna Edicions.

OLIVÁN SIBAT, Lluís (2008*a*): *Parcel·les habitades*, Barcelona, Columna Edicions.

OLIVÁN SIBAT, Lluís (2008*b*): *Títulos robados*, Sevilla, Algaida.

OLIVÁN SIBAT, Lluís (2010): *Has marxat sense avisar*, Barcelona, Columna Edicions.

OLIVÁN SIBAT, Lluís (2013): *Lo que hay en el fondo*, Madrid, Lengua de Trapo.

SALA, Guillem (2020): *El càstig*, Barcelona, L'Altra Editorial.

LA POESÍA CON DISPARADOR: SOBRE LENGUAS, ESCRITURA Y TRADUCCIÓN
Entrevista a Marta Pessarrodona

Jordi Julià y Dolors Poch

JORDI JULIÀ Y DOLORS POCH. *Empecemos por tus inicios lingüísticos, a pesar de hablar en catalán siempre con tu familia, tendrás una formación plenamente española (por exigencias de la autoridad competente, propias del franquismo). De hecho, en tu adolescencia, cuando escribías cartas a tus padres, lo hacías en español, puesto que no habías recibido una formación escrita en catalán, ni era una lengua epistolar, ¿verdad? ¿Cómo funcionaba aquel bilingüismo en el ámbito familiar y formal?*

MARTA PESSARRODONA. Yo nunca he hecho un examen en catalán. Mi padre, teniente republicano, herido de bala en la ingle en la guerra (y por poco yo no llego a nacer), tenía problemas para hablar en castellano, decía «¿eh que me entiende?, ¿eh que me entiende?», y pasaba enseguida al catalán. Mis padres no eran gente de carrera. En las cartas de cuando yo tenía dieciséis o diecisiete años todavía son «queridos papás», siempre escritas en castellano. Yo tenía una lengua escrita que era la castellana. Yo nací muy cerca del complejo Egara, estoy bautizada allí, se llama el Barri de Sant Pere (pero es muy céntrico, en Terrassa) y, tal vez sí, en la calle había una especie de realquilados andaluces que hablaban castellano, pero, en realidad, no contaban para nada. La Terrassa de aquel tiempo era catalanohablante.

¿Cómo era la sociedad de Terrassa en tu primera juventud?

Por ejemplo, yo iba a buscar el periódico cerca de la estación de RENFE, por la tarde, porque mi padre leía *El Noticiero*, y las escenas que veía se parecían a las de *Rocco e i suoi fratelli*: la llegada de las familias, con aquellas maletas viejas, la veía muchas veces. Cuando yo nací, creo que Terrassa ya tenía 75.000 habitantes, es decir, era ya una población importante. Siguiendo con el uso de las lenguas en mi juventud, recuerdo, por ejemplo, que cuando yo iba al estanco a comprar tabaco para mi padre pedía lo que necesitaba en catalán (mi padre fumaba tabaco negro y también tabaco de liar y tenía un aparato para fabricarse los cigarrillos y, a veces, yo se los preparaba) y yo pedía el tabaco en catalán y me respondían «hable en cristiano», esto me lo habían dicho hasta la saciedad.

La lengua de cultura de la gente de tu generación, sin embargo, era el francés.

Sí. A los quince años pasé mi primer verano en Francia con una *penpal*. Me había conectado con esta amiga de correspondencia mi profesora de francés, madame Trepat, Adela Maria Trepat, que era, en realidad, una gran latinista. Todo esto lo comprendí muy bien cuando preparaba mi libro sobre el exilio, *França 1939*. Al terminar la guerra fueron depurados todos los intelectuales profesores universitarios, pero los que deberían haber ido a la universidad (por ejemplo, Carles Riba o Eduard Valentí) pudieron «cobijarse» en los institutos. Guardo un excelente recuerdo del Institut Maragall, donde estudié desde los trece años, yendo y viniendo todos los días (pasando por debajo de lo que actualmente es la biblioteca que lleva mi nombre), donde tuve profesores excelentes. Por ejemplo, la profesora de Historia, María Comas, era extraordinaria: tanto ella como su marido habían sido profesores en el Institut-Escola y fueron depurados, obviamente. He sabido hace poco que también Adela Maria Trepat fue depurada, porque quiero hacer un retrato de ella. Tengo que entrar en contacto con su hija para que me hable de su madre, que murió relativamente joven, con poco más de cincuenta años. Ese verano de mis quince años, que creo que fue el del año 1957 y que pasé en Villeneuve-sur-Lot, entre Toulouse y Burdeos (pueblo que no tenía estación de tren, tenías que ir en tren a Toulouse y luego te venían a buscar), leí simultáneamente a Charles Baudelaire y a Françoise Sagan. Y Sagan ya había publicado sus tres primeras novelas que son, en realidad, sus tres novelas, tenía un coche deportivo y se había comprado un *chateau*. En algunos momentos comencé a dudar de si escribiría narrativa, pero no, creo que a mi mentalidad lo que le va bien es la poesía. A los quince años ya leía en francés. Fui muy buena en francés y yo la considero mi tercera lengua. La primera, el catalán; la segunda, el castellano, y «no me bajo del burro». Y ya que tengo esa lengua intento, incluso, mejorarla. Una vez le pedí al editor Jaume Vallcorba que me diera un libro difícil para que lo tradujera al castellano, porque llevaba un tiempo sin traducir de esa lengua y no quería perderla, y me dio un libro dificilísimo de Otto Mayr y me quedé bien lucida, era un escritor alemán que escribía en francés sobre el tiempo y los relojes: *Autoridad, libertad y maquinaria automática en la primera modernidad europea*. Era muy difícil, pero se lo pedí yo... Cuando traduzco al castellano leo mucho la Biblia de aquel traductor que no era católico, Cipriano de Valera, porque me gusta mucho su castellano. Como me gusta la Biblia, la leo para coger el tono.

Desde muy jovencita, sin embargo, leías poesía castellana: ¿qué poetas españoles preferías en tu juventud?

Yo, a los doce años, tenía muy claro que quería ser Federico García Lorca, ni más ni menos. A los quince dudé, ya lo he dicho. Yo, de jovencita, ya leía mucho. Tengo, por ejemplo, la edición completa en piel de Aguilar de la poesía de Lorca. Enseguida me decanté por *Poeta en Nueva York*. Y cuando Esther Tusquets –que fue muy amiga mía– inició su labor editorial y preparó una colección preciosa que se titulaba Palabra e Imagen, publicó en ella *Poeta en Nueva York* con imágenes y fotografías, y me dijo: «este volumen casi te lo deberíamos dedicar a ti», porque me entusiasmaba y aún me gusta mucho. También leía a Góngora y a Garcilaso. Pedro Salinas me gustaba mucho. En cambio, Vicente Aleixandre no me ha entrado nunca, no te podría citar ni siquiera un título de Aleixandre. Salinas, en mis gustos, era el segundo. Primero estaba Lorca, que es extraordinario, y después venía Salinas. Y claro, al estudiar francés, leía a los románticos. Recuerdo los versos de Alfred de Musset («J'ai perdu ma force et ma vie | Et mes amis et ma gaieté | *J'ai perdu* jusqu'à la fierté | Qui faisait croire à mon génie») que utilicé en mi biografía de Verdaguer porque Mistral, cuando vino a Barcelona y habló con Verdaguer, dijo «Il faut être fier», es decir, «siga con su lengua», porque «il faut être fier». No sé si a Mistral también le gustaban los versos de De Musset. Cernuda me llegó mucho más tarde, no en mi juventud. Cuando descubrí a Cernuda, yo estaba ya con Gabriel Ferrater y su comentario fue «sí, sí, es buenísimo, pero se quejaba por todo». A Eliot también lo descubrí cuando estaba con Gabriel –y no porque me hablara de él–, y le dije: «¿Cómo es posible que no me hayas dicho que me tenía que gustar Eliot, porque es extraordinario?». Y me contestó: «Sí, pero a un poeta que se convierte a una religión en la que el papa es una chica que monta a caballo no me lo puedo tomar en serio». Gabriel era un magnífico desmitificador.

¿En tu juventud, pues, aún escribes en castellano?

Claro, yo entré en la universidad a estudiar los cursos comunes de Ciencias y todavía escribía en castellano. Cuando decidí ser escritora catalana me iban a publicar un par de poemas en una revista de Cuba (y por entonces todavía creía en Fidel Castro). Pero no. La decisión fue como la caída de San Pablo, no quiero pecar de vanidosa, pero pienso que la poesía debe ser algo muy interno y en mi fuero interno estaba el catalán, que era la lengua de mi familia. Renuncié a publicar los poemas y me compré la *Gramática* de Pompeu Fabra de la editorial Teide. Simultáneamente, debía examinarme del carnet de conducir y me leí siete veces la parte teórica del examen y lo aprobé a la primera (y la práctica también la aprobé a la primera, gracias a Dios); y el volumen de Fabra también me lo leí varias veces y me lancé. Quien más influyó en mi decisión, y sin haber ejercido ningún tipo de presión, fue Paulina Pi de la Serra.

¿Quién fue Paulina Pi de la Serra y cómo influyó en este cambio de lengua literaria?

La conocí de una forma muy emblemática. Al lado del complejo Egara —que ya he mencionado— había una biblioteca. La Diputación había fundado pequeñas bibliotecas en Cataluña y allí había una de ellas, y una bibliotecaria, Magda Solé, que no era de Terrassa. Paulina impartía clases de catalán en la biblioteca, aunque yo no asistí nunca a ellas. Un día en el que Magda y yo habíamos ido a ver *Hiroshima mon amour* en versión original al cine La Rambla —que ya no existe—, Magda me presentó a Paulina y ahí se inició nuestra amistad. Ella, en ocasiones, citaba a Josep Carner diciendo que «era amigo de papá y de pequeña me subía a su regazo». Paulina fue la factótum de la casa de Carles Riba en Cadaqués. Era muy amiga de Carles Riba y me decía: «¡Qué lástima que no te haya conocido, le habrías encantado...!». Todo esto fue calando en mí, aunque Paulina nunca me dijo: «¿Por qué escribes poemas en castellano?». No, nada, y mi familia tampoco, y yo seguía encabezando las cartas o las postales con un «Queridos papás», aunque yo nunca les había llamado *papá* y *mamá*, al contrario, eran *pare* y *mare*. Se explicaba, incluso, que las primeras palabritas que articulé de pequeña fueron *paia* y *maia*, por *pare* y *mare*. Siempre lo explicaba mi padre con gran contento.

¿Algunos de tus conocidos lamentaron que te pasaras al catalán?

Esther Tusquets me llamaba cada media hora a casa de mis padres diciéndome que me equivocaba. Aunque al cabo de los años me dijo: «no, tú tenías razón». Y

Esther, curiosamente, cuando murió creía en la independencia de Cataluña, y eso que era muy suya en lo suyo, pero era inteligente. Esther y yo hablamos siempre en castellano, hasta el final, pero basta que hubiera una tercera persona y cambiábamos de lengua. Pero ella y yo lo normal era que habláramos en castellano. Cuando estás costumbrado a hablar una lengua con una persona adquieres unos hábitos determinados.

¿Recuerdas algo que te haya supuesto una dificultad importante al comenzar a escribir en catalán?

Hombre, claro, cometía cantidad de fallos. La diferencia la noté mucho respecto a Montse Roig. Hubo un conato de apertura en *Mundodiario*, y le dieron a Maria Aurèlia Capmany una página en catalán, y me pidió escribir una columna, y tuve columna. Y después se incorporó Montse Roig, y le veía una soltura que yo no tenía, porque su padre, Tomàs Roig i Llop, había sido escritor, secretario de Bofill y Matas (el poeta Guerau de Liost), abogado, etc. Ella había vivido en un ambiente más culto que el mío y yo notaba que ella tenía mucha más facilidad que yo para el catalán. Y los años en los que me he dedicado mucho al periodismo me han venido muy bien porque me he desfogado. Ahora Carme Mas está preparando una recopilación de mis artículos que pueden llenar fácilmente cuatro volúmenes.

Con un grupo de jóvenes poetas y artistas de Terrassa cuaja un primer núcleo literario, y con ellos publicas tus primeros poemas en catalán a finales de los años sesenta...

Sí, mi Bloomsbury, aunque era un grupo más artístico que literario. Editamos veintisiete ejemplares numerados de este primer libro, que en 1965 cada volumen valía 1.000 pesetas, o sea que era carísimo, pero se agotaron en cinco minutos, porque el acto de presentación tenía lugar en el marco de una exposición... Ahora, al recuperar esos poemas en el volumen recopilatorio de mis versos, *Tot m'admira*, el que a lo largo del tiempo fue mi primer libro, *Setembre 30*, ha pasado a ser mi segundo libro.

¿Fue entonces cuando pasaste a la lectura de poesía catalana o, a pesar de escribir en español, ya anteriormente habías leído literatura en catalán?

No, lo más importante fue mi madre. Mi madre era claramente una niña sencilla, pero de la República y, por ejemplo, cuando celebraba mi santo o mi cumpleaños o para Reyes, siempre me regalaban lo que yo había pedido (si quería una cocinita, la tenía, si quería una bicicleta, también la tenía), pero siempre, además, un libro de Josep M. Folch i Torres. A mi madre le gustaba mucho Folch i Torres. Ahora he perdido estas novelas y lo lamento mucho porque algunas eran extraordinarias, como *Catia o la filla del moliner*. Siempre digo que pasé de Folch i Torres a Salvador Espriu sin transición. Mi madre, como buena hija de la República, tenía muchas ideas higiénicas (como, por ejemplo, que cada día había que comer cosas distintas), y por ello veraneábamos en Castellfollit de Riubregós, y con motivo de una fiesta mi madre hizo que me aprendiera «La vaca cega» de Joan Maragall y la recité en público –por lo que la literatura catalana estaba presente en mi formación–. Mi madre no tenía ningún interés en llevarme al colegio, pero mi vecina, que tenía la misma edad que yo, iba al colegio y yo no paré de reclamar ir al colegio hasta que mi madre cedió y así fue como fui al colegio a los tres años sabiendo leer.

¿En tu casa disponías de biblioteca familiar?

El único libro importante que había en mi casa era el *Quijote* y, además, una *Història de Catalunya* de Ferran Soldevila y Ferran Valls Taberner. (Después he sabido por otra vía que la familia Valls Taberner subvencionó durante muchos años, de tapadillo, el Institut d'Estudis Catalans). En mi casa también podía ocurrir que un día comiéramos tarde porque mi madre estaba acabando una novela, de Carmen de Icaza o de escritores similares. Y mi padre, o bien leía sobre la Guerra Mundial o bien novelas baratas. Se compró, incluso, una lamparilla para utilizar en la cama (en una ocasión incluso quemó una sábana), porque era un gran lector. Yo siempre veía a mis padres leyendo y esto es lo importante. Mi madre se hizo una cultura siguiéndome a mí en las lecturas y, si hubiera querido, hubiera podido hablar de Espriu, que era la fiebre de aquel momento. Me iba siguiendo... Además, me permitieron tener una cuenta en la librería importante de Terrassa, Casa Grau. Y yo ya le decía a Grau: «cuando se publique un volumen de Biblioteca Breve, guárdemelo». Así leí a Carson McCullers y a otros muchos autores como Friedrich Dürrenmatt, Heinrich Böll... La Biblioteca Breve era excelente y me los guardaban. Pero Grau, que era un librero de los de antes de la guerra, me decía que abajo –donde no me dejó entrar nunca– tenía unos libros (por ejemplo, yo tengo la edición de 1938 de la Institució de les Lletres Catalanes de *Aloma* de Mercè Rodoreda) y de vez en cuando me decía: «tal vez le interese esto o lo otro». Mis padres me facilitaron la compra de libros.

¿En los años sesenta, y con consciencia de escritora en catalán, recuperas a autores de esta tradición, como Carles Riba, y lees los poetas más conocidos de la época, como Salvador Espriu y Pere Quart?

Sí, todo. De Riba incluso la lectura infantil de *Les aventures d'en Perot Marrasquí*, que constituyen una especie de «anti»-Folch i Torres, un libro infantil culto. Quiero buscar libros de Folch i Torres y mirarlos ahora porque el catalán de Folch i Torres era muy bueno.

¿Tuviste dificultades para pasar del catalán oral al catalán escrito?

Francamente, no lo sé.

Tu primer libro canónico, Setembre 30*, presenta una característica muy curiosa: tu yo poético es masculino.*

Es así, efectivamente. Hasta el tercer libro (que ahora es el cuarto), *Memoria i*, en el que ya es femenino. Me di cuenta en 1984, cuando en las Edicions del Mall me publicaron los cuatro primeros libros en un volumen, y me enviaron las galeradas a Berlín. En esa época yo estaba en Berlín estudiando alemán con una beca del Goethe Institut y me percaté de ello al corregir las galeradas. Al repasar las pruebas te das cuenta de cosas a posteriori: yo siempre había creído que tenía más influencias de Jaime Gil de Biedma que del propio Gabriel, pero ahora al revisar las galeradas de *Tot m'admira*, mi poesía completa, he visto que también tengo influencias de Gabriel. Cuando te ves tú misma a una cierta distancia te das cuenta de muchas cosas. También he visto cosas muy dramáticas, como por ejemplo que en poemas de *Setembre 30* ya preveo la muerte de mi amigo de Terrassa Marià Vancells y ni siquiera estaba enfermo. Fue una leucemia rapidísima, de meses. Hay un poema titulado «He pres uns arlequins...» que dice: «He sentit en la teva mirada la mort», y ahí intuyo su muerte. Es aquello que dice Adrienne Rich, que la poesía se nutre mucho del pasado, mucho, pero, a veces, también adivina cosas, se avanza a hechos que vienen después.

¿El yo masculino de tus primeros libros se debe a una imitación inconsciente de la poesía masculina, que es la que tú consumías entonces?

No leí a fondo a Maria Antònia Salvà hasta 1975 o 1976. Para conseguir que la editorial Moll me vendiera todo lo que tuvieran publicado de Salvà tuve que comprar a plazos todos los tomos del *Diccionari* Alcover-Moll. Como editora de

Edhasa, le encargué una antología de Salvà a Biel Mesquida, pero él se la pasó a Xesca Fabregat, y se tituló *Al cel sia!* Gabriel Ferrater me hablaba de Clementina Arderiu y además la conocí porque, cuando estaba escribiendo el prólogo de la edición de las versiones de Hölderlin de Riba, me dijo: «tengo que ir a ver a Clementina, supongo que quieres venir conmigo». Naturalmente, le dije que sí, «vamos». Pero Gabriel no tenía ningún libro de Clementina y cuando hablaba de ella siempre decía: «¡Qué pesado Riba, siempre nos enseñaba poemas suyos!». Se ve que Riba sí que le hacía mucho caso: «Mirad qué poema, ¡qué bueno!». Ella es una poeta muy inspirada, cualidad que Riba no posee: es muy buen poeta, pero no es inspirado. Y yo tengo un libro de Clementina Arderiu que me regaló Joan Vinyoli, primero me lo prestó y después me dijo que me podía quedar con él. Te hablo, aproximadamente, de 1976. Cuando en mi poema «Per a Maria Antònia, Caterina i Clementina i tantes –no moltes– d'altres» digo que era necesario hurgar «en edicions gens assequibles» me refiero a esto. No había ninguna otra solución. Hace dos años que me acabo de enterar de que existió una poeta que se llamaba Maria Josepa Massanés. La genealogía de las mujeres dentro de la poesía ahora comenzamos a tenerla un poco clara, pero, muy poco.

¿Cuándo entras en contacto con Gabriel Ferrater?

Exactamente, el 11 de mayo de 1968, porque tengo aún una invitación. Vino a Terrassa a conocerme, cuando el editor Josep Pedreira ya me había dicho que, de todas formas, quería publicar mi libro, que le gustaba y lo quería publicar. Y, además, me dijo que «ya que Gabriel Ferrater es muy inteligente y quería que hubieras ganado tú sin duda alguna, un prólogo suyo estaría bien...». La relación entre Gabriel y yo se precipitó, a partir de este 11 de mayo, y yo dije que nada de prólogos. Pero Esther Tusquets me dijo: «mira, Marta, los amores van y vienen, pero los prólogos quedan». Ahora estoy muy contenta de que lo escribiera.

¿Cómo conociste la poesía de Gabriel Ferrater?

Tienes que pensar que cuando él se marchó... He aprendido esta expresión de Lolita Flores, nada de que se murió o se suicidó, se fue. Todo el mundo se va y no vuelve. Cuando se marchó, como te decía, yo solamente había publicado *Setembre 30* y, claro, había visto estos otros ocho poemas míos, pero como si nada. Ni siquiera tenía el libro. Yo comencé como Joan Fuster, por *Menja't una cama* (1961). Y puedo contarte que lo compré en Breda: en Breda había una pequeña tienda que vendía cerámica y solamente libros catalanes, yo diría que únicamente de poesía y, tal vez, alguno que no era de poesía. Y allí me lo compré. Inmediatamente apareció aquella entrevista a Gabriel en *Destino*. Y yo pensé: «¡Menos mal!», porque las fotos que aparecían en *Serra d'Or* de los prohombres catalanes me conducían a decirme: «caramba, ¿dónde te has metido?». Eran viejecitos, tronaditos, más bien feos..., no diré nombres. Y claro, salió aquella figura y pensé: «esto no está tan mal». Además, le había visto muchas veces en el tren, pero yo soy tímida y nunca me había atrevido a decirle: «soy yo». Un día, estando con Esther Tusquets en Lumen, me dijo: «llamo ahora mismo a Seix Barral, tomamos el aperitivo y te lo presento, porque está hablando de ti todo el tiempo, dice que serás la ganadora». Y quedé tercera del premio Carles Riba, porque consideraron que era joven y que ya lo ganaría.

¿Te ayudó a través de vuestras conversaciones, te pasaba libros o recomendaba libros directamente o era de aquellas personas que hablan de libros y de autores sin imponerlos?

La única imposición, digámoslo así, pero estuvo muy bien, fue la siguiente: inmediatamente después de comenzar nuestra relación sacó en préstamo de la biblioteca del British Institute de Barcelona *The Golden Notebook* de Doris Lessing. Yo le dije que no sabía inglés, porque en ese momento sabía muy poco y él me dijo: «qué más da, así aprenderás». Durante los cuatro años que estuve con él no lo aprendí porque «estaba para otras cosas», y había empezado a trabajar en editoriales, pero después he tenido muy buena relación con Doris Lessing. Cuando él comenzó a dar clases en la Universitat Autònoma, que por entonces tenía la sede en la actual Casa de Cultura de Sant Cugat, ya traduje el «Musée des Beaux Arts» de Auden (ahora lo he retraducido, y es mucho mejor la traducción actual). Auden, Frost..., me han quedado. Pero no porque él me dijera: «ahora tienes que leer esto». Gabriel tenía un defecto básico que era el alcoholismo, pero no hace falta insistir en ello. Es una adicción terrible y quien la padece lo pasa muy mal. Pero, como pareja, no adolecía de muchos tics que presentan muchos hombres, especialmente el de perdonarte la vida. Hoy en día, a mis ochenta años, en ocasiones, algunos hombres todavía me perdonan la vida. Estuve en un jurado que se reunió la víspera de que se hiciese público que me habían concedido el Premi d'Honor de les Lletres Catalanes. Era una semana de marzo que contenía la fecha del día 8. Uno de los miembros del jurado me perdonó la vida de una forma casi insultante. Me he encontrado muchas veces en situaciones como esta en la que me dicen qué debería leer o qué debería conocer, sin ni siquiera considerar que tengo bibliografía detrás de mí.

¿Tu conocimiento de Jaime Gil de Biedma se intensifica a raíz de conocer a Ferrater o ya venía de antes?

Tengo *Moralidades*, de Joaquín Mortiz, que era el suyo, porque me lo dio Gabriel. Pero yo ya lo conocía.

¿También te interesaban otros poetas de esta generación de los cincuenta como José Agustín Goytisolo, Carlos Barral o Ángel González?

No. A mi me gustaba Blas de Otero. En el Cristal City de Barcelona compré libros en ediciones cubanas. No sé cómo se las arreglaba el propietario, pero allí encontraba cosas de Austral y ediciones de Sudamérica.

¿El interés por aprender inglés se te despierta a finales de los años sesenta?

Ese interés lo había tenido siempre porque uno de aquellos ocho poemas, pecados de juventud, se titula «El Tàmesi llepa la nit», y todavía no había ido, porque fui por primera vez en 1967.

Después de 1972 te trasladaste a Inglaterra y fuiste de lectora de español...

Imagino que hice algo de provecho porque no me echaron. No sé qué hacen ahora los lectores, porque por allí pasó la señora Thatcher y arrasó las universidades, pero en esa época un lectorado era como una beca y el sueldo era muy pequeño. Yo en Seix Barral ganaba 15.500 pesetas al mes, y los meses lectivos me salían en Inglaterra por 15.000, pero vivías en la universidad y tenías muchas ventajas. Me lo pasé muy bien. Creo que es la única época de mi vida en la que leía un libro cada día (bueno, y tal vez cuando era jovencita también).

¿Perfeccionaste tu inglés una vez allí? ¿Leías mucho?

Muchísimo. El Departamento de Español estaba al lado de la biblioteca y durante el primer curso me instalaron en un despacho provisional estupendo, incluso se ponían ardillas en mi ventana, todo estaba muy bien. Se disculparon mucho porque no había demasiado espacio al estar haciendo la biblioteca nueva. En el segundo curso ya me dieron un despacho grande en el nuevo edificio, pero en el Departamento de Español había una pequeña biblioteca en la que había, sobre todo, revistas y periódicos. El catedrático, *professor*, era Brian Tate, que había realizado su tesis sobre el obispo Margarit de Girona. Tate y yo siempre hablábamos en catalán, aunque yo daba clases de conversación en castellano; venían dos alumnos y me contaban cotilleos del campus y yo estaba enteradísima de todo lo que ocurría. En esta pequeña biblioteca se podía encontrar la revista *Serra d'Or* y también *Triunfo*, que yo ni siquiera miraba, nunca abrí un número. Enseguida pedí que me trajeran un *The Guardian*. Porque allí pedías al quiosquero que te trajera el periódico y él ya sabía que no tenía que hacerlo durante los periodos de vacaciones, era estupendo. Estaba suscrita a *The Guardian*, periódico inglés que ahora no me gusta, ahora estoy suscrita a *The Times*.

En esa época empezaste tus primeras traducciones y la primera fue una obra de E. M. Forster: Una habitación con vistas...

Así fue, la hice en Nottingham y pidiendo permiso, porque había que pedir permiso para traducir. Me fue muy bien y aumentó mi afición a la Biblia, porque, de repente, trabajando con los autores ingleses te preguntas: «¿de dónde sale esto?», porque es un inglés un poco diferente, y es que es bíblico. Tienes el *Concise to the Bible* y allí lo encuentras.

Antes decías que a veces intentas leer algunas obras españolas para que te den el nivel al traducir... ¿Cómo traduces? ¿Cómo lo haces?

Sí, antes de irme a la cama leo en español o en catalán, según la traducción. Yo, como traductora, solo daría un consejo: no mirar el reloj. De repente, traduces muy rápido, pero, de repente, te pasas dos días traduciendo una frase. Es mi único consejo. Me gusta porque es como hacer gimnasia por la mañana: yo empezaba a traducir de buena mañana. Trabajo así desde que trabajaba como *freelance*: de alguna cosa tenía que vivir; no vivía de mi poesía.

¿Recuerdas algún libro de literatura que te costara especialmente traducir?

No. De lo que sí que me di cuenta es de que cuanto más difícil es el autor (tipo Forster, Virginia Woolf o Sontag) mejor te sale la traducción, porque exige más esfuerzo y estás más atenta.

¿Qué haces cuando encuentras una palabra intraducible?

Busco una paráfrasis. Una traducción de la que estoy muy contenta es la del título de la novela *Miedo a volar*, de Erika Jong –que en aquella época fue la sensación–. Originalmente se titulaba *Dipples fuck*, que en castellano era «joder sin cremallera». Me inventé *Jodienda descremallerada*, que apareció como subtítulo. Algo como *Joder bajándose la cremallera* no funciona, por eso *Jodienda descremallerada*. Se aceptó muy bien. José Agustín Goytisolo me dijo que era el libro que tenían en la mesilla de noche todas las mujeres de Sevilla (era una exageración, evidentemente). El público que leía en castellano lo aceptó.

¿Qué autores ingleses consideras que más te han influido en tu obra poética?

Básicamente, Auden. Con Philip Larkin me ocurre lo mismo que con J. V. Foix. Conocí a Foix porque Gabriel me dijo: «tengo que ir a ver a Foix, supongo que querrás acompañarme...». Me lo presentó Gabriel en casa de Foix. Siempre le decía a Gabriel que Foix era buenísimo, porque el primer Foix que leí me lo regaló Marc Molins. Y cuando conocí a Gabriel, él tenía la obra completa de Foix, que entonces se vendía por casi nada. Y yo, al ser escritora catalana, la consigna a mi librero era siempre preguntarle qué tenía en catalán, qué acababa de salir y, por tanto, ya tenía libros de Foix. Me gustaba, aunque tal vez lo encontraba un poco frío. Pero ahora es una pasión hasta el punto de que, a veces, antes de acostarme, releo a Foix.

¿También te has reconciliado con Philip Larkin?

A Larkin le conocí de «how do you do?», porque era bibliotecario de la Universidad de Halle. En enero del primer año que estuve en Inglaterra, vino una antigua estudiante de Nottingham (si bien ella era de Londres) y había sido profesora en Halle, aunque consiguió volver a su antigua *alma mater*, que era Nottingham, y nos hicimos bastante amigas. Era una inglesa de los pies a la cabeza, de aspecto incluso se parecía un poco a Jane Austen (con un moñito y esas cosas); jugábamos al billar juntas y al croquet (yo llegué a organizar un campeonato de croquet). Y ella me presentó a Larkin cuando vino a la inauguración de la Biblioteca de Nottingham. Era un señor aburridísimo y no me hizo ningún efecto. Y, durante los años que trabajé en Edhasa, compartía despacho con Paco Porrúa –que fue el descubridor de García Márquez–. Nos pasábamos horas enteras hablando de poesía y él era un gran fan de Larkin, y ahora Larkin me apasiona. Larkin era un gran admirador de Margaret Thatcher y en Inglaterra no pasaba nada por serlo, le valoran igual, y aquí sería imposible imaginar algo así.

Después volviste a Catalunya y te reincorporaste al sector editorial, donde habías traba-jado antes. ¿Qué labores realizaste?

La primera editorial donde trabajé como ayudante de Joan Perucho era la editorial Taber, en la cual él había invertido dinero, aunque no venía nunca. Taber fracasó porque era un caos, pero ya empecé a tener currículum. Después entré en Lumen. Y luego trabajé en Seix y Barral, donde me ocupaba de los *foreign rights*. Era asistente de Joan Ferraté. Ferraté dijo que él no se iba a Seix y Barral si yo no me iba con él. Yo pedí que me pagaran un poco más de lo que me pagaban en Lumen, aunque estaba bien lo que ganaba allí. Ferraté me dijo que si no me lo pagaban lo haría él de su bolsillo. Al final la editorial lo hizo, aunque no era un sueldo para cantar victoria... Cuando regresé de Inglaterra informaba de libros para Noguer y, como les gustaron mucho mis informes de lectura, al quedar vacante la plaza de los *foreign rights* me la ofrecieron. Pero, por entonces, decidí que únicamente iba a tra-bajar media jornada, porque quería la otra media para mí. En Noguer, en realidad, éramos Noguer, Lluís de Caralt y Rizzoli, pero empezó a ir muy mal... Por entonces me perseguían los que querían cambiar Bruguera y trabajé con ellos durante un año y pico, pero a los quince días ya quería irme... Trabajé en el departamento de promoción. Que conste que aprendí mucho con este empleo, porque cada quince días iba a Madrid, organizaba muchas presentaciones en Madrid, etc. Pero en las editoriales americanas, de la promoción se encargan los propietarios, porque es lo más importante. En Edhasa me pusieron una secretaria, pero de la promoción de los libros de Edhasa me ocupaba yo en persona, a pesar de ser directora literaria del catalán. Me di cuenta de que se debe hacer así...

¿Promovías colecciones, encargabas traducciones y organizabas las presentaciones?

Sí, claro. Mercè Rodoreda me dio a mí todos los libros suyos que están en Edhasa. Paco era quien llevaba las traducciones y, además, poseía una editorial de libros de ciencia ficción (no recuerdo el nombre). Pero no había ningún problema con el hecho de que yo me metiera en las traducciones al castellano. Cuando Doris Lessing me explicó en Londres que le habían publicado dos novelas con seudónimo, yo me quedé muy sorprendida y me fui a las librerías de Charing Cross a buscar esos dos títulos (*Diary of a Good Neigbhor* y *If Old Could*, que viene de un proverbio francés: *si jeunesse savait, si vieillesse pouvait*), pero no los encontré y pensé que, des-pués de pasar una tarde con ella, me había tomado el pelo, y como al día siguiente regresaba, ya no pude buscar más. Al llegar aquí, me enteré de que la editorial en la que siempre publicaba Lessing no había querido publicarle estos títulos y recurrió a su primera editorial, Michael Joseph, y desde Edhasa pedí ejemplares de lectura con vistas a la contratación –que es lo que se hacía habitualmente–. Llegaron, pedían un avance editorial modesto, tuvimos una reunión en la editorial y propuse que quería contratar esos dos libros. Me preguntaron que quién era la autora, y yo dije que confiaran en mí, y me respondieron que no lo podía hacer y yo repliqué que me daba por enterada, y me fui de Edhasa. Después los contrataron, pero Doris Lessing les dijo que si no los traducía yo no podía ser, y tuvieron que pedirme que los tradujera yo. Justicia poética. Y eso que yo no se lo había contado a Doris Lessing, pero ella quería que los tradujera yo.

Al final, en 1985, Ignasi Riera y José Agustín Goytisolo impulsan la colección Marca Hispánica en Llibres del Mall y tú coordinas la colección destinada a traducir obras catalanas.

José Agustín quería que lo publicásemos en Edhasa. Marca Hispánica fue una idea de José Agustín: buscó apoyos económicos en la Diputación y en otros organismos y él fue quien cobró; en paz descanse, porque era una persona estupenda. El diseño editorial, y casi todo, básicamente era obra de José Agustín. Yo, por ejemplo, prologué a Mercè Rodoreda.

¿Nunca te has sentido tentada de autotraducir tus poemas catalanes al castellano?

No. Pero yo no me traduzco nunca del catalán al castellano. No me traduzco porque yo lo escribiría en castellano. Además, los traductores tienen unos aciertos en los que el autor nunca piensa. Lo vi muy claro el día que Esther Tusquets vino a casa a traducirme. *El País* me pidió un poema para publicarlo y, claro, tenía que ser en castellano. Y le pedí a Esther que me lo tradujera. El poema era «El día que Dorothy Parker amanyagava el seu yorkshire...». Esther tradujo *amanyagava* por *mimoseaba*. Yo nunca hubiera podido traducirlo así. Y estoy muy contenta porque todos mis traductores al castellano presentan unos aciertos y algunas malas soluciones también, pero, en estos casos, cuando leo las traducciones ya me doy cuenta de si alguna cosa no funciona. Ana Moix me había traducido muchísimo, pero, desgraciadamente, se han perdido estas traducciones. Por ejemplo, tradujo *Berlin suite*, que está publicado, y escribió un gran prólogo para ese libro.

¿Crees, pues, que la distancia respecto al original es útil?

A veces, sí. Es como la lectura de poemas. Yo tengo un disco de vinilo en el que Lawrence Olivier recita, no recuerdo si *Four Quartets* o *The Waste Land* –porque hace tiempo que no lo escucho–, y tengo otro disco en el que quien recita es el propio Eliot con una voz medio gangosa. Es mucho mejor la recitación de Eliot, porque él sabe lo que quiere decir, y el otro simplemente recita. Pablo Neruda es un desastre recitando, pero te adentra más en su poesía que otro que recite mejor. También tengo a Cernuda en vinilo, y me admira mucho, lo había escuchado muchísimo cuando vivía en Barcelona. José Agustín Goytisolo en público era buenísimo, parecía mejor de lo que era. Era buenísimo..., un día lo comentamos con Álex Susanna, y acordamos que ganaba en persona y te convencía de que era muy bueno. Recordemos que actuó muchas veces con Paco Ibáñez...

Quizá en España has sido valorada más como intelectual que como poeta, ¿crees que el hecho de que no hayas sido traducida al castellano te ha restado reconocimiento?

Sí, claro. Pero a mí esto no me preocupa en absoluto. Ya llegará. Es muy gracioso cuando una niña escribe un poema, pero lo que tiene mérito de verdad es seguir haciéndolo a los 80 años.

Has hablado ya de tu amistad con Esther Tusquets y con Ana María Moix...

A Ana María Moix la conocí antes que a Esther, porque estábamos en la redacción de la revista *Presencia*, de Girona, que se reunía los viernes por la tarde. La revista era mitad catalana y mitad castellana y yo, ahí, comencé a escribir artículos ya en catalán, allá por 1963 o 1964. Y allí estaba Ana Moix. *Presencia* era una revista que aparecía semanalmente, cuando aparecía (porque muchas semanas la habían guillotinado), salía cuando salía, y, cuando no aparecía, siempre era por culpa de un artículo de Ana Moix. También estaba allí Terenci, y aquel actor que Terenci Moix admiraba, Terence Stamp. A Esther la conocí siendo ella un mando de la Sección Femenina. Lo fue por poco tiempo, pero fue falangista. Para comprender todo esto es necesario situarse en la época. Yo hice el preuniversitario de Ciencias quince días en Alp y allí vino Esther a darnos una conferencia que aún recuerdo como empezaba: «Hay una fecha imprescindible, 1789, la Revolución francesa». (Ella fue discípula predilecta de Jaume Vicens Vives. Yo había creído siempre que ella me había influido por mi interés por la historia, y sí, pero no. Más bien fue la señora María Comas de Montáñez, que fue una profesora excelente que, cuando te contaba una batalla, conseguía que vieras caballos y de todo, era extraordinaria). Después de la conferencia, probablemente, hablé un poco con ella y nos volvimos a encontrar en la universidad, cuando aún no había comenzado el curso –yo estaba con Margarida Recasens, a la que conocía del Servicio Social–. En aquel momento, el padre Regàs organizaba, durante unos días, en el teatro Romea, unos festivales de teatro extranjero, y representaban una *Fedra* de Racine, en francés, y era solamente para mujeres, y ella nos dijo: «os invito, os invito». Nos invitó, y a partir de ahí me dijo: «venme a ver a casa». En casa de Esther tenían biblioteca, un cuadro de su madre que estaba con un *cocker spaniel* (que ahora parece ser que la hija ha tirado), una de las dos criadas nos traía *cake* inglés que había hecho para merendar..., y allí conocí a la Duquesa Roja. Cuando Esther inició su labor editorial lo hizo publicando libros que se podían identificar por la imagen de una especie de cocodrilo muy raro. Y yo vendí ejemplares de estos libros en el tren de los Ferrocarriles Catalanes, y ella siempre decía «empezaste la editorial»... Hemos sido muy, muy amigas.

Has conocido a otros escritores y has tenido muy buena relación con Guillermo Cabrera Infante, por ejemplo.

Es verdad, muy buena. Con él compartí un viaje en coche desde Barcelona hasta Inglaterra. Le conocí de la siguiente manera: uno de los veranos que fui a Londres le pregunté a Esther si necesitaba que le hiciera algún encargo allí, y me dijo; «sí, estoy esperando la traducción de *Dublineses* de Guillermo; si puedes, ve a verlo y mira cómo lo tiene». Fui a su casa, me invitaron a tomar té, todo muy frío, pero nada más. Posteriormente, cuando yo estaba en Seix y Barral, vino en tren desde París y cuando llegaron yo siempre le decía que parecían Ingrid Bergman y Humphrey Bogart en *Casablanca* llegando a la Estació de França. (Qué rabia me da que no funcione la Estació de França, con aquel recodo que hacía cuando salías, y la gente lloraba..., era muy bonito). Ya estaba enfermo y viajaba con pasaporte de San José de Costa Rica. Myriam y yo tenemos pendiente que, cuando estén eliminados definitivamente todos los Castros, iremos a enterrar sus cenizas a Cuba juntas. A mí me han invitado dos o tres veces a Cuba, y nunca he querido ir.

¿Has tenido más relaciones con otros autores del boom*?*

No, del *boom* no; solamente he tenido una relación estrecha con Guillermo. En cambio, podría decir pestes de Vargas Llosa. En Seix y Barral todo el mundo esperaba que surgiera otro Vargas Llosa o algún escritor similar pero no aparecía... Federico Correa, muy amigo mío, organizó en su casa una chocolatada con Gabriel García Márquez y no quise ir porque le trataba muy mal... Yo soy muy fiel a mis amigos.

¿Has tenido algún interés por alguna escritora española contemporánea?

Sí. Carmen Martín Gaite. A Martín Gaite le presenté a Mercè Rodoreda y, cuando «se fue» Rodoreda, me llamó furiosa porque no la había avisado, pues hubiera venido al entierro. En ese momento no se me ocurrió...

¿También has sido amiga de personas a quienes has traducido?

A Susan Sontag hubiera debido conocerla un año antes de traducirla. Era en 1983. Los Cabrera y los Sontag estaban en Cantabria cuando abrieron por última vez la cueva de Altamira. Me llamaron para que fuera, pero ese verano yo había cambiado de coche y no me venía bien, y, a la vez, el Instituto Goethe me había ofrecido una beca que yo no había pedido, pero me la ofrecían. En julio de 1983 hice un *crash course* de alemán, dos horas al día todas las tardes. Y, dos días después de empezar las clases, me llamaron del Instituto Alemán –a donde había ido algunas veces a leer poemas y a algunos encuentros con alemanes y me conocían– y me dijeron que me devolverían el dinero de la matrícula porque estaban muy contentos de que me hubiera matriculado en uno de sus cursos. Y, una vez acabado el curso, me comunicaron que querían darme una beca para una estancia de dos meses en Alemania, en uno de los centros del Goethe. Me preguntaron a dónde me gustaría ir y yo dije que a Heidelberg, pero en esa ciudad no había ninguna sede del Goethe. Entonces pedí Göttingen, porque yo recordaba aquella canción de Barbara: «les enfants sont les mêmes | à Paris que à Göttingen», pero allí tampoco había sede del Goethe. Y me decidí por una gran capital, aunque ya había estado en Frankfurt dos o tres veces. Cuando me llamaron los Cabrera para decirme que iban a Cantabria y que además estaban con Susan Sontag, me dijeron: «os encantará conoceros». Y claro que me encantaba; era mi ídolo. Yo tenía el *Against Interpretation* y en la portada aparecía con una especie de gabardina de charol negra y mis padres, con mis tíos, se fueron de viaje al País Vasco y me trajeron una parecida. Yo estaba contentísima porque iba de Susan Sontag. Por entonces le dieron un premio por una película en Barcelona; me llamó, nos vimos y después la volví a ver en Nueva York, y después otra vez en Barcelona, y la traduje y hablé mucho con ella, y me escogió ella como traductora.

Con escritoras como Lessing o Sontag, a quienes has traducido, ¿hablabais de tus traducciones? ¿Se las enseñabas?

Con Sontag «hasta la saciedad». Entonces no había internet, pero tengo guardados los faxes. Ella vivió en Nuevo México y, por tanto, sabía español y los faxes son estupendos. A Lessing no; se le podía preguntar lo que quisieras, pero no... En cambio, a Margueritte Duras le gustaba que fueses a visitarla, que le comentaras cosas, y una vez que iba a Inglaterra pasé por París y fui a verla, pero era una antipática.

La seducción que el inglés ejerció sobre ti probablemente no se podría explicar sin la figura de Virginia Woolf, ¿no es cierto?

Sí. Por algo más fuerte que discrepancias con Joan Ferraté, me fui de Seix y Barral a Londres únicamente con billete de ida, hasta que se me acabara el dinero, matriculada en un curso de inglés en 1972. Lo que ocurrió fue que Salvador Oliva tuvo que dejar Nottingham a toda prisa, porque le reclamaban desde la Universitat de Girona; acababa de ser padre, y me pidió que le sustituyera. Y un día me fui a Nottingham a comer con Brian Tate, junto con Salvador y su mujer, y me contrató. Volví, cogí mi coche y me fui ya con toda la ropa para el invierno, con la raqueta de tenis y estas cosas...

¿Allí descubriste la obra de Virginia Woolf?

No. Antes de marcharme de Seix y Barral, ya había pedido la biografía de Quentin Bell, aunque no la había leído. Había comprado la edición de Penguin que tenía, en la portada, unos cuadros preciosos que procedían del museo de Mánchester, donde hay una pintura muy bonita pero no muy famosa. Por entonces ya estaba suscrita a la *New York Review Books* y lo he seguido estando hasta hace poco. No sé si me enteraba de mucho, pero yo leía todo esto. Ahora ya me he dado cuenta de que leyendo la sección de libros de *The Times* los domingos ya es suficiente.

Por entonces Virginia Woolf no era, en Inglaterra, una escritora muy reputada.

¡Que va! Fue la biografía de Quentin Bell. Yo ya la había pedido y recuerdo que llegué el 17 de julio (lo sé porque es el día antes del 18 de julio...) y mi padre me había regalado un aparato de radio Grundig para que pudiera escuchar la BBC, etc. Me puse a escuchar la radio y me encontré con una entrevista (yo debía enterarme de lo que me enteré, que debía ser poca cosa) con Quentin Bell. Una amiga a quien le presté el piso de Barcelona, que estaba exiliada (era de Granollers, creo, pero le he perdido la pista completamente), robó para mí el primer volumen (porque eran dos volúmenes) de la librería de Harrods. Cuando llegué, comencé a leerla, y está anotada por todas partes porque entonces estaba aprendiendo inglés, pero nunca utilicé un diccionario bilingüe, siempre consultaba los diccionarios ingleses. Cuando llegué a Nottingham y vi que teníamos una librería de Dillons en el campus ya me fijé en que el 5 de octubre se publicaba el segundo volumen y me dije: «quiero uno». Y entonces decidí empezar por la primera novela de Woolf hasta la última. En Nottingham cada día leía un libro, y lo que no tenía me lo traían de Belfast... Después leí todo lo que se había publicado de ensayo y, cuando venía aquí de vacaciones, siempre le insistía a Esther: «debes contratar esta biografía de Bell porque es buenísima, es extraordinaria...». Y al final lo hizo porque yo me puse muy pesada. Y ese mismo año fue el gran éxito de la feria de Frankfurt.

¿Llegaste a conocer a Quentin Bell?

Después de traducir la biografía de Quentin Bell, él quiso conocerme. Me llamaron de Hogarth Press para decirme que Bell y su mujer iban a viajar a Barcelona y me pidieron permiso para darle mi teléfono. Se alojaron en el Hotel Oriente, porque allí se había alojado también su hermano muerto. Y, sí, sí, acudí a verle y fue agradable, y me dijeron: «cuando vaya a Inglaterra venga a vernos a Sussex», porque él ya estaba jubilado y era profesor emérito. Y el verano siguiente, en el que yo ni siquiera viajaba con mi coche (sino que iba con una amiga en su coche, que era un Citroën 2CV, porque mi Mini no tiraba del todo), a última hora de la víspera de volver (cuando ya teníamos el billete para ir de Dover a Calais) les llamé. Me disculpé por no haberlos visitado y me dijeron: «¿y no vendrá a visitarnos?», y al día siguiente fuimos a visitarlos. Entonces me aconsejaron que, cuando fuera a Inglaterra, no viajara de Dover a Calais, sino de Dieppe a Folkestone, porque ellos vivían muy cerca de allí. Y así lo hice, porque podía dormir en su casa al llegar y podía hacer lo mismo al volver, y así nos veíamos. Cuando estaba escribiendo sobre Bloomsbury hice el viaje de esta forma muchas veces.

Tu pasión comienza en Woolf y después se extiende al grupo de Bloomsbury, porque fuiste la introductora de esos intelectuales y de su pensamiento en Catalunya...

Sí. En Inglaterra todavía recuerdan que la única exposición global que se ha celebrado en todo el mundo es la de Barcelona.

¿Por qué la exposición no fue a Madrid después?

La querían en Madrid, porque hubo gente de Madrid que vino a Barcelona a verla, y, en La Caixa, que era como un ministerio, no se pudo conseguir. Una colaboradora de La Caixa, Carmen del Corral, se opuso a que la exposición viajara a Madrid, y lo consiguió. Hasta hace pocos años había una tienda, muy cerca del British Museum, que se llamaba The Bloomsbury Workshop, a la que casi no podía ir porque cada vez que iba me preguntaban si podían tener el catálogo de la exposición, porque se publicó en catalán y en inglés. Pero las instituciones nunca reeditan los catálogos.

Cuando escribiste sobre el grupo de Bloomsbury ya se empezaba a vislumbrar tu interés por estudiar a las mujeres autoras y también comenzaste a escribir algunos retratos de escritoras catalanas.

Sí. Empecé por el retrato de Montserrat Roig. Y todo ello gracias a Joaquima Alemany (entonces directora del Institut Català de la Dona). Por entonces, el presidente del Institut era Jordi Pujol; después fue presidenta Joaquima Alemany. Montse Roig murió el 10 de noviembre de 1991 y, en 1992, con motivo de la Primavera Fotográfica, le pidieron fotos de Montse a Pilar Aymerich, y ella decidió dedicarlo todo a ella porque eran amigas desde los quince años y, por tanto, tenía fotos de Montse embarazada, no embarazada, durante un viaje que hicieron a Cuba, en fin, una exposición completa. Joaquima fue a la inauguración de la exposición, le pareció todo muy interesante y consideró que debía quedar una huella de todo ello en forma de libro. Acordaron que yo escribiera un pequeño prólogo, pero yo me entusiasmé, y no pasó nada por ello (ni yo tampoco cobré más). Y dado que tuvo éxito, en este caso se hizo segunda edición. Después fue el turno de Maria Aurèlia Capmany y, después, el Parlament instó que se organizara algo en honor de Frederica Montseny. La cuarta fue Mercè Rodoreda (porque por entonces yo estaba preparando su biografía) y la quinta y última fue Caterina Albert –como Caterina Albert, nada de seudónimos ridículos de Víctor Català, que decía Gabriel–. Luego llegó el tripartito al gobierno de la Generalitat y se acabó la colección. Eran horrorosos los de Convergència, pero hicieron algunas cosas bien.

Habías conocido a cuatro de las cinco mujeres de estos retratos –no fue el caso de Caterina Albert por cuestiones de edad– y tuviste una buena amistad con Mercè Rodoreda durante sus últimos años. ¿Cómo fue vuestra relación?

La clave de todo fue la última entrevista que le hicieron a Mercè Rodoreda (que debería editarse y venderse en DVD), y que estuvo a cargo de Mercè Vilaret. Es buenísima. Y el día siguiente de la muerte de Rodoreda, Mercè Vilaret me dijo que teníamos que ir a Montjuïc, al canal catalán de televisión, para una entrevista que nos hizo un joven periodista que luego murió en un accidente, Lluís Diumaró. Creo que Mercè Rodoreda escogía a la gente y tuve la suerte de que me escogiera. En una ocasión me la llevé a Madrid y me lo agradeció mucho, porque su proyección española surgió en aquel viaje. La convencí porque habían publicado alguna cosa en Seix Barral, aparte de *La plaza del diamante* (que la teníamos en Argentina, pero no aquí). Empezamos a publicar las traducciones, porque los libros me los daba. La vi morir. Estábamos allí Joan Sales y su mujer, y me parece que la nieta. También estaba la nuera, porque a Sales le había entrado la vena católica de que la familia debía estar presente (aunque a Mercè le debía hacer muy poca gracia verla), y yo. Aunque yo llegué cuando ella ya estaba en coma.

Además de ser buena lectora y de conocer bien la obra de Rodoreda, recordemos que escribiste Mercè Rodoreda i el seu temps, *¿crees que la formación inicial en historia y tu interés por esta disciplina te han ayudado en estas investigaciones?*

Sí, sí. Podría decir pestes de la universidad. Siempre hablo bien del Instituto Maragall, pero la universidad te la regalo. En Inglaterra descubrí que, en el fondo, tengo alma de historiadora. Yo no puedo asistir a un concierto de música clásica sin saber cosas del compositor (cuándo nació, cuándo murió...). Muchos de mis artículos los he empezado haciendo una cronología y eso es de historiadora. Historiadora, pero de una forma que no nos enseñaron en la universidad. Los profesores nuevos eran los Palomeques y compañía, y en Geografía nos decía: «una montaña..., ¿saben ustedes aquello que ustedes hacen en la playa, con arena?». Los que quedaban de antes, como Pericot, eran peores. Pericot vivía, por lo visto, al final de la calle Aribau y algunos alumnos dilectos iban a esperarle cuando tenía que ir a la universidad y bajaban la calle juntos hasta la universidad, hablando en catalán. Y cuando llegaban a la calle Aragón, Pericot pasaba a hablar en castellano. Me lo contó Carles Miralles, y es para creérselo.

¿Crees que en España se reconoce adecuadamente el valor de la narrativa de Mercè Rodoreda?

En su valoración fue decisiva la entrevista que le hizo Sol Alameda durante ese viaje que hicimos a Madrid y que fue dramático. Después lo he entendido metiéndome en su vida privada. Montse Roig me había contado —no sé cómo obtuvo esta información— que en Roissy-en-Brie no le dejaban comer en la mesa con todos, por adúltera; en cambio, a él, Armand Obiols, sí. Y, si eran adúlteros, lo eran los dos. Y yo he repetido mil veces que Rodoreda tenía una timidez patológica. No se entendía. Yo la engañé para que aceptara que fuéramos a Madrid: se había cruzado una carta con Rosa Chacel y sabía que le apetecería conocerla. Por aquel entonces yo iba a Madrid con mucha frecuencia, a veces cada quince días, y me movía muy bien por allí, y conocía bien a Rosa Chacel y a Carmen Martín Gaite, que siempre me decía que yo había sido una pionera porque fui de las primeras en hablar bien de ella cuando publicó *Nubosidad variable*. Le dije a Mercè que pasaríamos por la Feria del Libro, pero solo un rato, y que podríamos cenar un día con Rosa Chacel y otro día con Carmen Martín Gaite. Llegamos a Madrid, nos hospedamos y cenamos en el Hotel Wellington, donde yo me alojaba habitualmente. Yo iba al Wellington porque allí iba Esther (aunque era un hotel de toreros), ya que el director o el conserje principal era pariente de su distribuidor en Madrid. Así pues, el primer día cenamos en el hotel y, después de cenar, tomamos unas infusiones. Al día siguiente quedamos con Rosa Chacel y le dije: «el representante te pasará a buscar» (un tipo que después trabajó para mí en Edhasa y que me hizo la cama todo el día). Rosa no quiso, me dijo que ya iría ella a donde fuera y quedamos en El Espejo. Nos encontramos allí y Rosa Chacel se presentó con un mambo –a pesar de ser mucho mayor que Rodoreda–, y exclamando: «¡Ay, Mercedes, qué alegría!», y luego entró Mari Cruz Soriano –una presentadora que aparecía mucho en televisión y que después se casó con Juan Alberto Belloch–, y las dos estaban encantadas de encontrarse. Después de cenar, me dice: «Marta, ahora podríamos ir a aquel sitio». Y «aquel sitio» era el Bocaccio de Madrid. Yo había ido al Bocaccio de Madrid, más que al de Barcelona. (Estuve con Gabriel y descubrí que si me hubiera tenido que enamorar de él por cómo bailaba no lo hubiera hecho: no he visto a nadie bailar peor que él. Mi padre, que no rascaba una bailando, como decía mi madre, «tenía buena pose». Pero Gabriel no tenía ni «buena pose», era un desastre... El poeta Josep Piera baila maravillosamente. Todo el mundo recuerda que, en la boda de Àlex Susanna, nos pasamos la boda bailando –a su mujer no le gusta bailar–. Pep Piera baila estupendamente. Cuando hice la primera comunión, celebramos una fiesta en casa, muy discreta porque yo tenía seis años –sería en 1947, más o menos, y no era momento de festejos–, y mi padre y yo, él con su chaleco, bailamos el tango del beso, que se había inventado mi padre, que era imaginativo: los pasos eran uno, dos, tres y te echaba hacia atrás y te daba un beso. «Aquel tapado de armiño» era el tango. Y yo bailando el tango con mi padre porque, además, yo era edípica. Mi padre tenía buena pose, pero Gabriel era para echarle de la pista). Cuando Rosa Chacel propuso ir a «aquel sitio» –donde yo había estado en grupo, con ella y Clara Janés–, pensé que Mercè Rodoreda me mataría si la llevaba a Bocaccio. No sé cómo me las arreglé, pero no fuimos. Es que imaginé que me retiraría la amistad. Volviendo un día al hotel, Mercè me dijo que necesitaba que le hiciera un gran favor: «tendrías que venir a mi habitación y llamar para que me suban un agua». Y para desayunar, ni pedía que se lo subieran a la habitación ni bajaba a desayunar al restaurante: se iba al bar de enfrente del hotel, entraba y pedía «esto» y «esto», y ya está. Y lo hacía por timidez. Era una timidez patológica.

Con el tiempo escribes un libro muy interesante de retratos de mujeres significativas inspirado en los Homenots *de Josep Pla, titulado* Donasses. *¿Cómo se te ocurrió escribir este libro?*

Destino estaba en deuda conmigo porque habían editado y reeditado *Una habitación con vistas*, de Forster. El título lo pusieron ellos porque es *Una habitación con vista*, es *A room with a view*. Me llamaron y me pidieron que preparara un libro para ellos. Y se me ocurrió esta idea. A mí me gusta mucho Pla, los *Homenots* y los *Retrats de passaport*, claro.

Y este interés por las mujeres que habían quedado calladas, lo prolongas en El exilio violeta.

L'exili violeta es un libro que me pidió Quima Alemany para una cosa que se llama *Dones, llibertat i democracia*, una cosa así. Le dije que, en ese momento, solamente podía escribir cosas de exilio. Aunque escribiendo el *França 1939* descubrí que se habían marchado pocas mujeres notables. Una cosa me llevó a la otra, porque nunca hubiera escrito *França 1939*, que me costó tres años, si antes no hubiera escrito el libro sobre Rodoreda. Para la biografía de Rodoreda tuve que acercarme a las cuestiones del exilio. Y una cosa que ya no haré, pero que me gustaría mucho hacer, son los *années noires* franceses. Como siempre, el primer libro importante sobre este tema es americano, es anglosajón. Me gustaría; es un tema que siempre me llamó la atención.

Eres una de las primeras escritoras feministas en la España de los setenta y los ochenta. ¿Crees que la labor que hicisteis en aquellos años ha quedado algo olvidada o no ha sido reconocida del todo?

Sí, sí, claro. Parece que lo hayan inventado ahora. Yo tengo una foto, vestida de sufragista por las Ramblas, un 8 de marzo de finales de los setenta, creo que fue una idea de Carmele Marchante. Alquilamos unos coches de caballos de los que había al final de las Ramblas y nos subimos a ellos vestidas de sufragistas. Se había emitido un serial por TVE que se titulaba *La marcha de las mujeres* y, además, *La marcha de las mujeres*, la marcha feminista es obra de Ethel Smyth, que se enamoró de Virginia Woolf y, en el fondo, fue un poco responsable de que Virginia Woolf escribiera *Three Guineas*, que yo traduje al catalán. Estuvo en la cárcel de Holloway... Nosotras, pues, nos disfrazamos, y abría la comitiva un mini que llevaba un altavoz en el que sonaba «The March of Women». Nos insultaron, nos aplaudieron, hubo de todo. Una mañana de sábado dando vueltas por las Ramblas. No han inventado nada. En el fondo, siempre dependemos de lo que Mercè Rodoreda llamaba «el kilómetro cero». Aunque también debo decir que la primera librería feminista estuvo en Madrid. En Seix y Barral, dejando aparte las ediciones catalanas, en Sudamericana tenía ediciones de Simone de Beauvoir y nos encargábamos de que se repasaran profundamente las traducciones. Y nos encargábamos de que se presentaran en Madrid. Yo iba a Madrid cada quince días: cogía el tren por la noche, dormía en el tren, llegaba para trabajar y pasaba allí unos días.

También impulsaste una colección que se titula Mujeres Viajeras.

Me encargaron una colección y preparé seis volúmenes. Y el volumen *Viajes y viajeros*, de Virginia Woolf, que yo traduje, no existe en inglés, porque escogí cosas diversas de aquí y de allá. Sam Abrams siempre me dice que debería ocuparme de que se «traduzca» al inglés, pero no tengo tiempo para hacer este tipo de cosas.

Tú también has sido una mujer viajera y esto se refleja en tu poesía porque siempre hablas de personas y lugares que has conocido. Además, creo que estás preparando un libro que probablemente se titulará Geografies.

En efecto, este es un libro de poesía y se podrán encontrar poemas como, por ejemplo, una mañana en la fuente de Sant Patllari, donde uno el exilio con el premio que le dieron a Maragall de Sant Patllari, que es una cosa de Camprodon. Después, he estado en el cementerio que está muy cerca de Malmö, el cementerio vikingo de Suecia (que es Ales Stenar), y allí pedían a los visitantes –no como obligación– que escribieran un poema. Tardé varios años en hacerlo, pero al final escribí «Ales Stenar». Así es el libro *Geografies*. Hasta *L'amor a Barcelona*, cuando acababa un libro empezaba otro, pero me di cuenta de que estaba escribiendo dos: uno salió antes, que es *Animals i plantes*, i, al cabo de los años, cuando consideré que lo tenía terminado, salió *Variacions profanes*.

Con frecuencia tu poesía se califica como culturalista, *imagino que debido a las diferentes referencias que manejas. ¿Crees que tu poesía busca la complicidad del lector?*

Sí. Trato al lector como quiero que me traten a mí, no me gusta la obviedad ni que todo sea claro. Recuerdo que una vez se me acercó una chica joven, hace ya años, me dijo de un poema mío que «aquí has querido decir esto y yo pienso lo mismo». Yo no había querido decir lo que suponía, pero, bueno, al menos le había despertado un interés.

Tus poemas están llenos de alusiones musicales y de canciones pop. ¿Qué ha representado para ti la música actual?

Ahora ya estoy un poco desfasada. Pero, por ejemplo, mi última pasión (ahora ya no tengo esas pasiones porque han cerrado todas las tiendas de discos) es Cindy Lauper. Aunque mis dos grandes pasiones son Barbra Streissand y Carole King.

Y has tenido veleidades como el disco Lágrimas negras, *de Bebo Valdés y El Cigala,* Back to Black, *de Amy Winehouse o Lolita Flores. ¿Son premeditadas las alusiones musicales que aparecen en tus poemas o surgen espontáneamente?*

Es cierto, y Lolita Flores completamente. Tengo un poema que es un título de Amy Winehouse: «Primer Amy, primer Carole». La música está muy presente en mi vida, aunque no hago como Francesc Trabal, que dijo que había escrito *Vals* escuchando un vals. Yo no, no puedo, y eso que he conocido a gente que ha estudiado tres carreras escuchando música. Pero yo no puedo, incluso para dejarle una nota a la señora de la limpieza necesito desconectar la música. No puedo hacer las dos cosas a la vez. Cuando escucho música, escucho música. También puedo oírla mientras plancho, pero esto ya es otra cosa.

Ya has hablado de tu interés por el alemán y en otro momento de tu vida te interesó el hebreo. ¿Por qué esta atracción por las lenguas?

Lo que ocurre es que, en el fondo, y mira que tengo 80 años, la vida es corta y no tienes tiempo para hacerlo todo. Por ejemplo, tuve la «desgracia» de que mi amigo Jaime Vándor murió, y después ya no seguí estudiando hebreo. Ahora estoy jubilada, pero si me jubilara de verdad, y tuviera todo el tiempo del mundo, contrataría un profesor particular para reforzar mi latín y, sobre todo, contrataría a otro para seguir con mi hebreo.

También con frecuencia incluyes palabras extranjeras en tu poesía, ¿por qué esta suerte de plurilingüismo te parece cómodo?

Porque me enriquece. Si al lector le fastidia, lo siento mucho.

¿Por qué incluyes juegos etimológicos mediante palabras extranjeras en tus poemas? Pienso en poemas como «Schöneberg» o «Berlín, gener 1929», donde aparecen treu *o* leidenschaft, *dos vocablos alemanes.*

Anna Lizarán leyó *treu* en Barcelona, en un recital que Nuria Candela montó como directora primero en Sabadell. Anna encontró un sistema que era leer el original e inmediatamente la traducción: «*treu* ('fiel')», «*leidenshaft* ('pasión')». Yo ahora, cuando leo este poema en público, también lo hago, porque vi que funcionaba.

Cuentas que ahora acabas de empezar un libro que tal vez se titulará Admiracions *y no sé si el título se debe a una cierta pasión mitómana por grandes hombres y mujeres; quizá el caso de los intelectuales exiliados o de Jacint Verdaguer. ¿Sientes una cierta atracción por vidas, más o menos, ejemplares?*

Sí, porque hay gente que te enriquece. *Admiracions* será un libro de poesía. En esta especie de *opera omnia*, que es *Tot m'admira*, me dijeron que además de introducir en ella poemas desde 1965 a 2021, había que pensar en un título. Y se me ocurrió el final del poema «Autoretrat a Terrassa a l'estiu», donde aparece aludida la emblemática librería Gorina de la céntrica calle Sant Pere de Terrassa (al parecer quieren colocar una placa en el lugar con el texto del poema). El poema termina diciendo «tot m'admira», y a mí me pareció que estas palabras serían un buen título. El editor estuvo encantado, Àlex Susanna también estuvo encantado, y ya está. Y es que a mí me gusta admirar.

¿En estos poemas habrá dedicatorias a escritores?

Serán poemas con recordatorios o dedicatorias. *Tot m'admira* acaba con un «tríptico civil» (título de sección que puso Àlex Susanna con mi permiso), porque estos tres poemas se publicaron en Nueva York (en versión catalana e inglesa), en un tríptico del que no tengo ni un solo ejemplar, pero espero que este verano tendré más cuando venga Alejandro Varderi, el traductor. Todos los poemas tratarán de admiraciones. Por ejemplo, el domingo pasado, en el Palau de la Música, leí uno dedicado a Guillermina Mota: «Avui, no es parlarà de mi».

Ahora estás vinculando la creación con la traducción, porque estás traduciendo poemas que te gustan. ¿De qué lenguas los traduces?

Del inglés, claro. Pero también he traducido el poema de Prévert «Les feuilles mortes», porque ya lo había traducido y, por tanto, lo incluiré, y probablemente también habrá algo de Alfred de Musset. Será una antología personal, porque, si no es así, te encuentras con que si incluyes a Coleridge tienes que traducir a Wordsworth, y a lo mejor este no estará incluido. Se titulará *Antología personal*, y ya está; de la misma forma que la bibliografía que he rehecho para la tercera edición de *Mercè Rodoreda i el seu temps*, pongo siempre selección, porque hay unos títulos que creo que es mejor olvidarlos, entonces por qué debía ponerlos. Así pues, con «selección» te curas de todos los males. Yo siempre pensaba que un día dejaría de escribir. Entre Gabriel (que, cuando lo conocí personalmente me dijo: «no, si ya no soy poeta, ahora soy lingüista» –y, de hecho, escribió muy poco sobre lengua–) y Marià Villangómez, igual («no, no, si yo desde el año 62 o 63 –o el que me dijera– dejé de ser poeta y me puse a traducir»), yo pensaba: bueno, si se te acaba la escritura, traducirás y así realizarás alguna labor poética. Pero he ido traduciendo. Por ejemplo, durante los tres meses que estuve ingresada en el hospital de la Vall d'Hebrón por una afección grave traduje «Journey of the Magi», de T. S. Eliot, que después refiné un poco más cuando ya estaba en casa. Y tengo algunos poemas más de Eliot, algunos de Auden; Larkin también va a estar. E incluso una poetisa muy rara americana, Mina Loy, pero que tiene un poema que me fascina, titulado «Love Songs». En fin, incluiré las cosas que me gustan.

¿Crees que un traductor debe abordar de forma diferente la prosa y la poesía?

Lo que yo siempre procuro encontrar es el tono de voz. O sea, si digo que esto es una ventana es un error; obviamente, es una puerta acristalada o una vidriera. Si digo que una ventana es un balcón, es otro error, pero es muy posible que la editorial se de cuenta de este error. Hay traductores que, cuando traducen, hacen que todo suene igual; pues no, yo procuro que la Sontag suene diferente, y la única manera de conseguirlo es ser lo más literal posible, y en la poesía también.

Para terminar: ¿Cómo escribes un poema?

Me tiene que visitar el ángel (de San Juan de la Cruz). Llámalo ángel o, como diría Bécquer, «yo sé que llevo algo divino aquí dentro». Entiéndeme, creo en la inspiración; lo que pasa es que cuando escribo el poema ya lo tengo muy pensado y lo puedo corregir, rehacer y deshacer. Ese poema sobre el cementerio vikingo de Malmö tardé dos o tres años en escribirlo; al final surgió porque había una exposición de vikingos en el British Museum de Londres, fui a verla y entonces recuperé la idea. Siempre hay un disparador, para mí siempre hay un disparador. Y hay otros poemas que he tardado años en saber cómo escribirlos y de repente te viene.

LA FORMA SIEMPRE ES MONOLINGÜÍSTICA: CREACIÓN LITERARIA Y TRADUCCIÓN
Entrevista a Fabio Morábito

Jordi Julià y Dolors Poch

JORDI JULIÀ Y DOLORS POCH. *Fabio Morábito nació en Alejandría, se trasladó a poca edad con sus padres a Italia y finalmente se estableció con la familia en México en plena adolescencia. ¿Cómo te ha condicionado, personal y literariamente, esta errancia y estos paisajes cambiantes?*

FABIO MORÁBITO. Lo primero que diría es que el hecho de haber nacido en el seno de una familia italiana, pero en un país que no era Italia, siempre me hizo sentir italiano a medias, y eso a pesar de que mis vínculos con el mundo árabe son prácticamente nulos, primero porque tenía solo tres años cuando la familia regresó a Italia y porque mi familia, como todas las familias europeas que residían en Egipto en aquella época, se había mantenido dentro de su cultura de una manera muy férrea; entonces yo nunca aprendí árabe, por supuesto, por mi edad. Pero el mundo árabe de algún modo se me transmitía de otras maneras en mi infancia: por ejemplo, en algunas comidas (todavía sigue siendo para mí la comida preferida, la prefiero incluso a la comida italiana), algunas palabras, algunas expresiones, algunas cadencias, algunos tonos que habían arraigado en una familia que ya llevaba una generación completa. Yo fui –como digo en un poema– «el último de la tribu», el último que se fue. Entonces, yo me sentía medio italiano, y de alguna forma creo que el hecho de haber emigrado después a México fue una confirmación de algo que estaba latente en mí, y era esa sensación de extranjería. Fue una liberación, hasta cierto punto, porque ahora sí no había la menor duda que, llegando a México, yo era verdaderamente un extranjero, cien por ciento: con otra lengua, con otra cultura, con otro tipo de costumbres. Y fue una edad difícil, creo yo difícil, porque los quince años es una edad de parte aguas, donde uno deja de ser niño y empieza a aprender a ser adulto –de por sí, ya esto es un viaje–, y si le sumamos un viaje concreto, real, como fue venir a México, eso se multiplicó, se duplicó. Ese sentimiento de extranjería, he aprendido que es un sentimiento muy difuso, no solamente entre los extranjeros o los que emigran, sino entre todos. Vivimos en un mundo que, por alguna razón, permite cada vez menos sentirnos arraigados a un lugar. Y eso porque hay un flujo continuo de personas que hace que las ciudades que antes eran muy reconocibles, desde un punto de vista caracteriológico, nacional, ahora se han vuelto verdaderas metrópolis –incluso ciudades pequeñas, donde se hablan muchas lenguas, donde se ven los extranjeros–, lo cual a mí me parece perfecto, me parece esencial, aunque sabemos que eso es solamente aparente, porque en el fondo siguen apareciendo los guetos, las divisiones, las oposiciones, los contrastes. Pero aun así me parece estupendo que un espacio urbano, por pequeño o grande que sea, pueda ser recorrido por gentes de idiomas, formas, colores distintos. Creo que es un sentimiento general. La Ciudad de México es una ciudad que ha sido formada –como todas las grandes ciudades, pero esta particularmente– por emigrantes de las distintas provincias, de las distintas partes de México, y, por lo tanto, la mayoría –por lo menos de mi generación– de *defenios* o de *chilangos* (como nos llamamos los que vivimos en el DF), en realidad tienen un origen fuera de la ciudad de México, y también ellos reciben o experimentan este sentimiento de extranjería. Creo que es una cosa cada vez más universal, no sé hasta dónde nos va a llevar eso, pero yo lo he vivido en carne propia y debo decir que lo agradezco, porque, por ejemplo, cuando regreso a Italia y hablo con mis viejos amigos, con primos, siento un tufillo a provincianismo del que pienso que, en parte, me he liberado por el simple hecho de haber cruzado el charco –que es una expresión que a mí me encanta–.

El vago recuerdo de Alejandría aparece recurrentemente en tus primeros poemas (como un sueño ideal e irrecuperable), mientras que Italia aparece como telón de fondo de algunos de tus cuentos (sin demasiados detalles ni concreciones), ¿crees que la lengua española literaria te ha impedido ahondar más en aquella realidad infantil italiana?

Es cierto lo que dices; está más presente Alejandría en mis poemas que Milán, aunque sí hay un poema que se llama «Milán». Yo creo que se debe a que Alejandría es un algo mítico, en realidad es una especie de ensoñación o de pregunta que yo me hago, «¿por qué fui a nacer allí?», «¿qué significa haber nacido allí?», y eso da tela para escribir. Sin embargo, debo decir que mi mundo anímico más intenso sí es el mundo italiano (y, concretamente, el milanés), y por eso aparece en muchos cuentos donde, aparentemente, no se explicita eso, pero ahí están muchos paisajes que pertenecen a ese mundo europeo; y, en ese sentido, me siento mucho más cercano al mundo italiano o a la cultura italiana, por supuesto, que a Egipto, que sigue siendo para mí un enigma. Y lo volvió a ser, yo diría acentuado, cuando regresé a Alejandría. Estando yo viviendo en Berlín, fui a Alejandría con mi mujer y mi hijo, y me sentí totalmente como un marciano: de lo que yo creía que iba a ver, incluso a reconocer, no encontré nada de eso..., claro, el país había cambiado muchísimo, había dejado de ser hace mucho una semicolonia europea para convertirse en un país árabe cien por ciento. Era ya un paisaje cultural, y todo lo que yo veía no correspondía con los cuentos y los relatos que yo había oído en mi casa. De hecho, cuando empecé a escribir cuentos sentía como una especie de pequeña patología por el hecho de que yo no me podía desprender del todo de la imaginación italiana, y eso persiste todavía y me lo han hecho notar: en mis historias, en mis cuentos, tiendo a obviar nombres geográficos concretos y a decir la ciudad, a decir el pueblo, hay algo en mí que me impide todavía centrarme geográficamente en México. Sí, hay algunos cuentos donde aparecen concretamente paisajes mexicanos, pero son pocos, yo creo que todavía el vínculo imaginativo sigue estando en gran parte en Italia.

¿El árabe sigue presente de alguna manera en ti?

En mi familia, el que hablaba árabe muy bien era mi padre; mi madre nunca lo habló bien porque formaba un poco parte de las costumbres de esa colonia europea; digo europea ya que era una colonia donde había de todo (había ingleses, franceses, italianos, judíos, griegos, en fin...) y las mujeres, que no salían mucho a la calle, no tenían por qué aprender árabe, o aprendían el poco árabe que uno aprende por contagio. Los hombres lo aprendían bien. Mi padre trabajó en Alejandría y él siempre le tuvo mucho cariño al mundo árabe, y creo que, de hecho, decidió emigrar a México secretamente por reencontrar, en el clima y en algunas comidas y sabores, algo de ese mundo que había perdido en su juventud. Me hubiera encantado poder tener esa lengua, pero no.

En tus poemas recuerdas cómo se conservaban expresiones árabes en tu familia, y supongo que también en italiano —a pesar de pasar a hablar en español una vez ya en México—, ¿no has estado tentado de incorporar muchas más palabras extranjeras en tus textos?

Te lo pregunto porque lo haces escasamente: en cuentos que suceden en Alemania, o en algún poema, como el que contiene una palabra como passasinghiozzo, *titulado «Dos Sandras», del libro* Delante de un prado una vaca *(2011).*

No me atrae mucho; lo he usado a cuentagotas. Hay un poema en mi último libro de poesía, *A cada cual su cielo*, donde uso una frase muy italiana que es «fatti vivo» (que quiere decir «no te desaparezcas», «ven más seguido»), que era una frase que mi padre, cuando estaba ya muy mal, cuando yo lo iba a visitar, siempre me decía. Era una frase ya tan axiomática en él que me pareció natural ponerla en el poema, donde se explica fácilmente sin necesidad de apuntar qué significa. Pero, en realidad, rehúyo un poco esa tentación, porque no sé a dónde me llevaría, en el fondo. Me preocupa mucho el estilo, es decir, la forma, y yo creo que la forma, en su expresión más radical, siempre es monolingüística. Aunque es cierto que todo idioma solo es inteligible por su relación con otros y está sedimentado también por otros idiomas, cuando escribimos a fondo –que es como habría que escribir siempre– estamos en una concentración monolingüística, es decir, creamos una burbuja que separa o rechaza los otros idiomas, por primera vez como si fueran enemigos, para encontrar en las raíces de la lengua propia todo lo que se necesita para expresarse. Es una superstición tal vez, porque de hecho utilizar otras palabras lo han hecho muchos escritores, y muchas veces es un recurso valioso; podría parecer esnob pero no, muchas veces es casi necesario. Pero en mi caso no he tenido la necesidad de hacerlo y, quizá porque soy traductor, instintivamente encuentro la analogía, y es eso lo que me gusta: poder encontrar en distintos idiomas que siempre hay una forma de decir lo mismo de otra manera, que es un poco la propiedad del traductor.

Después hablaremos del estilo, pero desearía retener esta idea de la burbuja monolingüe y que nos contaras cómo fueron los primeros meses en México. ¿Aprendes español inmediatamente en el instituto o liceo? ¿Tomas clases particulares? Y aún más importante, ¿en familia habláis en italiano, pasáis a hablar en español o discriminas una lengua u otra según el interlocutor? ¿Cómo son aquellos primeros años del Fabio adolescente?

Al principio, por supuesto, hablábamos en italiano en familia, pero eso se fue perdiendo. Yo creo que es un fenómeno que se da en todos aquellos que emigran. Llegó un momento en que hablábamos un idioma mixto y luego, de pronto, ya el español ganó la batalla, y en los últimos años no recuerdo haber usado nunca el italiano con mis padres y con mi hermano, o lo usábamos de una manera muy esporádica. Al principio me costó mucho, no tanto el aprendizaje del idioma, sino socializar, y, por lo tanto, eso retrasó el aprendizaje del idioma. Me costó porque, de pronto, estaba en un país que no entendía, que no me atraía especialmente, y en un momento en que yo había vivido, por ejemplo, una experiencia amorosa, mi primera experiencia amorosa, en Italia, y sentir en la mente cómo estaba yo entrando en otra etapa de mi vida mucho más excitante, más emocionante... Y de pronto se corta eso y me desembarcan en un país totalmente extraño, que me pareció, además, sumamente aburrido. México, cuando llegamos en los años setenta, a principio de los setenta, era una sociedad –por lo menos la Ciudad de México y la clase media a la que nosotros nos incorporamos– muy mojigata, muy provinciana, que apenas empezaba a abrirse al mundo exterior, con la Olimpiada del 68, pero también teniendo el trauma de la matanza famosa del 68; era un país un poco hipócrita, justamente algo propio de una clase mojigata. Yo tardé un poco en encontrar mi nicho cultural, mi nicho psicológico más apropiado y el que respondía más a mis inquietudes. Y eso, por suerte, fue al año de haber llegado, cuando entré a estudiar, porque ese primer año yo estaba en una especie de limbo, eran vacaciones forzosas, y eso es algo muy triste para un chico, estar de vacaciones cuando todos los demás estudian. Parecería que sería maravilloso, pero es maravilloso cinco minutos, diez minutos, pero después uno empieza a sentirse como una especie de ser alienígena. Por ejemplo, yo recuerdo que nos había inscrito mi padre al club italiano, un club deportivo que quedaba cerca de la casa, y yo iba en las mañanas a nadar y a tomar el sol cuando sabía que los de mi edad estaban en ese momento en un salón de clase, aprendiendo cosas. Era algo muy triste que, al mismo tiempo, me dejó una cierta tendencia un poco anárquica, en el sentido de que siempre hay que defender la diferencia, y siempre uno se puede evadir y puede mandar al demonio todo lo que es institucional, obligatorio, el deber..., y crearse un nicho propio, pero eso tiene un precio, que es la sociabilidad y la incomprensión. Todo eso demoró mucho mi aprendizaje del idioma. Una vez que aprendí el español, ya cambió mucho el paisaje; me incorporé muy bien y pasó lo contrario: empecé realmente a olvidar de una manera muy tajante, no mis raíces italianas, pero sí a no tener el mayor interés en regresar a Italia, cosa que nunca he tenido. Nunca me ha atraído la tentación de vivir en Italia, cosa que a los emigrantes suele ocurrirles –aunque hayan tenido una vida cómoda, agradable, exitosa en el país al que emigraron–, después, a partir de cierta edad, como que el origen llama, tira, y muchos regresan y casi siempre son experiencias –por lo que yo he sabido– fallidas, es decir, son como ensoñaciones míticas que después se enfrentan a la realidad de una manera muy fuerte.

En El idioma materno, *haces una distinción entre el habla materna y la lengua aprendida, en este caso el español. Cuando Fabio Morábito se enfrenta al espejo, ¿qué lengua utiliza?*

Cuento todavía en italiano –no siempre, sin embargo, es curioso–, pero por lo general sí, los números se me dan más en italiano. Y las groserías; cuando maldigo, por ejemplo, yo creo que depende de las circunstancias, porque a veces sí me sale en italiano y muchas veces me sale en español. Y me preguntan, esas preguntas me hacen mucha gracia, ¿en qué idioma haces el amor? Y yo siempre digo: «yo, en el amor, estoy absolutamente callado, todo el tiempo, no digo una palabra», cosa que no es cierto, pero es curioso, o «¿en qué lengua sueñas?». Yo creo que el español se ha vuelto realmente, en muchos sentidos, mi lengua materna, pero convive con otra lengua materna; son como dos lenguas maternas que están como dos tías neuróticas que se contienden el cariño del sobrino consentido y ninguna de ellas gana porque el italiano sigue interfiriendo en mí en muchas cosas y, de pronto, tengo inseguridades lingüísticas en español que vienen de ahí, que vienen del italiano. Y entonces tengo que hacer una especie de clic mental para ubicarme.

¿Eso mismo te sucede cuando estás escribiendo, que, de repente, te aparecen expresiones en italiano?

Claro, sobre todo cierto tipo de sintaxis. Me doy cuenta de que sí, hay un resabio…, por ejemplo, en general, en el italiano escrito suele haber más frases incidentales que en el español mexicano. En México se hace mucho énfasis desde la escuela en que hay que escribir frases cortas, claras, poco a poco, y al italiano, cuando habla, le gusta mucho abrir frases incidentales. No sé si eso viene del latín, pero es algo que he notado incluso en los cronistas deportivos: al narrar un partido de futbol, tienden mucho más que los cronistas españoles o latinoamericanos a esas frases incidentales, como que eso da una especie de realce de prestigio, como de poder abrir algo nuevo y reanudar después. Y yo lo tengo en mi prosa y creo que me viene de ahí, de la necesidad de darle cierta densidad al período, al fraseo, a través de esto. Al mismo tiempo que me atrae mucho una secuencia de frases desnudas, seca, objetiva, siempre he procurado que mi estilo en la prosa no sea nada embellecido, y usar las palabras más comunes, y, en fin, no me atrae para nada una bonita prosa, una bella prosa. Pero el italiano, el idioma materno, tiene muchas formas de interferir: con palabras, con preposiciones, y eso sí es un infierno porque es la parte de un idioma que uno domina menos, que uno puede afilar menos, es más instintiva. Entonces, sí, cometo muchos errores todavía.

Hablas de valorar el sinsentido de las palabras y de su sonoridad (pienso en «El nombre de los muertos» de El idioma materno)*, y del ejercicio de leer los nombres de las lápidas mortuorias (como hace Emilio en tu novela homónima). ¿Crees que por escribir en una lengua que no es la materna has sido más consciente de la sonoridad y de la arbitrariedad del léxico, de su sinsentido?*

Yo creo que sí, porque si un escritor es aquel que se enfrenta a su lengua de una manera, vamos a decir, anómala o sesgada, porque decide de antemano que no la va a utilizar para la simple comunicación prosaica, sino para otra cosa (habría que ver qué es esa cosa o si son muchas cosas), entonces es una lengua extranjera, es un idioma ajeno. Y el hecho de venir de un extranjero agudiza esta conciencia que yo llamaría estilística. La agudiza, no quiero decir para mejor o para peor, ni que sea una ventaja o no, pero finalmente sí lo sitúa a uno de inmediato en cuál es el terreno en el que se va a mover. Y es un terreno de dificultades, es decir, un terreno de tomar muchas decisiones, muchas elecciones, que es lo que hace un escritor todo el tiempo: un adjetivo en lugar de otro, una secuencia en lugar de otra... Y la sonoridad forma parte de todo eso. Yo soy muy sensible a la música, tanto en la prosa como en la poesía. Eso fue mi principal estímulo para traducir a Montale, que es un poeta sumamente musical, sumamente de oído. Traducir poesía siempre para mí ha sido, sobre todo, un reto sonoro, porque la primera cosa que se pierde en la mayoría de las traducciones de poesía es la sonoridad. Y creo que, de manera inevitable, fatal, pero muchas veces de manera culpable, intuyo que sigue rigiendo en la traducción el mito de que sobre todo hay que traducir el significado, el nivel semántico, y si queda lugar para, además, un poco de música, de sonoridad de ese tipo, que está bien, pero eso queda como una especie de añadido.

Defiendes que una traducción no aspira a emular el original, sino a crear en otras palabras o sonidos el efecto estético que produce. No sé si piensas que habitualmente hay una excesiva dictadura del sentido (en la traducción de poesía) y poca sensibilidad respecto a la forma lírica y al efecto que el original producía en un lector de aquella lengua. Si vemos tus traducciones de Montale, no te importa alterar la sintaxis y prolongar los poemas (añadiendo versos) si es en pos de una mayor naturalidad en el español, e incluso decides no traducir exactamente especies animales o vegetales, ¿hay un componente de reescritura y recreación en la tarea del traductor?, ¿cómo la concibes?

Sí, yo creo que un traductor, ante todo, es un escritor. Yo doy clase de traducción literaria en la UNAM y es lo primero que les digo a mis alumnos y es lo que más me cuesta transmitirles, porque ellos no se lo creen. Creen que un traductor es un técnico, o una especie de mago que hace algún tipo de malabar, y eso es lo que piensa mucha gente: que hay una especie como de rara cosa técnica, mecánica o mágica que hace que de pronto el mismo contenido pueda verterse en otro idioma. Y no; hay que tomar conciencia de que solo un escritor puede hacer eso, lo cual quiere decir que, a partir de cierto momento, uno tiene que abandonar el original y enfrentarse al texto que está traduciendo como un texto propio que demanda, que exige, un cuidado y exige incluso que se olvide su original para que toda la potencialidad expresiva de ese texto ya traducido alcance su mayor nivel. Si seguimos mirando con un ojo la traducción y con el otro el original, siempre vamos a producir un híbrido insatisfactorio por ambos lados, que no es ni válido en el idioma de llegada ni desde luego tampoco en el original. Y a eso yo le llamo «saber traicionar», y eso es otra cosa que a mis alumnos les asusta mucho. Por un lado, sonríen, pero, en la práctica, les cuesta mucho tomarse esa libertad, ese campo de acción propio que les permita de pronto cambiar la sintaxis, cambiar el orden de un verso o incluso de una frase, y están ahí atados —todos estamos atados, por supuesto, y hay que estarlo, desde luego—. Yo también estoy en contra de esta magnificación del traductor cuando se dice: «es tan creativo y tan libre como el autor original». Me parece una tontería; claro que no. No podemos comparar al traductor con el autor; el autor inventó aquello que el traductor ya tiene servido en bandeja y, sobre todo, el autor tuvo que luchar con algo con lo cual el traductor no lucha, que es la incógnita de si puede llegar al final de ese texto, que es el fantasma de todo aquel que escribe: ¿podré llegar al final?, ¿podré lograrlo? El traductor se libera mágicamente de ese lastre; sabe que el texto está terminado, y eso para mí es suficiente diferencia para no poderlo comparar. Pero desde luego el traductor se tiene que asumir como un escritor. ¿Debe darse el permiso de todo lo que un escritor se da el permiso? Me parece que sí; si no, siempre estaremos en esa especie de pantano a medias.

En tus primeros años en México, tradujiste a algunos poetas italianos al español. ¿Por qué traducir, y traducir, en concreto, poesía?: ¿para aprender la lengua?, ¿para convertirte en un mejor poeta?

Yo traduje, muy joven, poesía italiana por una razón muy simple: no sabía qué hacer. Había estudiado un año de Sociología, que descubrí que no me interesaba en absoluto, y me encontré en una especie de vacío existencial y me dije: «¿qué es lo que sé hacer?». Bueno, vamos a traducir poesía de mi lengua materna. Pude haber hecho al revés: pude haber traducido al italiano poesía española o mexicana, porque todavía tenía muy fresco el italiano. Pero yo no podía hacer eso, no podría traducir al italiano, lo haría muy mal. En ese momento pude haberlo hecho, pero yo ya me sentía en otro país y yo quería estar en el país y me daba terror volverme un extranjero de tiempo completo, una especie de exiliado. Yo quería ser mexicano y, por lo tanto, lo más lógico era que yo tradujera al español. Y tal vez sí fue la necesidad de ir soltándome en español, pero no creo que fuera algo tan premeditado como decir: «voy a traducir para ser mejor poeta o escritor, porque eso es lo que voy a hacer después». No fue tan calculado. Seguramente sí me ayudó, por supuesto; me ayudó mucho, porque ahí fue cuando empecé realmente a batallar por el español, al traducir del italiano.

¿Es el mismo momento en que abandonas la escritura narrativa de los primeros cuentos que escribiste en italiano, ya en México, y pasas al español o fue un poco después?

Sí, fue un poco posterior. Esos cuentos eran realmente unos cuentitos, muy ingenuos, de un chico de catorce años, y llegó un momento que los vi con el ojo muy crítico, los quemé todos, y me arrepiento, me gustaría ahora con curiosidad ver qué había en la cabeza de aquel chico. Pero fue una experiencia que a mí me ayudó mucho porque fue ese primer año en México de mucha soledad y yo creo que escribir esos cuentos me ayudó mucho desde el punto de vista humano. Ahí sí no tenía realmente nada que hacer, y me ayudaron mucho.

¿Cuáles son los poetas que más contribuyeron a crear tu estilo poético y te proporcionaron modelos que seguir? ¿Fueron mayoritariamente italianos o vas descubriendo poetas de lenguas extranjeras o incluso mexicanos? ¿Cuáles son las referencias recibidas entonces por el joven Fabio que hayas podido arrastrar, incluso, hasta hoy en día?

Desde el punto de vista de actitud humana frente al mundo, los italianos fueron los que más me influyeron, y probablemente fueron Umberto Saba y Eugenio Montale los que más me influyeron, junto con Ungaretti. Los que me dieron una actitud vital, una actitud distinta de la actitud mexicana frente a la poesía. Siempre he encontrado en México una actitud un poco más solemne frente a la poesía. En general en Latinoamérica, pero hablo de México porque lo conozco mejor, el poeta es visto como un ser iluminado, un ser que crea alrededor de sí una cierta mitología, un cierto prestigio, cosa que en los poetas italianos no se ha dado. En los poetas de posguerra, por lo menos los que a mí me interesaban, había una actitud mucho más crítica. Y en España igual. Pensemos en Gil de Biedma, por ejemplo, que a mí me gusta muchísimo. Ni siquiera en la Generación del 27 creo que se dio en España ese culto del poeta como un ser iluminado, eso creo que es mucho de Latinoamérica, por distintas cuestiones sociales que podríamos ver. Desde el punto de vista de las influencias, ya cité Gil de Biedma; hay muchos poetas del 27. En México, Villaurrutia y Octavio Paz fueron importantes desde el punto de vista estilístico, de claridad de expresión, de concreción, de jugar más bien limpio con el lector, en el sentido de no entrar en divagaciones y en brumosidades prestigiosas, sino de decir las cosas lo más concretamente posible. Fueron mucho los maestros de estilo. Yo creo que uno nunca deja de descubrirlos, es decir, yo soy una persona muy influenciable y, cuando leo a un poeta o a un narrador que me gusta mucho, lo asimilo enseguida y creo que soy capaz de imitarlo, casi. Eso se me va, afortunadamente, o sea, eso es diez minutos de infatuación, pero soy muy sensible al tono, a la voz, la reconozco y se me transmite, y yo creo que uno no deja de encontrar modelos todo el tiempo. No es esa imagen de «fui muy marcado por tal», y ahí pues hay una especie de nupcias eternas. Uno va cambiando, es lo que siempre ocurre.

Has cultivado, principalmente, tres formas literarias, la poesía, el cuento y la novela (aunque podríamos hablar también del ensayo ficcional): ¿cómo surge la idea que se concreta en un género? Es decir, ¿tienes una idea (piensas un verso, ves un personaje, una situación) y ya sabes que se convertirá en una forma literaria concreta? ¿Cómo se concreta la imaginación de Fabio Morábito en una forma específica?

Yo soy muy disciplinado, quizá en exceso, quiero decir que, cuando estoy metido en un libro, estoy metido en un género y hasta no terminar ese libro no me permito, no siento ninguna curiosidad incluso de abordar otro género. Si estoy escribiendo un libro de cuentos, todo lo que se me ocurre (situaciones, ideas, palabras, frases...), inmediatamente ya están arropadas por el género. Y, al revés, cuando estoy escribiendo poesía pasa lo mismo, es decir, imagino una situación o una imagen e inmediatamente pienso en términos poéticos. Lo más que yo puedo hacer, en todo caso, es, si claramente estoy escribiendo un libro de poemas y se me ocurre una situación narrativa que considero que puede ser interesante, la anoto y lo pongo por ahí a ver si me acuerdo de tomarla en cuenta en algún momento. No se me presenta esa disyuntiva de «esto que se me acaba de ocurrir, va para poesía o va para narrativa o puede ser una idea para un ensayo...», sino que inmediatamente yo estoy ya en el taller de ese género y entonces todo lo vierto allí.

En El idioma materno *escribes que el escritor en prosa siempre sabe algo más de lo que escribe, mientras que el poeta conoce solo el verso inicial, ¿hay, pues, en tu caso, más improvisación en la poesía que en tus cuentos o novelas, donde hay algo más diseñado y previsto, o crees que, en el fondo, la poesía también debe entenderse como faena?*

Sí, por supuesto, la poesía es una *faena* y yo creo que se ha perdido ese sentimiento de una apuesta que puede ser ganadora o puede ser perdedora. Se ha perdido en mucha poesía que yo leo, en que la poesía es simplemente una invitación al desahogo sentimental o al desahogo intelectual, sin preguntarse si esto luego cuaja en un texto que funciona, que realmente podemos decir «tenía que terminar aquí y no dos versos antes ni cuatro versos después, porque de haberlo hecho así se hubiera echado a perder todo, todo el artefacto». Creo que esa sensibilidad que, por ejemplo, en los poetas de la Generación del 27 está de una manera tan natural, todos los poemas de esa generación son poemas totalmente hechos, cerrados, que se distinguen claramente además de la producción del propio poeta, es decir, hay un cuidado en que «si ya dije eso para qué lo vuelvo a decir, ya lo dije mejor así, entonces paso a otra cosa». Y ahora hay un flujo verborreico, se tiende mucho al flujo verborreico, donde se ha perdido, para mí, esa sensibilidad del poema como una forma que solo cabe en esas dimensiones, con esas proporciones, y si se traiciona pues el juego ya está perdido. En el cuento, eso, por supuesto, también funciona. De hecho, parecería que no, parecería que el cuento, sobre todo con los realistas norteamericanos, hubiera ganado un exceso de libertad en la medida en que, por ejemplo, si leemos un cuento de Carver sentimos que no cierra el cuento, que en realidad es un cuento que pudo haber terminado antes, pues, pero si ponemos un poco más de atención, nos damos cuenta de que son cuentos tan cerrados y tan precisos, como los de un Chejov o de cualquier autor clásico. Solo que, claro, nuestra sensibilidad frente a lo que cierra una historia ha cambiado radicalmente. Ahora estamos mucho más vulnerables a lo azaroso, sabemos que las cosas no concluyen nunca realmente, o no concluyen con esa determinación y precisión con que concluían antes las historias, y, por lo tanto, eso produce un nuevo modo de narrar y también un nuevo modo de poetar. Pero la necesidad de encontrar un final creo que no puede perderse; lo que pasa es que la forma de ese final cambia según cambia la sensibilidad y, bueno, nuestras costumbres y nuestra mentalidad y nuestra psicología, claro está.

Más adelante retomaremos esta idea de cuento y de su construcción, pero, antes, desearía saber si Fabio Morábito comparte lo mismo que defiende uno de los personajes de su novela El lector a domicilio, cuando afirma que un buen poema necesita las tres cies: «oficio, pericia y astucia».

Yo creo que sí. A mí me hizo mucha gracia encontrar eso (oficio, pericia y astucia), aunque siempre hay que tomar distancia de lo que dicen los propios personajes, porque eso son, personajes, y uno siempre puede desmentirlos o no estar de acuerdo... Pero creo sí. Es un poco lo que estaba yo diciendo, es decir, pericia y astucia. La astucia, justamente, es saber un cierto número de trucos que todo escritor siempre tiene y que ayudan a sobrellevar huecos, baches y torpezas que son inevitables en toda escritura. Montale hablaba muy bien de eso. Montale, cuando hablaba de Ungaretti –a quien apreciaba mucho, pero que sentía totalmente distante de su poética–, encontraba todos los peligros en la poética de Ungaretti. O sea, en aquellas poéticas digamos de poesía pura, que tienden a opacar, a ocultar, a suprimir aquellas partes burdas y grises del idioma, como pueden ser las conexiones, o incluso versos que solamente tienen la función de conectar otro verso con otro, y que tomados aisladamente son bastante opacos e inexpresivos. Montale defendía, en cambio, esa zona gris de la poesía, e incluso llegó a decir que ahí estaba, realmente, la poesía. Son como dos concepciones en donde hay que negociar con el idioma, y una serie de trucos y de oficios y de pericia ayudan muchas veces a ocultar esas zonas poco expresivas que, si se ensancharan, podrían echar a perder un poema o poderlo volver inane o banal. Pero sí, yo creo que, tanto en la prosa como en la poesía, hay oficio clarísimo. Alguien decía por ahí: «se escribe con 10 % de inspiración y 90 % de oficio». Y es cierto, porque siempre estamos escribiendo montados en otro, en una tradición que nos provee de modelos, de palabras, de estrategias, tanto narrativas como poéticas, y que estamos asimilando muchas veces de manera inconsciente, pero sin las cuales no escribiríamos nada. La famosa originalidad siempre es un pasecito más en cierta dirección que se aleja de lo ya hecho, pero que no es más que un pasecito, que a su vez será asimilado por los que vienen después para que ellos añadan otro pasecito más. Creo que aspirar a más es una presunción.

Escribiste Lotes baldíos en versos heptasílabos, y al cabo de los años has destacado que para ti escribir poesía consiste en hacer «caber la mayor cantidad de materia en el menor espacio», como si prepararas una maleta. Sin embargo, en tus libros posteriores no apuestas tanto por el isosilabismo en el poema, y optas por unos versos más largos, más narrativos, algo más prosaicos, al parecer, sin perder la musicalidad de la frase. ¿Cómo ha cambiado tu concepción de la forma poética a lo largo de los años, y por qué?

En el primer libro, *Lotes baldíos*, yo creo que el hecho de haberlo escrito todo en verso corto dependió grandemente de la inseguridad idiomática, es decir, mi inseguridad todavía hacia el español siento que, inconscientemente, me llevó a usar un verso corto, es decir, un contenedor en el que yo podía moverme con cierta comodidad, pero que fuera suficientemente estricto como para no desbarrarme, porque tenía miedo de eso, de salir y perder un poco el control. Después de un libro escrito bajo ese control estricto, si hubiera yo seguido por ese lado, pues me hubiera vuelto un ser claustrofóbico y creo que me hubiera llevado a cierta aridez. En el segundo libro, rompí con ese molde, pero no rompí del todo con una necesidad que sigo manteniendo de un ritmo bastante regular: tiendo mucho a los versos impares, es decir, a todos aquellos versos de la familia del endecasílabo, pero, por supuesto, también puedo ahora ensanchar la cosa hacia versos pares y no sujetarme demasiado. Pero, por ejemplo, me siento bastante incapaz de escribir poemas con versos muy largos, con el llamado versículo, que me atrae muy poco incluso como lector. Cuando me enfrento, en un libro de poesía, a esos poemas de verso muy largo confieso que me entra una cierta pereza. Después, claro, he leído poemas maravillosos en ese formato, pero, de principio, es algo que rechazo instintivamente. Tiendo, un poco como lo que tú citaste, a las maletas; sí, a esta idea de la poesía como el máximo de concentración lingüística, con una decantación muy depurada, donde menos es más. Pero es una poética y soy consciente de que, por supuesto, lo otro no tiene menos validez.

Algunos de tus poemas son descripciones externas, recuentos o casi relatos (títulos de dos de tus poemas), ¿ves una conexión directa entre la naturaleza y la ejecución de algunos poemas y tus relatos?

La composición del poema y del relato es diferente, pero tiene mucho en común. Y eso, remontándome a una pregunta que hiciste antes, acerca de que en un cuento hay que saber un poco más de lo que se sabe en un poema, en que efectivamente no se sabe casi nada, porque pareciera que cada verso dicta el siguiente, entonces uno siempre está como en el borde de un abismo, y solo puede avanzar paso a paso, sorprendiéndose incluso de lo que va descubriendo. Pero en el cuento igual. Yo no soy muy partidario de escribir un cuento cuando ya tengo toda la historia hecha. Al contrario, procuro evitar eso porque las pocas veces que me ha ocurrido tener toda la historia metida en la cabeza, a la hora de escribirla siento que algo empieza a fallar. Como que el cuento afloja mucho. El hecho de saber demasiado bien a dónde va todo me vuelve una especie de transcriptor y no encuentro quizá la suficiente emoción como para meterme a fondo. Necesito saber bastante como para animarme, para saber que esa es una historia que vale la pena, que promete, pero no tanto. Entonces, voy escribiendo poco a poco y en eso encuentro mi mayor satisfacción y mi mayor placer, incluso. Eso tiene un precio: que muchas veces el cuento toma un camino totalmente equivocado y me equivoco mucho, es decir, tiro muchas historias que simplemente no cuajaron. Pero con eso no hay problema. Es cierto, en mi poesía hay mucho aliento narrativo; tal vez es una manera de contrarrestar un temor a un exceso de sentimentalismo o un temor a no tener talento para describir sensaciones y sentimientos un poco inefables que son importantísimos, por supuesto, y que tienen su lugar ganado en la tradición poética mundial. Me siento más seguro hablando de objetos, de situaciones concretas, y que ellas hablen, expongan un sentimiento, una sensación, que se transmita de ellas sin tener yo que abordarlas directamente. Puede que vaya por ahí la cosa; entonces lo narrativo se me cuela de una manera instintiva, necesaria.

¿Qué debe tener un buen cuento, propio o ajeno?

Emocionar, desde luego. Tiene que atrapar al lector y mostrar algo que dentro de nuestras conductas no estaba previsto. Yo creo que leemos cuentos y leemos poemas porque estamos frente a la vida en una permanente situación de vulnerabilidad, de inseguridad…, y lo que queremos son respuestas, son soluciones. Pareciera un poco vulgar, dicho así, pareciera que se asemeja un poco a los libros de autoayuda, que tanto éxito tienen, en donde «yo quiero ser un hombre exitoso, en el dinero, en el amor, y entonces voy y compro un libro, porque ese libro me va a decir los pasos a seguir para…». Yo creo que, en el fondo, la literatura tiene mucho de esto, es decir, abrimos un libro de poemas con esa ilusión de que se nos diga algo que no sabíamos y que cambie nuestra vida o nuestra forma de ver las cosas. En un cuento, por ejemplo, tiene que ocurrir algo que, por un lado, queremos que no nos ocurra, porque en los cuentos ocurren cosas muy atroces y amenazantes, pero agradecemos que ocurran a otros porque aprendemos en piel de otros aquello que por nuestra propia experiencia personal no podríamos aprender o sería muy riesgoso aprender. La emoción, antes que nada, pero esa emoción no es solamente emoción de trama, de argumento, es también emoción lingüística. No se puede escribir una buena historia, una buena imaginación, si el lenguaje es plano, si el lenguaje es soso, necesitamos esa excitación verbal en donde los adjetivos no sean previsibles, no sean tan banales, en donde la construcción de la frase sea suficientemente atrevida como para que no adivinemos lo que se nos dice a mitad del periodo. En fin, necesitamos una cosa y otra, la excitación lingüística o estilística igual que el viento fresco de una situación nunca vivida y nunca imaginada, nunca sospechada.

En También Berlín se olvida, *uno de tus ensayos ficcionales, comentas que te trajo muchos quebraderos de cabeza terminar un libro de cuentos, que te absorbió muchos meses y te hizo reformular un par de cuentos (que no sé si se trataba de los últimos de* La vida ordenada). *¿Qué les faltaba a esos cuentos para que te acabaran convenciendo o qué les fallaba a esas narraciones?*

Era problema, sobre todo, de trama. Aparentemente todo iba bien. El libro iba bien; de hecho, ya estaba prácticamente en imprenta, lo había leído el editor, desde luego, y un editor muy competente que cuando yo le dije que retirara el libro porque esos dos cuentos no funcionaban se sorprendió; me dijo: «a mí me parece que están muy bien». Le dije: «no, no, hay algo ahí que no cuadra, en esa maquinaria hay uno o dos tornillos que no están funcionando». Recuerdo clarísimamente en qué momento de la relectura, cuando ya estábamos en pruebas finas y el libro ya estaba casi formado, yo dije: «no, este cuento está mal, tengo que reformularlo». Y al día siguiente, al terminar de leer el otro, que es el último y el más grande, sentí lo mismo. Fue, creo, el peor periodo que yo he vivido como escritor, porque fue así como recibir un gancho en el estómago. De pronto, creía que yo tenía un libro y me doy cuenta de que no lo tengo; es como parar un transatlántico y darse cuenta de que tiene un agujero en la proa, así de grave. Y durante tres meses estuve encerrado en mi casa trabajando solo y exclusivamente en arreglar, componer, así como fletar un barco que está agujereado, y muchas veces me iba a la cama muy deprimido porque no encontraba la vuelta al problema. Un cuento puede llegar a ser algo verdaderamente infernal porque, por un lado, no lo puedes soltar. Esos dos cuentos me atraían profundamente y sentía que había ahí mucho de mi mundo y muchas cosas que yo quería decir, y al mismo tiempo no encontraba la manera de decirlas, la manera adecuada. No podía soltarlos y al mismo tiempo no encontraba la manera. Luego, poco a poco, y a fuerza de darle y darle, un día encontré la situación narrativa que me permitía resolver ese problema. Lo mismo me ha pasado con un poema también, con el libro ya hecho, paginado incluso, que es el peor momento para cambiar un libro porque ya tiene número de páginas y supone un costo muy grande para el editor. Yo descubrí que había un poema que no funcionaba y le dije al editor: «por favor, quítalo, y si hay que pagar, yo pago, pero no puede salir ese poema». Y mi editor de poesía, que es un hombre muy inteligente, me dijo: «no, si no estás a gusto con esto, pues no...». A lo que voy, es que, otra vez lo de *faena*, nunca estamos seguros de nuestro resultado. Yo nunca releo mis libros porque temo encontrar que tal poema no vale nada, que tal cuento está mal escrito. Prefiero olvidarme, prefiero que tome su camino y trato de releerme lo menos posible y siempre mirar hacia adelante.

En El idioma materno, *no sé si hiperbólicamente, apuntas que se debería escribir «bajo una constante amenaza física, en un pupitre incómodo, con la cabeza gacha y rogando por la eficacia de cada frase», ¿crees que hay mucha literatura gratuita y fácil, o defiendes que se requiere atención, precisión, anhelo de perfección y un poco de temor al fracaso? O incluso ambas cosas...*

Sí, sí, eso, eso, temor al fracaso, que, al mismo tiempo, nos pone en un estado de alerta y consciencia de saber que el fracaso está contemplado dentro de nuestra tarea, y no solo en nuestras tareas concretas, sino en nuestra propia vocación. El escritor nunca puede estar seguro de haber elegido la vocación más idónea para su vida. Un médico tiene la seguridad todos los días de que, aunque no sea una gran eminencia en su especialidad, salva vidas, cura a personas; eso es suficiente para que se pueda dormir tranquilo. Pero un escritor, aunque le den el Premio Nobel, nunca estará completamente seguro de que lo que ha hecho tiene un valor, y la historia de la literatura está llena de ejemplos de escritores que, en su momento, partieron plaza y después de diez o quince años fueron totalmente olvidados, cosa que forma parte un poco de la desgracia de esta profesión, que nunca podemos ser verdaderamente profesionales, lo cual tiene sus ventajas, pero también tiene esa angustia de nunca saber si lo que estamos haciendo vale o no la pena. Yo creo que lo mejor es no preguntárselo. Por ejemplo, cuando me dicen: «¿en qué lugar te situarías dentro de la literatura en lengua española, mejor que este, peor que el otro?». Son preguntas que no me interesan en lo más mínimo, porque de verdad yo no me lo pregunto de manera instintiva; me parece que eso está fuera de mi competencia. Yo lo que tengo que hacer es trabajar lo mejor posible. Lo que sí me puedo preguntar, y puede ser una pregunta cuestionadora, es si en tal libro realmente di lo mejor de mí mismo o me ganó la pereza o la desidia; esa sí que es una pregunta que hay que hacerse porque es una pregunta muy vital. Si uno da lo mejor de sí, pues ya cumplió, si luego no es Shakespeare, ni Cervantes, pues, bueno, no es su culpa.

Quisiera retomar un tema que antes ya has apuntado. Dices en El idioma materno *que toda obra en prosa, en un sentido, es inconclusa –quizá de acuerdo con el plan trazado–, y es cierto que algunos de tus cuentos se niegan a ofrecer un desenlace detallado o explícito. ¿Por qué? ¿Porque lo importante era plantear la situación y el problema? ¿Porque deseas dejar margen imaginativo al lector? ¿O quizá deseas prolongar aquel «silencio antes del grito» que descubres en Kafka y que es importante en toda narración?*

Como dije hace poco, hay que jugar limpio con el lector, y lo entiendo en el sentido de que no hay que irse por el camino fácil de dejar en un poema, por ejemplo, cabos sueltos. Y en un cuento, mucho menos. Lo que pasa es que la vida deja cabos sueltos, y esos sí hay que respetarlos. Por eso creo que estamos obligados a escribir ahora historias, tanto en verso como en prosa, de una manera distinta, porque nos damos cuenta de que nunca sabemos bien cuándo empieza algo (por ejemplo, una historia de amor) ni cuándo termina. Nos hemos vuelto mucho más desencantados o escépticos acerca de la precisión de los aconteceres humanos. Todo se mezcla, todo se vuelve un poco brumoso; sí, vivimos, y en el lenguaje se refleja esa indefinición permanente. Y eso se tiene que reflejar, por supuesto, en lo que escribimos. Esos finales aparentemente abiertos para mí son tan cerrados como el final en una historia de Chejov, Maupassant o del propio Boccaccio. Pero los hilos con que concluimos las cosas ahora son muy diferentes. Los personajes son mucho más ambiguos, no están hechos de una sola pieza, sus reacciones son mucho más imprevisibles para ellos mismos, incluso los diálogos son mucho más indecisos. Vivimos en una permanente ambigüedad en todo lo que respecta a nuestras relaciones humanas que hace que las historias que narramos parezcan inconclusas, pero, en el fondo, sí concluyen. Cuando es un buen cuento sí concluyen, pero concluyen con esa vaguedad que parece acompañar nuestra vida todos los días y que debemos respetar porque es lo que nos ha tocado vivir.

Creo que entre tus referentes se encuentra Italo Calvino (quizá el de El barón rampante, Los amores difíciles *o* Las ciudades invisibles*), ¿qué es lo que más te atrae de su literatura? ¿Esa mezcla de realismo, a veces rayando lo extraño o lo imprevisto, o incluso lo absurdo cotidiano, a la manera de Kafka?*

Creo que su sentimiento lúdico: Calvino siempre está explorando, siempre está experimentando, no da nada por hecho y concibe la escritura como un juego, un juego muy serio. Eso me atrae profundamente. Y siempre hay un sutil sentido del humor y del ridículo en lo que escribe, que a mí me parecen tan liberadores porque realmente creo que el ser humano es, muchas veces, un ser risible en lo que hace, o siempre está a punto de volverse ridículo y patético, y ahí encuentra quizá una liberación. Por ejemplo, es una tontería lo que voy a decir, pero hay ese fotógrafo inglés que reúne a trescientas personas, las desnuda en distintas ciudades y las fotografía. Cuando vino a México yo tuve mucho deseo de ser uno de estos encuerados que él fotografiara, porque sentí que era muy liberador pisar esta ciudad y calles, que yo siempre piso vestido, y por una vez hacerlo desnudo. Y yo creo que mucha gente que va ahí a hacerse fotografiar desnudos tiene este deseo de regresar a ser niños, de un acto liberador, un poco infantil, anarcoide, de mostrarse como es uno. En la literatura de Calvino, en Cortázar también –siempre los he sentido a los dos muy vinculados espiritualmente–, siempre hay ese deseo de jugar y de quitarse la institución literaria de encima y descubrir un lenguaje más fresco. *El barón rampante* me parece una genialidad, es el epítome de esto, es decir, es el niño que dice: «yo no quiero ser adulto, y vale la pena y es legítimo, en los árboles, tener una vida como los niños quisieran tener». Y la cumple perfectamente, y la cumple además de una manera madura, es decir, no adulta pero sí madura. No es un niño tonto, sino es un niño maduro. Yo creo que Calvino encontró ahí el espejo de su alma. Para mí es uno de los grandes libros de la literatura europea y ¡qué hubiera dado yo para escribirlo!

También en muchas de tus narraciones y poemas aparecen personajes solos, en medio de una vida sin mucho sentido, perdidos en medio de sus angustias y sus fantasmas personales, incapaces de tomar las riendas de su vida, e intentando capear el temporal (y evitar aquella peligrosa Ola *que regresa, como dices en uno de tus versos). ¿Crees que la literatura más existencialista (pienso en Albert Camus o Samuel Beckett) también ha sido importante para ti?*

Sí, desde luego. Tu citaste a Beckett, a Camus, podemos citar a Kafka, todos se ocupan del ser humano desvalido, no inválido, pero sí desvalido, que somos todos, y muestran cómo abordar a ese personaje que nos concierne tanto, porque así nos sentimos tantas veces en la vida, y es una condición universal pero que quizá se ha acentuado en el mundo moderno. Vivimos en un mundo que comprendemos muy relativamente, porque es un mundo que nos rebasa permanentemente, con objetos, artefactos y situaciones que no podemos dominar, de manera que estamos obligados como a buscar nuestro pequeño nicho en el cual tratamos de entender lo que ocurre a nuestro alrededor. Creo que, en otras épocas de la historia, ese sentimiento de desvalimiento no era tan acentuado, y por eso hay tantos personajes y hay tantos escritores que los abordan. Beckett llega a una radicalidad total con respecto a eso, es decir, sus personajes incluso desaparecen físicamente: recordemos ahora cómo de repente asoman con las puras cabezas –en esa pieza teatral–; el siguiente acto es que hablen desde el subsuelo (un Dostoyevski ya inicia eso en *Memorias del subsuelo*). Hay una sensibilidad inevitable que nos enfrenta a nuestra extremada debilidad y a nuestra extremada soledad. Ahora, ¿cómo afrontar eso?, ¿cómo afrontarlo de una manera vital, de una manera que no sea simplemente desgarrarse las vestiduras? Bueno, ahí está lo que dice Calvino: cuando un ser está muy desvalido está muy cerca de la risa, incluso. La miseria muchas veces va del brazo de la risa, del ridículo... En fin, ¿cómo crear personajes o situaciones vitales en donde no se oculte ese desvalimiento y esa debilidad o esa gran soledad? Ese es un tema, me parece, inevitable en todo lo que escribimos.

Hay en tus narraciones muchos personajes extranjeros en otro país, emigrantes, que regresan a un país para reencontrarse con su familia, que alquilan apartamentos, que han salido de la cárcel o que están de paso, ¿responde a esta vida insegura y errática contemporánea que te rodea, o crees que hay una inclinación especial por estos temas que tú has vivido en propia carne? En este sentido, y más que en muchos otros escritores, hay un gusto por transcribir formas verbales extranjeras, por concretar por escrito personajes que no hablan del todo bien, y a veces por velar el habla. También hallamos, curiosamente, la recurrencia de personajes mudos o sordos, de ventrílocuos, y señalas ingeniosamente que «la escritura es la venganza de los sordos», ¿es un intento por transmitir la incapacidad del habla y de la comunicación?, ¿por defender los sonidos del habla?, ¿por denunciar este ruido de nuestra sociedad?, ¿o crees que es una pura casualidad?

Tal vez porque nos recuerdan que somos todos, ahora sí, un poco inválidos, es decir, nadie de nosotros es un campeón de salud, de eficiencia, de nada, siempre tenemos algún talón de Aquiles y, bueno, además, el fantasma del deterioro que está siempre presente: todos los días tenemos pruebas de que nuestro físico envejece, y eso desde muy temprana edad; desde antes de los treinta años uno se da cuenta de que, por ejemplo, ya no tiene ganas de correr. Yo, cuando me di cuenta de que ya tenía veintitrés años y de que ya no era un joven, fue porque de pronto tuve un impulso de correr y me lo aguanté, y me dije: «¡qué raro!». En otro momento yo hubiera corrido, porque me pasaba que a veces tenía ganas de correr y corría, pero pensé: «ya no voy a correr, o sea, ese impulso ya lo puedo controlar, ya no soy el de antes», y tenía veintitrés o veinticuatro años. Entonces todo eso hace que un sordo, un ciego, un paralítico, todas aquellas personas que cargan con una invalidez física sean, hasta cierto punto, como más auténticos, porque están más cerca de aquello que nos va a tocar tarde o temprano: el deterioro, la invalidez, la incapacidad –en mayor o menor medida–. Por lo tanto, son atajos narrativos e imaginativos muy buenos para mostrar algo que nos pertenece a todos y que sería más trabajoso mostrar en un cuerpo sano, porque habría que adentrarse en cuestiones interiores y psicológicas, y ellos representan una forma bastante expedita de mostrarnos esa debilidad congénita que a mí siempre me ha atraído como algo muy relacionado con la literatura.

Los espacios, y la relación de los personajes con los lugares, es esencial en tu obra, y lo vemos en los primeros libros de poesía, Lotes baldíos, *y claramente en el libro de cuentos* La vida ordenada *(con personajes relacionados con apartamentos). ¿Hay en tu obra la voluntad de mostrar esa necesidad por ocupar un espacio y quizá reflejar la provisionalidad de la existencia?*

Sí, sí, yo creo que el espacio juega un papel muy importante en todo lo que yo escribo. Por ejemplo, cuando escribo un cuento necesito saber dónde están ubicados mis personajes, aunque luego no aparezcan de una manera explícita, pero necesito saber por dónde se mueven, qué es lo que van a encontrar al caminar, etc. No sé de dónde me viene eso, porque he encontrado que no todos los narradores o los poetas tienen esa necesidad. Probablemente del hecho de sentirme un perpetuo migrante, emigrado, y creo que los emigrantes son los que con más ahínco buscan una casa. Ungaretti, otro gran emigrante –ya que era otro extranjero nacido en otra parte–, decía: «busco un país inocente», siempre algo firme, algo que pueda yo reconocer como algo seguro. Tal vez me venga de allí la necesidad de concretar siempre un espacio para mis textos, y de ahí viene que ocupar un lugar, hacerse una casa, moverse dentro de un departamento, los muebles, los tránsitos, pasar de un lugar a otro, para mí sean tan importantes, sobre todo en las narraciones.

Has escrito dos novelas, Emilio, los chistes y la muerte *y* El lector a domicilio, *y me gustaría saber si nacieron como novelas, o bien de un núcleo de cuento, que, al ir alargándose, acabaron en novela.*

Las dos. Yo nunca pensé escribir novela y *Emilio…*, de hecho, iba a ser un cuento de tres páginas para niños en donde un niño encontraba este extraño artefacto que se llama detector de chistes, y creía que iba a ser un cuentito de cuatro o cinco páginas que le iba a leer yo a mi hijo, que era muy chico en ese momento. Y, poco a poco, en el momento en que aparece el personaje de la mujer y aparece esa mujer que ha perdido a un hijo, y ese hijo tenía la misma edad que el niño protagonista, ahí se forma ya un triángulo que empezó a ser un triángulo novelístico. Pero, vamos, yo al principio creía que era un cuento. Y con *El lector a domicilio* lo mismo: el principio de la novela es casi el cuento que le dio origen, que es la visita del protagonista a esos hermanos, uno de los cuales es ventrílocuo, esa pareja bastante siniestra, y que yo terminé como cuento y sentí que la situación daba para más. En ambos casos, siento que he escrito, más que dos novelas, dos cuentos muy largos y que yo tengo cabeza de cuentista, cosa que no me preocupa mayormente.

Mientras que no abundan demasiadas mujeres narradoras o protagonistas únicas en tus narraciones, sí que, en cambio, suelen aparecer bastantes niños o adolescentes, y captas muy bien la sensación de soledad, desubicación e incomprensión de aquellos primeros años. ¿Qué dificultades entraña dar la voz de una narración a una mujer, a un joven o a un niño?

Debo decir que me siento muy a gusto con los niños y los jóvenes muy jóvenes. Creo entender mejor su mundo que el de los personajes de mi edad, por ejemplo, porque están más cerca de la materialidad de las cosas y están más cerca del sentido de la sobrevivencia y tienen una curiosidad mucho más amplia que permite que, por ejemplo, una historia aborde cosas muy diferentes. Y tiendo quizá, en algunos casos, a aniñar personajes adultos. Por ejemplo, en un cuento que se llama «El turista», en donde un personaje viaja a París, pero luego se queda estancado en un pueblo absolutamente insignificante en el que prácticamente lo atrapan —haciéndole creer que es un lugar digno de verse y de visitarse porque tiene una cantidad de atracciones maravillosas— y él va cayendo en esa mentira que, de algún modo, es una mentira autoimpuesta. En el fondo tiene mucho miedo de ir a París y es un niño que es incapaz de cortar, de decir: «no, yo no voy a París, yo hago un viaje adulto y me quedo mejor en este pequeño refugio seguro». De igual forma, me atrae muchísimo el alma femenina, por así decirlo, y ahora estoy escribiendo unos cuentos en primera persona —me atrevo a decirlo porque estoy muy entusiasmado con esto—, a partir de un cuento de Murakami, que es un cuento fantástico, en donde hay una mujer en un jardín de su casa, de noche, sola, y que dice: «siempre transcurren muy rápido las horas cuando miro el jardín». Esa frase, no sé por qué, me sedujo, me atrapó y yo he estado escribiendo cuentos con esa frase inicial, donde el personaje es una mujer en su jardín, de noche, que empieza a decir esa frase y luego ocurren varias cosas. El cuento de Murakami es un cuento totalmente fantástico, lo que ocurre es que, de pronto, sale un monstruo del jardín y pasan cosas; es un cuento muy simpático, un poco cómico, totalmente fantástico. Y los que yo he estado escribiendo no son fantásticos, pero ocurren muchas cosas en esos jardines nocturnos, pequeños jardines domésticos. Y me siento muy a mis anchas en ese personaje femenino. No es la primera vez que lo hago: hay un cuento de mi primer libro que se llama «La perra» que está escrito en primera persona, y es un personaje femenino, y creo que es uno de mis cuentos más logrados. No sé, me atrae mucho eso. Creo que siempre nos estamos poniendo una máscara. ¿Qué quiero decir? Que es imposible escribir sin una máscara y alguna vez me dije: «si yo escribiera con un seudónimo, escogería un nombre de mujer», porque si vamos a ponernos una máscara, que sea una máscara radical y, en mi caso, podría ser la máscara de una mujer. Creo que me sentiría a gusto escribiendo con un seudónimo femenino. Es un terreno que me gusta mucho explorar y a lo mejor lo estoy haciendo muy mal, y quizás alguna mujer que lea esos cuentos, cuando los termine, va a decir: «se ve que tú no entiendes nada de las mujeres, porque todas las reacciones que ocurren aquí son totalmente masculinas». Bueno, ¿quién sabe? Ese es el riesgo.

En muchos de tus cuentos, novelas y ensayos repites nombres, elementos, características de personajes, anécdotas, e incluso vuelves a relatar hechos ya tratados en otros libros. ¿Estas recurrencias y repeticiones se deben al hecho de escribir desde una misma imaginación y no importarte regresar periódicamente a ella, o hay una voluntad de juego con el lector, un deseo de reversionar premeditadamente y apelar a su recuerdo con la intención de que vea tus reinterpretaciones?

Sí, esa es una observación muy interesante. Justamente, lo que te acabo de decir a propósito del cuento de Murakami va un poco en este sentido, es decir, la misma frase inicial encabeza una serie de cuentos, que yo no sé cuántos van a ser, a estas alturas son seis, y puede que llegue a diez. Es una forma de jugar con el lector y decirle: «te voy a mostrar diez historias que yo procuro que sean una cada vez más diferente de la otra y, sin embargo, empiezan con la misma frase». Es una forma de explorar, es decir, con la misma frase, con el mismo personaje, con la misma situación física, cuántas cosas distintas se pueden contar y se pueden descubrir. Claro, está la cuestión lúdica de juego, de probar, de experimentar y, al mismo tiempo, una idea de que nada realmente es original y que podemos regresar a lo que ya hemos escrito, a una situación ya abordada en otro libro, para escarbar y encontrar otra cosa. Me parece de lo más legítimo y que para eso no hace falta incomodar con un término tan pomposo como *autoplagio* –que ahora también se ha puesto de moda– o *autoficción* –que me parece una bóveda para abrigar una silla–; siempre estamos haciendo autoficción en la medida en que el elemento autobiográfico es inevitable en todo lo que escribimos, y, al mismo tiempo, es inevitable adulterarlo, cambiarlo, modificarlo, etc. Pero sí, siempre hay esta voluntad de ir un poco más allá, quedarse con la idea: «ese viaje lo hice por ese lado, pero había otro camino por allá, había una bifurcación que por equis o por zeta yo no pude explorar y ¿qué tal si la exploro ahora?, a ver a dónde me lleva».

Hace unos minutos nos hablabas de estilo, y también a menudo reflexionas sobre el estilo en tus ensayos y cuentos (el de una simple disculpa por no asistir al colegio o el de las cartas comerciales), ¿crees en la necesidad de crear un estilo concreto según el narrador o el libro —para algunos textos— premeditadamente, o crees que el estilo de un autor se basa en una mezcla de talante inconsciente y voluntad lingüística y creativa?

Un poco todo eso. Yo creo que un estilo, ante todo, es imitativo. Empezamos a escribir porque fuimos tocados por el estilo de tal autor y entonces sentimos que podemos hacer algo parecido a eso: nos anima, nos da valor, porque sentimos que sí tocó unas partes nuestras, de nuestro mundo y de lo que conocemos, en el que nos sentimos cómodos o, por lo menos, con cierto grado de familiaridad. Yo, por ejemplo, cuando empecé a escribir cuentos estaba muy influido por Cortázar, y hasta que no me quité a Cortázar de la cabeza —que no me lo he quitado, por supuesto, del todo, porque nunca se quita del todo nada—, hasta que encontré otro autor que me hizo ver cómo podía darle yo la vuelta a Cortázar, y no ser un simple epígono de él, no pude empezar a escribir cuentos con una voz más personal. Pero yo no puedo imaginar que alguien empiece a escribir sin tener un modelo, ¿cómo se puede escribir sin tener un punto de referencia? Cuando un barco zarpa, por más que el océano es inmenso, siempre debemos tener una dirección, y si no tenemos una dirección por la tierra, nos fijamos en las estrellas; es decir, no hay un nomadismo total, siempre nos apoyamos en algún tipo de asidero, y en la escritura está clarísimo. Yo creo que nos seducen los estilos, no los escritores: es decir, una forma de decir las cosas, de discurrir, de cambiar de tema, de regresar, de ritmo; eso es lo que sentimos como algo familiar y de lo que queremos apropiarnos, y entonces imitamos. Y, claro, poco a poco, vamos afinando eso y llega un momento en que tenemos una forma ya personal de decir las cosas. El riesgo de eso es imitarse a sí mismo, ya lo sabemos. Con el tiempo un escritor se vuelve lo suficientemente experto (ahora sí, oficio, pericia y astucia) como para que puedas escribir sin tanto trabajo cinco o seis páginas al día, cuando al principio ya terminar una página era toda una hazaña. Y ahí está el riesgo de que el estilo lo gane a uno, es decir, que la forma de decir las cosas le parezca a uno suficiente para seguir avanzando. Es uno de los dramas de la escritura, porque a veces no es nada fácil darse cuenta de eso y no es nada fácil tener la fuerza de abandonar esto en lo que nos sentimos tan cómodos.

La reflexión sobre la literatura siempre está presente en tu obra; sin embargo, en ningún texto como en la novela El lector a domicilio, *donde además hay muchas reflexiones sobre la escritura y, en especial, sobre la lectura, tanto escrita como oral. ¿Qué debe este volumen a la escritura previa de los ensayos de* El idioma materno *e incluso a* Si una noche de invierno un viajero *de Calvino?*

Es una buena observación la que haces, aunque te voy a decir algo que te va a decepcionar: nunca me ha gustado el libro de Calvino *Si una noche de invierno...* Creo que es el libro de él que menos me gusta y creo que no me gusta porque lo hace tan bien que me dan ganas de seguir esas historias. Y él se interrumpe de una manera, para mí, un poco narcisista para decirnos: «mira de lo que soy capaz, puedo imitar perfectamente a fulano, mengano y perengano y te lo muestro». Pero me emocionaste, y luego me abandonas, me dejas chiflando en la loma, como dicen. Es de los pocos libros de Calvino que... Pero, por supuesto, ahí está el Calvino que me gusta a mí, desde luego, el Calvino que explora, que juega y que trata la materia literaria con el suficiente desparpajo que habla del buen lector que era Calvino: Calvino siempre quiso leer para entretenerse, para disfrutar, y nos está advirtiendo eso permanentemente. Cuando a mí me encargaron esta columna en el periódico *Clarín* de Argentina de la que surgió *El idioma materno*, a mí lo único que me quedaba claro, como no tengo alma de periodista, es que yo no iba a tratar en esa columna ningún asunto de actualidad, ni mucho menos. Y encontré la manera de decir que sí, que aceptaba esa columna por una historia que aparece en *El idioma materno* y que cuento, porque es algo que tiene que ver con el libro, que es algo que ocurrió realmente. Fue una noche que estábamos unos amigos en una playa, alrededor de una fogata, y nos faltaba de pronto la leña; entonces yo tenía una novela que acababa de leer, la había terminado, y entonces, sin mayor problema, empecé a deshojar ese libro para alimentar el fuego. Y, de repente, apareció una mujer de la nada, en la oscuridad, una mujer madura, nosotros éramos chicos de diecisiete, dieciocho años. Esta mujer tenía unos cuarenta años, y me arrancó materialmente el libro de la mano y las pocas hojas que yo había alcanzado a combustionar, las rescató chamuscadas y, con acento nórdico –finlandés o sueco–, me reprendió, me dijo: «eso no se hace con los libros», se apartó de nosotros y, con mucho cuidado, reordenó ese libro que ya estaba deshojado. Yo me sentí humillado, me sentí ofendido y, al mismo tiempo, admiré el valor de esa mujer que irrumpió en una rueda de chicos y cumplió ese acto que me pareció, por un lado, un acto de una gran ética y, por otro lado, un acto fanático, terriblemente fanático, es decir, la escritura como algo inamovible, algo sagrado, lo cual me parece horrible. Me parece que la escritura debe tener su lugar y que yo creo que cuando, por ejemplo, estamos leyendo un libro que nos atrapa y nos emociona, estamos abandonando la escritura, y estamos entrando otra vez en la antigua oralidad con que empezó la literatura. Es decir, estamos olvidando que esto es un papel impreso y estamos oyendo otra vez a aquel arquetípico narrador de la Edad de la Piedra que, alrededor de un fuego, con su voz y sus gestos, nos cautivaba con aquellas historias. La escritura, ojo, hay que tener mucho cuidado con ella. ¡Cuántas cosas atroces se han hecho en nombre de la escritura, de la sacralidad de la escritura! Es un tema de reflexión, para mí, muy importante, porque dije: «sí, claro, todo el libro, toda esta columna, va a girar alrededor del libro y, por lo tanto, la escritura y la lectura», y me parece normal que, en esa novela, *El lector a domicilio*, el tema sea ese. No lo hice de manera premeditada, simplemente sentí que alguien que iba de casa en casa leyendo era una situación narrativa muy rica que me podía dar para muchas cosas.

En tus ensayos (tanto en Berlín *también se olvida* como en El idioma materno*) introduces, premeditadamente, elementos ficticios en la expresión de la realidad que tú mismo protagonizas: ¿concibes el ensayo como un género más de ficción, ficcionalizas otro yo propio en estos libros, o entiendes que todo acto de escritura dispone de la libertad creativa para adaptar la realidad a una finalidad textual y, por lo tanto, literaria?*

En *También Berlín se olvida*, yo me di cuenta de que, si quería escribir sobre Berlín, no iba a poder hacerlo de una manera totalmente pasional y ensayística en sentido tradicional (porque creo que describir una ciudad con la aspiración de captar algo del alma de esa ciudad es de las cosas más difíciles que hay), y que la única manera de poder acercarme, aunque sea remotamente, a esa aspiración, a esa meta, era introduciendo un cierto grado de ficción, es decir, contando mentiras sobre Berlín, sobre los alemanes, sobre el muro de Berlín, sobre esto y sobre lo otro, mezclándolo, desde luego, con la observación de lo que yo veía. Un típico ejemplo de la estrategia que yo seguí se ve en uno de los textos que habla de un turco que, en un lugar de dentro de la propia ciudad de Berlín, espía a una mujer que está desnuda, como acostumbran los alemanes a desnudarse en el primer día de verano, porque están ávidos de sol, y, entonces, hay muchas playas nudistas que ni siquiera se anuncian como tales, simplemente se quitan toda la ropa y para ellos es muy natural. No es natural para un turco, quien estaba muy bien vestido y estaba espiando a una mujer suntuosa y maravillosa desnuda que estaba tomando el sol y que ni siquiera sabía, probablemente, que este hombre la estaba mirando. Yo me di cuenta inmediatamente de la situación y me sonreí, y dije: «bueno, vámonos», y seguimos dando vueltas. En la historia, hay un pequeño cambio, cuando yo llego descubro que el turco se durmió, pobrecito; de tanto espiar se cansó y se duerme en el momento en que esta mujer se levanta, muestra su desnudez con un esplendor maravilloso, y yo me digo: «pobre, el turco se está perdiendo el mejor momento», y entonces invento que le lanzo una piedra, lo despierto y el turco recibe este regalo de un desconocido y puede ver la desnudez de esta mujer, que a eso iba. Obviamente, todo eso parece que me ocurrió realmente, pero es una invención. Pero sentí que estaba dentro de la verdad, por así decirlo, poética de la situación. No había ocurrido porque, claro, yo no me atreví a hacer ese gesto en la realidad, pero en la ficción sí me daba ese permiso. La ficción no es como el embellecimiento, sino cómo llevar a sus últimas consecuencias un hecho real que por equis razones no puede llegar a esas últimas consecuencias. Y eso me permite sin mayores recargos de culpa mezclar ambas dimensiones, la real y la ficcional.

En un grueso volumen de 2014 publicaste Cuentos populares mexicanos, *¿por qué este interés por recopilar narraciones tradicionales y de carácter oral y volverlas a contar; por el gusto de narrar, con el deseo de que no se pierdan, con la voluntad de modernizarlas? Hay en tu reescritura una recreación y reinterpretación de breves cuentos (incluso una ampliación), y, por lo tanto, una apropiación y modernización del sentido. ¿Hasta qué punto han dejado de ser cuentos populares y se han convertido en cuentos de Fabio Morábito?*

Sí, es otra vez eso. La verdad, mi espíritu antropológico no es muy acentuado, es decir, nunca lo hice por una actitud preservativa, conservacionista, aunque celebro el hecho de que lo que yo hice –que lo ha hecho mucha gente, además, y lo ha hecho muy bien– fue darle una unidad estilística a una serie de materiales que han sido recogidos de manera antropológica, y que por lo tanto son casi ilegibles. Lo hice por ese gusto de reescribir algo. Se me da una historia y yo la voy a reescribir a mi manera: otra vez el juego de «lo puedo hacer mejor, voy a decirlo así». Esta primera versión antropológica, etnológica, muy árida, muy poco entretenida, es excelente para que yo le meta mano y recupere algo de este placer y de este entretenimiento que tuvo ese cuento en su originalidad, porque obviamente son cuentos que no fueron contados para conservar una cultura, sino para entretener a una audiencia. Es otra vez lo mismo que decíamos de la reescritura, pero entendida como una ocasión de juego, de exploración.

¿Crees que en algún momento Fabio Morábito nos ofrecerá una antología personal de la poesía italiana, con aquellos poemas que más le gustan y con aquellos que le parecen más representativos?

Realmente no se me había ocurrido. Pero, bueno, me imagino perfectamente en ese trabajo de relectura. Finalmente, cuando uno llega a la edad que yo tengo, empieza a darse cuenta de que, mal que bien, de manera consciente o inconsciente, ha recorrido un camino, ha elegido cosas y ha desechado otras, muchas de manera inconsciente, guiándose, muy a menudo, por eso que llamamos olfato, que sí se desarrolla en uno y que le dice: «no quiero perder tiempo con este libro y, en cambio, me crece este otro», y esos recorridos son, quizá, la radiografía más fiel de lo que somos, más que lo que hemos escrito, la radiografía de nuestras lecturas predilectas, a las que volvemos una y otra vez, a veces de una manera obsesiva. Yo tengo muchas de esas obsesiones; entonces creo que si tuviera que contestar a la pregunta «¿quién eres?», si me preguntara el oráculo de Delfos «di quién eres», no diría «bueno, lee mis libros», sino «lee este, este, este...», que yo he leído y que muestran de manera más fidedigna lo que soy. Más allá de que nunca me ha interesado mucho saber quién soy, en todo caso, creo que la verdad estaría ahí, en la lectura más que en lo que uno ha escrito.

Ya, para acabar, ¿cuál es aquel proyecto literario o de traducción que te gustaría acometer y que no te ha sido posible escribir?, es decir, ¿cuál es, hasta ahora, tu libro imposible?

No lo sé. En algún momento, me imagino que, como todo traductor que traduce del italiano, se me ocurrió: «¿por qué no traduzco *La divina comedia*?». Pero creo que sería incapaz por el simple hecho de que, para traducir a Dante, habría que hacerse primero con una cultura filológica e histórica impresionante para poder responsabilizarse de cada verso, para no cometer ingenuidades, torpezas y tonterías. Pero sí he reflexionado cuál sería la mejor forma de traducir *La divina comedia*, o la forma para mí más idónea. Por ejemplo, yo desecharía de inmediato la rima consonante, porque eso me obligaría a un corsé tremendo; entonces elegiría una rima asonante. Y acabo de descubrir una traducción de un amigo mío argentino, muy buen poeta, Jorge Aulicino, que incluso se ha permitido traicionar el endecasílabo y ha hecho una especie de magma siempre en verso, reconocible, pero desobedeciendo el ritmo muchas veces y, por supuesto, la sonoridad, y he descubierto que es un experimento muy legítimo. A Dante se le puede traducir de muchas maneras y, si yo pudiera hacerlo, lo haría, pero con haber traducido la obra completa de Montale siento que ya cargué mi piedra de Sísifo, y creo que ya con eso hay suficiente. Al traducir una poesía completa, no todos los poemas le pueden gustar a uno, no todos se entienden, no con todos se puede uno identificar, pero hay que traducir todos los poemas; no es lo mismo que hacer una antología, donde uno escoge aquellos poemas, no solo los poemas que le gustan, sino los que le han salido mejor.

LA FICCIÓN ES IMBATIBLE: SOBRE ESCRITURA NARRATIVA BILINGÜE Y AUTOTRADUCCIÓN TEATRAL
Entrevista a Sergi Belbel

Dolors Poch y Jordi Julià

DOLORS POCH Y JORDI JULIÀ. *Para comenzar quisiéramos pedirte que nos hablaras de cómo fueron tus primeros contactos con las lenguas en Terrassa. Naciste cuando todavía vivía el dictador y, por tanto, el contexto sociolingüístico de la época era especial. ¿Cómo era en aquellos años la relación con las lenguas? ¿Qué lengua hablabais en la familia? ¿Qué contacto lingüístico tenías durante los juegos con otros niños?*

SERGI BELBEL. Yo soy hijo de la inmigración que llegó un poco antes de los años sesenta. Mis padres llegaron a finales de los años cincuenta, cuando la ola migratoria todavía no era muy grande. Y mis padres, en lugar de vivir en la periferia de la ciudad donde nací, que era Terrassa, una ciudad muy industrial, se instalaron en el centro. En el centro de las ciudades, el reducto de catalanidad se mantenía, incluso bajo la dictadura franquista. Se mantenía especialmente en el interior de las viviendas y también en el interior, muy en el interior, de determinadas escuelas que, de forma no oficial, mantenían un poco la llama de la lengua. Debéis imaginar que yo, nacido en 1963, estuve cinco años con mis padres; la lengua de mis padres era el castellano, y también era la lengua de mis hermanos; en fin, de toda la familia. De repente, cuando tenía seis años, me llevaron a una escuela en la que todo, en mi entorno, era catalán. Incluso, clandestinamente, se daban clases en catalán. No era habitual, no era normativo entonces, estoy hablando del año 1968. Yo, como niño, tuve un shock. Y recuerdo que pensaba: «ostras, yo no hablo como estos, ¿qué hago ahora?». Opté por hacer una cosa muy extraña: en la escuela, estuve un año sin hablar. Calladito y escuchando. Aguzando el oído, aguzando el oído..., y recuerdo que, en segundo curso de EGB, comencé a hablar en catalán de tal forma que ninguno de mis profesores sabía que yo pertenecía a un entorno castellanohablante. Recuerdo a mi profesor de catalán, el primer profesor «oficial» de catalán que tuve –debía ser en el año 1973 más o menos, un poco antes de la muerte de Franco–, que no sabía que yo pertenecía a un entorno castellanohablante. Porque yo aprendí la lengua de forma natural. Siempre digo que soy un producto completamente invertido en relación con la situación actual: aprendí catalán de forma inmersiva, inmersiva de verdad, inmersión lingüística real. Recuerdo que, en la clase, solamente había otro niño como yo, que tuviera el castellano como lengua materna, y éramos cuarenta alumnos, es decir, éramos treinta y ocho y dos. Aprendí catalán de forma natural, sin asistir a una sola clase, escuchando en el patio y lanzándome a hablar. Posteriormente he constatado que muy poca gente lo hace así. Si te preguntan: «¿Por qué no hablas catalán?», la respuesta suele ser: «¡Ay!, es que no lo sé hablar bien». Pues lánzate. Por entonces tenía entre cinco y seis años. Años después, aquí en la facultad nos impartieron, en tercero de Filología, un cursillo de neurolingüística, y recuerdo que vino un neurolingüista que nos explicó que, a partir de los seis o siete años, las neuronas cerebrales se cierran. Por lo tanto, el cerebro está mucho mejor predispuesto para la adquisición de una lengua diferente de la materna antes de esta edad que a partir de los siete años. Uno de los problemas que se plantea cuando se aprende una lengua en edad muy temprana es la mezcla de contextos. Pero si el contexto lingüístico está claramente definido como lo estaba en mi caso –en mi casa, castellano, y en el colegio, catalán–, la adquisición de lenguaje de esta segunda lengua, que ahora es mi primera lengua, el catalán (afectiva, comunicacional, sentimental, etc.), y no es mi lengua materna, se realiza con mayor rapidez porque el cerebro de un niño está preparado para este proceso. Ojalá aprendiéramos tres o cuatro lenguas antes de los siete años. Todos los niños bilingües que han aprendido una lengua a los seis o siete años están mucho mejor preparados en el futuro (y se trata de argumentos científicos; ni políticos ni sociales) para la adquisición de una tercera, de una cuarta o de una quinta lengua. Por lo tanto, esta riqueza que, en mi caso, recibí de pequeño de forma natural me ha ayudado mucho y me ha conducido a ser quien soy. Posteriormente llega el momento en que tú mismo, terminados los estudios, cuando se tienen veinte años, comienzas a escribir y a convertir tu lengua en materia artística. Y aquí sí que hubo una decisión voluntaria por mi parte y me dije: «yo soy escritor –aunque tengo el DNI en español–, yo soy escritor catalán porque mi lengua primera de escritura literaria, igual que mi lengua afectiva, es el catalán». ¿Esto significa que no escribo en castellano? Claro que sí que escribo en castellano: muchas veces recibo encargos, pero para mí escribir en castellano me plantea una pequeña dificultad porque mi lengua de salida es el catalán.

Acabamos de hablar de las condiciones sociolingüísticas de Terrassa durante el periodo aproximado en el que se desarrollan los hechos relatados en tu reciente novela Morir-ne disset. *Aunque la voz narrativa no es la del autor, ¿hay una importante carga autobiográfica en* Morir-ne disset*?*

Sí. Ahora entramos en la zona peligrosa de las relaciones entre la ficción y la realidad. Soy un escritor de teatro; la escritura de esta novela ha sido accidental. He escrito una novela porque, hace cuatro años, una editora que se llama Esther Pujol me citó en un bar de l'Eixample y me dijo: «tienes que escribir una novela». Le dije: «no». Le dije que no porque, además de autor de teatro, soy director teatral, y os aseguro que todo esto supone un trabajo inmenso. De lo último que te quedan ganas es de escribir algo de fuego lento como lo es la narrativa. La escritura de obras teatrales es una escritura más rápida, más urgente, más de necesidad; en cambio, la escritura narrativa pide cocina lenta, como el chup-chup a la hora de cocinar. Y, por lo tanto, le dije: «No, Esther, nunca escribiré una novela». ¿Cómo podía saber que dos años después llegaría una pandemia que lo paralizaría todo? Todos mis proyectos teatrales quedaron anulados, me encontré frente a un ordenador diez horas seguidas, algo que no me había ocurrido nunca, y me llegó aquella voz que me decía que tenía que escribir una novela y me dije que ese era el momento. Explico todo esto para hablar de un tema que está muy de moda en la escritura teatral y también en el cine: los límites de la ficción y la realidad en el cine y en el teatro actuales. El otro día fui al cine a ver *Alcarràs*, que constituye un excelente ejemplo de esta cuestión. Desde hace unos años, desde un poco antes de la pandemia (y que con la pandemia ha crecido mucho más), existe un fenómeno que se denomina la autoficción. La autoficción son unas técnicas que pretenden hacer creer al receptor que aquello de lo que se habla es cierto. En *Alcarràs*, por ejemplo, el espectador tiene la sensación de que no hay actores porque quienes actúan no son actores, sino personas seleccionadas en un casting. Lo que se ve en la pantalla no es verdad; es una ficción creada a partir de la realidad, pero la proximidad de esa ficción con la realidad es mucho más elevada que otra ficción de tipo tradicional. Este fenómeno se ha producido mucho en el teatro desde hace unos años, hasta el punto de que una obra de teatro puede consistir en que aparece un actor y dice: «Hola, soy Sergi Belbel, tengo cincuenta y ocho años, mi trayectoria es esta, mi mujer se llama de esta manera, tengo dos hijos...», y comienza a decir una serie de cosas que espectadores que me conocen piensan: «Pero si esto es verdad», y estoy interviniendo en una obra de teatro. Entonces empiezo a hablar y hablar, no te das cuenta, y te meto en una realidad que no es verdad, pero tú te crees que eso es verdad porque he partido de la verdad absoluta. Estas técnicas se denominan de autoficción, y yo no las he utilizado nunca en el teatro porque no lo soporto. A mí me gusta la ficción y me gusta que, cuando se levanta el telón y se encienden las luces, eso sea mentira. Si tú te emocionas con la mentira, pienso que he triunfado. Pero la realidad por la realidad me perturba, no me gusta. Por ejemplo, cuando voy a ver una obra en la que se producen accidentes que son reales, que se provocan realmente, no me levanto y me voy por respeto, pero no aplaudo, porque no quiero ver cómo una persona se practica cortes de verdad con una cuchilla, no me interesa. Para mí eso no es ficción, y ahora eso es espectáculo teatral. Pienso que está muy bien si la persona que hace estas cosas necesita hacerlas y tiene un público que va a verlo, yo lo respeto, pero yo no soy el espectador de esto. Me gusta la mentira. Me gusta que a través de la mentira el espectador crea que lo que ve es cierto. La película *Alcarràs* me encantó, me gustó mucho, pero creo que si el protagonista hubiera sido Sergi López probablemente me hubiera gustado mucho más. No veo la necesidad de que quienes actúen no sean actores, aunque, vuelvo a repetir, es una película genial. Lo único que discuto es que no se trate de actores profesionales quienes realizan este trabajo, que cobran por ello, y me gustaría saber cuánto han cobrado las personas que han aparecido en la película. Estoy segurísimo de que muchísimo menos que un actor normal y corriente. Y tal vez el problema podría estar aquí: en una cuestión de producción relacionada con la necesidad de encontrar soluciones dado que tal vez era imposible pagar los sueldos que deberían percibir los actores profesionales. Estos han cobrado muy poco, pero hemos obtenido el Oso de Oro en Berlín. Todo esto para decir que estas técnicas de realidad no las aplico en el teatro porque no me interesan; a mí me interesa mucho más la vida de mi panadera que la mía, que no tiene ningún interés, porque no tengo problemas, vivo bien, no soy materia dramática. No tiene ningún sentido mi vida en un escenario, me avergonzaría. La idea de pensar que un actor debe salir a escena y decir: «Me llamo Sergi Belbel» me horroriza, me ruboriza. No me gusta. Me parece un ejercicio de narcisismo, bastante lo somos ya como para tener que ilustrarlo de esta manera tan burda, tan grosera.

Aunque parezca una moda actual, esto también ocurrió en los años treinta del siglo XX con el teatro brechtiano o la teatralidad que denominábamos épica. Se producía esta rotura. En la novela, el protagonista lo comenta, se denomina *verfremdungseffekt* y significa 'efecto de distancia', 'distanciamiento'. Se produce cuando el espectador no ve lo que interpreta el actor, sino que solamente ve al actor. Por ejemplo, el actor dice: «Hola, soy Lluís Homar y hago esto», o bien el actor se sale del personaje. Esto ha regresado en forma de realidad; no es un fenómeno exactamente en clave brechtiana, pero viene a ser lo mismo. Son modas y yo creo que esta moda pasará porque la ficción es imbatible. Ahora la ficción está menos de moda, pero la gente va a ver *Marvel*. Y *Marvel* es ficción pura y dura, con metaversos incluidos. La ficción es imbatible.

No he aplicado nunca la autoficción, pero el día que me dije: «Voy a probar con la novela», todo era distinto. De golpe, pensé: «no hay espectadores, no veré su reacción cuando la lean». Además, cuando la escribía no sabía que obtendría el Premi Sant Jordi; la presenté al premio con seudónimo y pensando que no ganaría. Estaba siguiendo los consejos que me dio la editora y me salió este texto casi a chorro porque está escrita sin disponer de un plan inicial. Y en este caso, sí debo confesar que me dije: «pues todo esto de la autoficción que nunca he utilizado, porque no lo soporto, ahora, tratándose de una novela es diferente, porque no veré las reacciones de los lectores, no estaré en su casa cuando la lean». Esta es la gran diferencia que existe entre un autor de teatro y un autor de narrativa. Cuando los autores de novelas me preguntan qué diferencias existen entre escribir teatro y escribir novela siempre les digo a los novelistas que deben imaginarse que doscientas personas a la vez leen su obra delante de ellos y el autor puede ver sus reacciones: bostezan, se saltan páginas, abandonan la lectura, etc. Un autor de teatro ve esto constantemente, porque el dramaturgo está sentado detrás de los espectadores y ve sus reacciones, de forma que cuando ha previsto un gag humorístico y el público se ríe se puede considerar un triunfo, y cuando se levanta o aplaude lánguidamente es un fracaso. Los autores de teatro vemos las reacciones físicas de la gente en el momento en el que se producen, empíricamente, mientras se presenta nuestro producto. Por lo tanto, al pensar que no era una escritura dramática y disponía de más libertad, me dejé ir, y dejarse ir es muy peligroso. Creé un personaje, un psicópata asesino que mata a diecisiete personas e introduje aspectos de mi biografía; no soy siempre yo, pero reconozco que hay mucho de mí y, dado que quería retratar muy bien una década, la de los años ochenta (aunque los límites temporales van de 1981 a 1992), aparece esta casa, porque se da la circunstancia de que yo pasé la mayor parte de estos años en la UAB. Las instalaciones no eran como ahora, eran mucho peores, era como una prisión. Ahora hay ventanales, pero antes había unas ventanas estrechísimas para que no pudiéramos escaparnos por la ventana. La arquitectura de los edificios estaba pensada «para controlar a estos futuros revolucionarios de mierda que son los estudiantes —estoy pensando como un arquitecto de la época franquista—, para controlar a esta masa ingente de futuros revolucionarillos de pacotilla, que no se escape nadie por las ventanas, todos controlados por la puerta de abajo y por la puerta de arriba», y, si se producía un tumulto, estaban los grises en la puerta de abajo y en la de arriba repartiendo ostias porque no era posible escaparse por las ventanas, porque no se cabía. Por lo tanto, los edificios eran muy diferentes, pero, aun así, era la década de los ochenta, un momento de expansión bestial, y había una palabra que se ha perdido y que me doy cuenta de que no he incluido en la novela: nos llamaban pasotas. Éramos los pasotas. Porque ya pasábamos de todo, nos resbalaba todo. Franco había muerto, éramos los hijos de la Transición y nos daba todo igual. Existía un movimiento político, pero todo era muy caleidoscópico. Había de todo para todos. Y había una gran libertad sexual. Poco después llegó el SIDA y se produjo un retroceso en estas cuestiones. Los que lo vivimos pasamos por un periodo de expansión muy amplio de la pansexualidad. A mí, ahora, me hace gracia cuando mis hijos me dicen: «eres un carca». Yo me digo que vamos muy mal y que si me hubieran conocido cuando tenía veintiuno o veintidós años, y estaba en la UAB, me podrían llamar de todo menos carca. Los años noventa dieron marcha atrás a muchas cosas y, desde hace algunos años, se ha producido un nuevo estallido de la pansexualidad, de la transexualidad, LGTBI+, etc., pero esto lo vivimos en los ochenta, aunque después se frenara. Ya entiendo que vosotros sois hijos de generaciones posteriores y, por lo tanto, no sabéis de qué hablo, por eso lo cuento, para que sepáis que al comienzo de los ochenta existía una gran libertad sexual que terminó hacia 1988-1989. Yo quería reflejar en la novela todo este momento y confieso que hay parte de «verdad», entre comillas, en la obra filtrada por la mente de su psicópata. Yo tal vez lo sea un poco, pero no tanto como para matar a diecisiete personas.

La nota introductoria de la novela dice: «L'escrit que llegireu a continuació va ser trobat per les autoritats policials el 23 d'abril de 2022 al costat del cadàver del seu presumpte autor…». Identificamos aquí un recurso clásico que aparece ya en obras como el Quijote. El del manuscrito encontrado. Siempre explicamos a los estudiantes que la innovación, la modernidad, tiene un peso fundamental en un texto literario, pero que, a pesar de ello, los textos literarios tienen detrás una larga tradición. ¿Podrías comentar esta cuestión?

Yo he sido estudiante de Filología y entiendo que la tradición, cuando se es joven, produce una impresión de pereza («qué palo esto, y tener que leer esto, qué horror»), pero después, cuando se entra en la vida digamos «práctica», ocurre todo lo contrario. Estoy tan agradecido a mis profesores de la universidad, incluso a los *plastas*…, les estoy muy agradecido porque al final se ve que la tradición es un instrumento muy valioso. Has citado esta nota introductoria, «el manuscrito hallado en…», que es un tópico y esta nota fue lo último que escribí. Cuando acabé la novela me dije que debía introducir una nota que fuera una especie de justificación literaria, incluso una justificación de posibles errores o imperfecciones lingüísticas, sintácticas, de todo tipo, incluso morales. Es la misma nota que el autor de *Les liaisons dange-reuses*, Choderlos de Laclos –que a mi juicio es un libro fundamental de la literatura europea–, utiliza al principio de su obra para justificar las cartas que se publicarán, las cartas de *las amistades peligrosas*. Utiliza una justificación moral totalmente falsa y afirma que se publican esas cartas para demostrar la maldad de madame de Merteuil y del vizconde de Valmont. No sé si alguien ha visto la película o ha leído la novela y, si no es así, os la recomiendo: es una novela muy marrana, además de perversa, de lo más perverso que se ha escrito en la historia de la literatura. El lector, durante toda la novela está disfrutando con la perversidad de madame de Merteuil y, cuanto más mala es, más disfruta el lector. Ella explica su comportamiento en una carta y afirma que, cuando descubrió el poder de la sexualidad y descubrió que su sexo siempre salía perjudicado socialmente, decidió que iba a utilizar todo el poder de la sexualidad para ganar lo que la sociedad no le permitía tener como mujer. Es una novela absolutamente moderna. Es tan mala que en la novela mueren algunas personas por su culpa, aunque todos los que mueren son idiotas perdidos, creídos, machistas y de todo. Obviamente, una novela del siglo XVIII no puede acabar con la victoria de un personaje como madame de Merteuil, es imposible. Y el autor in-venta una justificación inicial –como mi escrito– en la que explica la razón por la que se publican las cartas e informa al lector de que la protagonista muere al final, acaba mal. Pero muere en las últimas cuarenta y cinco líneas de las cuatrocientas páginas que tiene la novela. Es decir, al final, el autor mata a su protagonista para poder publicar la novela. Esa muerte, además, es muy simbólica, porque tiene cán-cer de piel en la cara, en la parte más visible de lo que se muestra, y en la película se adopta una solución magistral, porque esto no se explica, pero en el último plano se ve a Glenn Close desmaquillándose, y quienes han leído la novela advierten el guiño al texto. Esta nota inicial en la que se dice que la novela se publica por razones morales es una mentira, porque se trata de una novela profundamente amoral. Son armas que después, cuando uno mismo escribe, las utilizas para respetar la tradición.

Otro ejemplo no tan evidente es la primera frase: «No recordo quan vaig començar a pensar en català». Ya sé que es muy forzado, pero cuando la escribí al comienzo del proceso, recordé una clase completa de una hora de duración en esta facultad, aunque no recuerdo qué profesor la impartió –fue un profesor de Literatu-ra Francesa, no sé si Marc Parret o Montserrat Cots–, sobre la primera frase de *À la recherche du temps perdu*, de Marcel Proust: «Longtemps je me suis couché de bonne heure» («Durante mucho tiempo me fui a la cama temprano»). *De bonne heure* significa 'aviat' ('temprano'), pero *bonheur*, en francés, significa 'felicidad'. Por tanto, ¿cómo traducir a la vez *temprano* y *felicidad*? Es imposible en ninguna lengua del mundo. Ni en castellano, ni en catalán... tal vez *de bona hora*, pero no significa 'felicidad'. No quiero decir que yo buscase, en mi novela, una frase imposible de traducir, pero sí que busqué una frase que tuviese un *clic*, y, a mi juicio, el *clic* consistía en utilizar *pensar* en vez de *parlar* ('hablar'). La frase normal hubiera sido: «No recordo quan vaig començar a parlar en català», pero es mentira, porque el personaje recuerda que la primera vez fue en el colegio y empezó a hablar en catalán con sus amigos. Por lo tanto, se trata de subrayar el salto entre el habla y el pensamiento para transmitir que, cuando alguien comienza a pensar en una lengua, significa que se ha apropiado de ella.

Para Ernest, el protagonista, parece tener mucha importancia cómo suena una lengua, y a lo largo de sus páginas hay muchas reflexiones metalingüísticas. ¿Crees que tiene mucha importancia «cómo suena» una lengua?

Sí, es muy importante. El gran crimen que se comete en este país es pensar que tener un acento es sinónimo de hablar mal. ¿Pero esto qué es? Por ejemplo, una de las marcas del acento andaluz es diferenciar entre *el niño* y *los niños* abriendo la vocal en lugar de marcar el plural con una consonante «s» o con una aspiración, y es frecuente escuchar comentarios del tipo: «es que habla mal porque hay que decir los niños». Pues no habla mal, no habla nada mal, porque es maravilloso que en andaluz el plural se marque abriendo las vocales, como en italiano. Es una percepción absurda pensar que alguien que no realice la «s» habla mal. No es así porque, en andaluz, el plural se marca cambiando la vocal, como en italiano: «bianco/bianchi» («blanco/blancos»). Por tanto, el andaluz marca el plural de una forma diferente a la del castellano estándar, y no es hablar mal. Eso es esta pátina política añadida al tema de la lengua. Cuando se ha estudiado la lengua desde el punto de vista científico queda claro que la forma de hablar tiene una connotación política. Cuando llegué a la UAB, la profesora de Lingüística de primer año nos habló de la definición de *lengua* y nos dijo que nos daría la definición científica y la definición política. Y nos preguntamos: «¿cómo?, O sea, ¿la definición política no coincide con la definición científica? ¡Esto es una anomalía!». Por lo cual, si hablamos de *sonar*, todo suena y todo suena bien: todo debería sonar bien. Lo que está mal es pensar que algo suena mal y que, porque los andaluces tienen acento andaluz o los gallegos acento gallego, se considere que hablan mal. No es hablar mal, es hablar con un acento determinado. Con lo cual, es evidente que el protagonista de la novela, que es un psicópata, se toma la justicia de la lengua por su mano cuando constata que, no siendo catalán de base, habla y escribe mejor el catalán que catalanes de padres, abuelos, bisabuelos y tatarabuelos. Y les dice que son precisamente ellos quienes están estropeando la lengua, los propios nativos y, en cambio, alguien llegado de fuera, que ha estudiado la lengua tal vez de una forma más limpia, porque no la ha recibido desde la tradición, se convierte en un purista. ¿Por qué no? Por lo tanto, *cómo suena* una lengua es un fenómeno precioso cuando es natural, pero es horrible cuando se convierte en una imposición social que quiere demostrar que aquello suena mal para denigrar una variedad lingüística. Y todas son preciosas.

En un fragmento de la novela se cuenta que el protagonista se sorprendía, muchas veces, de que cuando llamaba a un amigo, le reconocían inmediatamente solo por cómo sonaba su catalán, porque él preguntaba: «Està el Jordi?». Hasta que, en un momento dado, comprendió que era su uso del verbo estar lo que provocaba dicho reconocimiento y también su pronunciación. Todo esto tiene relación con lo que estás comentando ahora.

Sí, claro, y con los usos. Cuando él llama, dice: «Està el Jordi?», y oye que quien le contesta dice: «¡Jordi, que et truca l'Ernesto!». Al día siguiente cambia la voz y lo mismo. Finalmente le pregunta a su amigo por qué le reconocen si está hablando en catalán y este le responde que es por su uso del verbo *estar*, ya que en catalán se debe utilizar el verbo *ser*: «Que hi és, el Jordi?», o, en todo caso: «Que hi ha, el Jordi?». Al día siguiente, vuelve a llamar y dice: «Que hi és, en Jordi?», y le preguntan: «De part de qui?». Y es feliz porque, por fin, lo ha conseguido. Y, además, Ernest, como todos nosotros, sufrió el choque del año 1977 (era ese año, ¿verdad?), cuando Tarradellas, desde el balcón de la Generalitat, dijo aquello de «Ciutadans de Catalunya, ja soc aquí!». O sea, *soc* (del verbo *ser*), no «ja estic aquí» (del verbo *estar*). Este hombre llegó aquí, después de cuarenta años de exilio, con el catalán del año 1939, que no era el mismo que el de 1977 o 1978.

A veces, Ernest se expresa en su lengua materna, que surge en él de una forma totalmente espontánea. ¿Es esta una forma de llamar la atención sobre el hecho de que, en ocasiones, para los bilingües, las fronteras entre las lenguas no son claras? ¿Es una forma de decir que estas cosas ocurren y que si se busca forjar una identidad en una lengua determinada hay que trabajar para conseguirlo?

Es una constatación de que la lengua materna siempre está presente en la base, y muchas veces, aunque pienses en un idioma, la lengua materna te asalta. A él le da rabia (a mí, no), pero él es un psicópata. Un amigo mío, Bernat Puigtobella, del portal *Núvol*, me decía que había creado al primer psicópata lingüístico en catalán. A mí no me ocurre. A veces digo o pienso *mierda* o bien *ostia puta* (aunque en este caso ya no se sabe si es catalán, castellano o qué es...). Pero, en ocasiones, el hablante sí que se enfrenta a alguna idea que le asalta en su lengua materna. A mí me parece que esto es normal, especialmente en determinados contextos. En mi caso, si estoy en un contexto con mis hermanos, la lengua española aparece mucho más rápidamente; en cambio, si estoy en un contexto con mis hijos, no aparece tan rápidamente. El contexto marca mucho y no hay que olvidar que toda lengua tiene sus raíces en un contexto y esto es importante y, en muchas ocasiones, es bonito deambular de una lengua a otra. En mi caso creo que puedo decir que domino perfectamente estas dos lenguas. Y debo añadir una tercera, el francés, que ahora tengo olvidada, pero que también estaba ahí y la adquirí siendo muy pequeño, antes de los siete años. Creo que el hecho de haber adquirido el francés antes que el catalán me ayudó mucho. Aprendí catalán de esa forma tan salvaje porque la mayoría de fonemas complicados para un castellanohablante yo ya los había trabajado aprendiendo francés. La jota francesa (*je...*) o, por ejemplo, la vocal neutra que, en muchas ocasiones, pronunciaba incluso de forma muy exagerada, porque la pronunciaba a la francesa. A mí no me costaba nada pronunciar la vocal neutra del catalán, solamente tenía que abrir un poco los labios. Para mí no era complicado.

Y vuelvo a lo que os he dicho antes sobre el hecho de que cuantas más lenguas se aprenden antes de una edad determinada es mucho mejor para el hablante. Después, siendo lingüista (ahora ya no lo soy, pero yo era un proyecto de lingüista) y estudiante de Filología, es difícil entender cómo el criterio político ahora se añade a esta cuestión de la lengua. No puedo comprender cómo una persona puede negarse a adquirir una lengua nueva: ¿qué mecanismo psicológico procedente de la psicología social impulsa a alguien a negarse a adquirir una lengua diferente de la suya? A mí me gustaría mucho saber urdu y zulú y friulano, que es una lengua pequeña hablada en el norte Italia y que es maravillosa, por lo poco que la he oído.

El otro día, en una presentación de la novela en un entorno del cinturón industrial de Barcelona, en una plaza al aire libre donde la gente estaba muy cómoda porque tomaban un aperitivo mientras yo presentaba la novela, pasó una persona por detrás y dijo «¡En castellano, que es la lengua de la comunicación!». Y se marchó. Me levanté rápidamente y le dije: «¡No se vaya! Venga aquí, le cedo el micrófono y dialogamos un ratito». Pero se marchó, huyó, como un cobarde. Y yo le decía: «¡Pero, señor, no se vaya, no se vaya, venga! Quiero que me explique por qué considera que el catalán no es una lengua de comunicación». ¿Qué lengua no es una lengua de comunicación?

¿Existe, en el mundo entero, una lengua así? ¿Me podéis decir cuál es? Porque no ha habido ninguna lengua, en toda la historia de la humanidad, que no haya sido un instrumento de comunicación. Es una situación muy triste que la ignorancia se infiltre de manera perversa en el discurso social de forma tóxica. Además, yo le ofrecía la posibilidad de discutir. Obviamente, hubiera sido un ejercicio de arrogancia por mi parte porque yo disponía de todas las armas para vencerle y él lo detectó, porque huyó. Si no, se hubiera acercado porque yo le ofrecía, amablemente, el micro para dialogar. Y este tema de la politización de la lengua, que me molesta mucho, también sale reflejado en la novela.

De vez en cuando, Ernest reflexiona sobre la normativa, como, por ejemplo, dudando sobre cómo se dice realmente algo en catalán y si es correcto. ¿Por qué?

Es una pequeña rebelión contra la norma excesiva que probablemente ha perjudicado al catalán. Los de mi generación lo vivimos claramente a principios de los años ochenta: en TV3 aparecía una niña que se llamaba Norma y te decía qué podías decir y qué no. Y esto también conecta con el teatro. Voy a citar a una persona, que cito con toda la mala intención del mundo, que es Àngel Guimerà. Guimerà, que es como el abuelo de todos los dramaturgos catalanes contemporáneos, tenía un catalán riquísimo prenormativo. Él escribe *bueno* y sus personajes dicen *bueno*, ahora dirían *vale* (en su momento, no, porque *vale* no se decía, pero ahora sí lo decimos). Si no me equivoco, la primera normativa vino de Pompeu Fabra en 1929 y Guimerà escribía a finales del siglo XIX y principios del XX. Y escribía con total libertad, y por eso Ernest tiene problemas, porque cuando va a las zonas marginadas, a la zona de la droga, a la zona de la sexualidad y la prostitución, se da cuenta de que allí no ha penetrado el catalán normativo y le da mucha rabia. En esos lugares debe decir muchas cosas en castellano para poder obtener droga, el *pico*, porque no existe vocabulario en catalán para referirse a todo esto. La norma es necesaria, pero es también una faena, y muy grande, para la gente de teatro, porque, por ejemplo, si se da una situación en que se da una paliza a un chico porque es homosexual, deberían decirle *marieta*, *invertit*, pero no lo hacen así y le llaman *maricón*, porque es lo que les toca decir. Y a Ernest le da rabia que la anomalía de esta lengua, que es una lengua que no está protegida, consiste en que las clases bajas han perdido el tren de hablarla y no tiene insultos, ni las frases hechas actuales, etc.

Si te parece, hablemos de la traducción de tu novela. El comienzo del texto traducido es sorprendente, porque mezcla expresiones en catalán en medio del discurso español, cuando en catalán había anomalías agramaticales: «Lo he hecho. He mort una persona. No pensé: he matado a una persona. He mort. He muerto. Hay que decirlo así». ¿Has participado en la traducción de alguna manera?

Olga García es la traductora, a quien no conozco personalmente, pero con la que estuve contacto por *email*, a través del editor. A mí ya me dijeron que no iba a traducirla. Este es el segundo texto mío que yo no traduzco. Yo no impuse traducirla por falta de tiempo, porque me dijeron que el libro tenía que aparecer la primera semana de marzo y ni siquiera a la editorial se le ocurrió que yo fuera el traductor. Yo soy traductor de mis obras, porque la primera que acepté que tradujera otra persona, *Elsa Schneider* (y no mencionaré el nombre del traductor porque es una persona muy famosa), resultó ser una traducción tan horrible, tan literal, tan *mot à mot* –como se dice en francés–, que sonaba fatal y parecía catalán traducido, sonaba tan horrible que decidí que mis obras las iba a traducir siempre yo. Inciso: a veces las traducciones que hago no son literales, sino que aprovecho la traducción para añadir cosas, quitar otras, etc. Después, mis traductores extranjeros andan un poco perdidos, pero la mayoría de traductores de mis obras empezaron a traducirme desde el castellano y ahora todos me traducen desde el catalán, porque yo les digo: «mirad lo que yo hago de una lengua a otra para daros a vosotros la pista de lo que tenéis que hacer». La mayoría de mis traductores han aprendido catalán para ver la obra que constituye mi punto de partida y se dan cuenta de lo que he hecho en mis traducciones en castellano. Entonces, a ellos les da la pista y, a veces, me dicen que les ha ido bien hacerlo así, porque se han dado cuenta mucho mejor de cómo debían abordar su trabajo.

Cuando me dijeron que la novela la iba a traducir otra persona, y más esta novela, que está llena de cuestiones lingüísticas, me preocupé mucho. La pobre traductora me confesó que había sudado tinta para hacer la traducción, y además en un tiempo récord. Cuando me la pasó le dije: «prohibida la N. del T.». Un texto de ficción no puede tener nota del traductor. En vuestros libros de traducción literaria, etc., evidentemente debe aparecer «N. del T.», pero en una novela es horroroso. Se debe poder leer cómodamente. Por lo tanto, eso fue lo primero que pactamos Olga García y yo. Pero Olga me planteó que si no había nota de traductor, qué se podía hacer. Le dije que, si en mi novela había palabras en castellano, bien podía haber palabras en catalán en su traducción. Es la solución que encontré. Seguro que se pueden hallar otras, como cambiar catalán por una lengua equis, pero desvirtúa un poco toda la novela. Por lo tanto, nuestra decisión fue conservar palabras en catalán, igual que en la novela yo introduzco palabras en castellano sin ningún tipo de transición ni culpa. Está hablando un personaje y, a lo mejor, termino la frase en castellano sin comillas, sin guiones. De la misma forma, decidimos incluir palabras en catalán y en muchas voces incluimos la traducción al lado.

Otra cuestión fue la lucha con la editorial. Yo no quería que la novela se titulara *Matar a diecisiete*. Yo quería que la novela se titulara *Morir a diecisiete*, pero no me dejaron. Pero sí que me dejaron colocar, en el interior, después de la falsa nota editorial que dice: «se ha encontrado un escrito...», y se pasa página y aparece el nombre de Ernest Calvo; ahí sí que se titula *Morir a diecisiete*. O sea, cuando la novela está firmada por mí, aparece el título que me ha impuesto la editorial, pero cuando la firma el personaje he podido conservar el título que yo quería para la novela en castellano, que es *Morir a diecisiete*. *Morir-ne disset* crea perturbación, y la gente se pregunta qué significa, porque, en catalán, *morir* como sinónimo de 'matar' solamente es posible en formas verbales en participio: *l'he mort, l'havia mort...* Y lo que hace el personaje es pervertir la norma y se dice: «si puedo decir *he mort*, también puedo decir *moriré*, es decir, *jo moriré més llops*». En castellano ni lo uno ni lo otro. Aunque debo decir que encontré alguna obra de teatro del Siglo de Oro en la que aparece *muerto* con el significado de 'asesinado' («He muerto a...»), pero se perdió en los siglos XVII o XVIII.

A propósito de lo que has mencionado sobre el título, una de tus obras, Tàlem, *en la versión castellana es* Tàlem (lecho conyugal). *¿Por qué no tradujiste esta palabra?*

Utilicé *tàlem* porque en catalán es una palabra tan rara que nadie sabe exactamente qué significa. Pero *tálamo*, en castellano, también es una especie de palio y no quería que se pensara en eso. Así que pregunté si podía dejar la palabra en catalán y me dijeron que podía hacer lo que quisiera.

A propósito de los títulos y de la traducción (y vamos ya hacia el teatro), antes de la pandemia, en 2019, estrenaste una obra de J. B. Priestley titulada I have been here before, *que Martí Gallén y tú titulasteis* Això ja ho he viscut. *La podríais haber titulado más literalmente por* Abans ja he estat aquí, *pero optasteis por un título parecido (no exacto) y muy sonoro. ¿Además de atender al significado, cómo decides el título de una obra o de una traducción? ¿Por cómo suena? ¿Por las connotaciones? ¿Buscando que no sea muy largo?*

Es que *I have been here before* –muy musical originariamente–, traducido, es horrible: *Jo ja he estat aquí abans*. En cambio, *Això ja ho he viscut*, que es una frase de *déjà vu*, es lo que decimos cuando experimentamos esa sensación. Este título parecía mucho más potente, y aunque se aparta un poco del sentido literal, es el *déjà vu*.

Hace aproximadamente un año, la editorial Punto de Vista publicó tu Teatro reunido, *que recoge la traducción española de tus obras. ¿Todas las has traducido tú?*

Trabajé mucho en esto porque revisé todos y cada uno de los textos. Mi *Teatro reunido*, en Punto de Vista, consta de dos volúmenes: uno reúne mi teatro del siglo XX y el otro el del siglo XXI, y está todo revisado. Lo hice durante los últimos días de la pandemia y pude dedicarle mucho tiempo y he hecho una revisión actual de todos mis textos.

¿Y la traducción de Elsa Schneider?

Aquella traducción que realizó un traductor y que he dicho que era muy mala ya no está en esos volúmenes. La descarté y yo hice otra.

¿Existe alguna obra tuya en la que tu traducción haya sido muy libre?

No recuerdo ninguna. Pero sí que puedo decirte que el proceso de escritura de un autor teatral no acaba en el texto escrito, porque tiene el *feedback* del público, que le permite replantear o mejorar el texto. En *Després de la pluja* había inicialmente un epílogo que era una escena a la que yo tenía mucho cariño y absolutamente todo el mundo, todo, me dijo: «es muy bonita esa escena, pero te da un bajón...». Claro, la obra es una comedia y se acaba con una escena postapocalíptica, muy distópica, muy cuesta abajo, con final feliz... Y un año y medio después, decidí cortar la escena, y tan pronto como corté la escena se convirtió, desde aquel momento, en mi obra más representada en todo el mundo. O sea, le amputé un brazo y el niño salió volando.

Al autotraducir tu teatro, ¿te sientes igualmente representado en el original catalán que en su traducción española?

Sí, aunque algunas versiones castellanas casi me gustan más que las catalanas. Y en el caso de mis obras, leas la que leas, me siento representado. El original, la primera piedra, siempre es en catalán. La inercia lleva a responder que siempre es mejor en catalán, pero algunas versiones de mis obras en castellano las he podido, incluso, trabajar un poco más que las originales catalanas. Me da igual.

¿Hay, pues, alguna obra concreta tuya que te guste más en su traducción?

No lo sé... Puede que *Móvil*, aunque digo «quizás».

Imagino que las revisiones y las actualizaciones de las traducciones al castellano te permiten montar las obras rápidamente en esta lengua y también te garantizan tener los textos preparados si tienes que realizar una gira, por ejemplo. Además, te asegura una cierta fidelidad al texto. ¿Lo haces con alguna otra finalidad?

Sí, también lo hago para tener el control del texto. Una obra como *Si no t'hagués conegut* no se ha estrenado nunca en catalán, existe en formato de serie de televisión de Netflix, que se titula igual, pero no es lo mismo, la obra de teatro es algo diferente de la serie. Es decir, si has visto la serie y lees la obra, observas que hay muchos puntos de contacto porque los protagonistas son los mismos, el hombre y la mujer, pero esta obra es inédita en catalán. Sí se ha montado en castellano, en formato teatral: *Si no te hubiese conocido* se representó en Madrid con dos actores muy potentes. Y dado que la traducción era mía, resulta que se estrenó antes la traducción que el original, que no se ha estrenado nunca. Estas cosas funcionan así. Antes, traducir la obra al castellano abría muchas puertas y es evidente que, a través del castellano, se puede acceder a un mercado más amplio. Pero es bonito ver cómo todos nuestros traductores (y digo «nuestros traductores», porque somos muchos los autores catalanes a quienes nos estrenan obras por estos mundos) han aprendido catalán para realizar este doble ejercicio de la doble traducción. Por ejemplo, ahora tengo un problema porque he enviado un texto a mi traductora griega. Le dije que no lo tenía en castellano y me contestó que daba igual, que trabajaría a partir del catalán, y añadió que le gustaba disponer de la versión castellana para poder ver qué hacía yo.

¿Alguna vez te ha ocurrido que, en el momento de representar una obra tuya, traducida por ti, te des cuenta de que los actores se encallan en algún pasaje? En estos casos, ¿cambias el texto sin problemas y no te importa modificar un texto que tal vez esté ya publicado?

Lo hacemos con mucha frecuencia. Y da igual que se trate de una traducción, si se trata de un texto catalán original también lo hacemos. Ocurre en ocasiones que el autor escribe una frase y cuando le toca el turno al actor de decir ese texto comienza a *estrofuciarse*, o a *embarbussar-se*, como decimos en catalán. En estos casos, yo cambio el texto. A veces el actor tiene problemas por culpa mía, relacionados con el texto, y, otras veces, el origen del problema está en el propio actor. En muchos casos es culpa de la frase, porque es cacofónica y no suena bien, y entonces la cambiamos.

271

¿Te has percatado de si se da un registro lingüístico diferente en castellano y en catalán que conduce a cambiar cosas?

Sí. El castellano está mucho menos estratificado, es decir, hay mucha más libertad para transitar de un registro a otro. En catalán, debido a la cuestión de los barbarismos, funciona de otra forma. En castellano no hay barbarismos, y es que a pesar de haber muchos los asume sin mala conciencia, por decirlo de alguna forma. En castellano hay muchos barbarismos del inglés, pocos del francés, alguno del italiano o del catalán, pero los integra, es una lengua más desacomplejada. El catalán integra muy mal el barbarismo y esto afecta mucho a la representación teatral.

Y, cuando has estado en Latinoamérica, ¿has notado alguna reacción ante tu castellano peninsular? ¿Esto te ha inducido a corregirlo o has decidido que no lo tomabas en cuenta?

Yo he estrenado mucho mis obras en toda Latinoamérica y ahí ya estás a merced de un director. A veces se tiene la suerte de contar con un dramaturgo que filtra estas cuestiones –y esto es lo ideal, porque te entiende mejor–, pero yo doy, a todos los directores, la posibilidad de adaptar el texto a la realidad lingüística del país que sea: Argentina, Uruguay, México. Y debo decir que siempre me he sentido muy bien tratado.

¿Primero fuiste director de teatro y después traductor o a la inversa?

Primero fui traductor.

Empezaste aquí, en la UAB, en el Aula de Teatre, y tradujiste para otros. Pero rápidamente te interesó versionar obras que no estaban traducidas. Creo que fuiste el primero en traducir a Heiner Müller y Bernard-Marie Koltés, y en tus inicios también adaptaste a Georges Perec y a Samuel Beckett. ¿Es algo bueno que un director tenga la capacidad de traducir, de leer obras poco conocidas y de adaptarlas durante el montaje?

Es genial, porque traducir es la forma de penetrar más directamente en la mente de un autor. Y no tanto como director sino como autor. Es decir, existen parcelas como la traducción, la dirección, la autoría. En mi caso, las unifico todas. Como ocurre con las lenguas, en que todas las variantes van pasando de la una a la otra. ¿Qué es traducir? Para un autor, traducir a un autor que admiras es aprender de ese autor y, por lo tanto, traducir también es una escuela dramatúrgica. Por ejemplo, traducir a Samuel Beckett es aprender. Después de ir a la escuela, ¿dónde aprenden más cosas los autores? Traduciendo. Para un autor, traducir y traducir a quien te gusta es aprender. Además, soy pedagogo, también doy clases y de algo muy difícil: escritura creativa. Y hay que plantearse cómo se enseña. Y la pista me la dio Marcel Proust: él tenía unas técnicas para aprender a escribir denominadas *pastiche* y que consisten en imitar el estilo de un autor. Es algo muy complicado. *Pastiche* significa escribir como tal autor para hacer creer a quien lo lea que quien así escribe es, en realidad, tal autor. En el caso de Proust, quien aprende escritura creativa se propone escribir como Proust: hay que analizar cómo escribe Proust (las subordinadas, todas las comas, una tras otra) e intentar escribir una frase que a los lectores les parezca que, en realidad, es de Proust. Se trata de unas técnicas estupendas para escribir. Y ese trabajo no deja de ser una mera traducción de un estilo. Por tanto, para un autor traducir es básico. Por ejemplo, en el caso de *Final de partida*, de Samuel Beckett, que es mi último espectáculo y se estuvo representando en el teatro Romea hasta hace muy poco, existía una traducción muy buena de los años noventa de un compañero mío. No obstante, pedí permiso a los herederos para que me permitieran realizar una nueva traducción, me lo dieron y opté por traducir yo mismo la obra sin consultar esta estupenda traducción a la que me acabo de referir, porque pensé que era la primera piedra de la dirección teatral. Así, yo llegaba el primer día de ensayo sabiéndome la obra entera de memoria porque la había traducido. Por tanto, el texto ya formaba parte de mi ADN. Un traductor penetra en la mente de otro.

Cuando has traducido a autores contemporáneos vivos, algunos incluso más jóvenes que tú, ¿consultas algo con ellos, intervienen de alguna forma en tu traducción? Pienso en Delicades, *de Aldredo Sanzol, o de* Potser somniar, *de Antonio Tabares, que son autores españoles que tú has traducido al catalán.*

Antonio y yo –él es más joven que yo– somos muy amigos, aunque vive en Canarias, y le dije: «queremos montar una obra tuya, pero en catalán», y él me respondió: «¡Qué bien, libertad total!». Y, en un momento dado, los personajes cantaban una canción de Joan Manuel Serrat, que es una canción española que dice «no hago otra cosa que pensar en ti». Y le comenté a Antonio que ese momento no encajaba, aunque me gusta mucho Serrat y la canción es preciosa, pero que no cuadraba bien con el montaje porque toda la obra estaba en catalán. Y él me dijo que si buscaba una canción con un sentido similar le dijera de qué canción se trataba y él la analizaría, y recordé «Nena, estic boig per tu», que encajaba como anillo al dedo. Antonio no conocía la canción –aunque se ha convertido en un megaclásico del pop catalán–, la escuchó y me dijo que le encantaba. Utilizamos «Boig per tu», del grupo Sau, en lugar de la otra canción. Si hubiera sido una canción catalana de Serrat la hubiera mantenido en aquel momento, pero no encajaba de ninguna forma que en aquel momento se dijera eso. Es un ejemplo de un ejercicio de traducción dramatúrgica en que el autor bendijo este cambio. Y a los actores catalanes les venía mejor utilizar «Boig per tu», porque sentían que el texto era más suyo y para el autor canario constituyó un placer enorme esta solución. Para un autor canario como Tabori fue un auténtico placer ser representado en catalán. Si el autor hubiera dicho: «yo quiero que mi obra se represente en castellano», los actores hubieran hecho el esfuerzo de hacerlo así. Para él fue un honor y así lo dijo. Asistió al estreno y lo dijo claramente. Los tres actores eran catalanes y la traducción era muy respetuosa, porque somos amigos íntimos y él lo aprobó todo e incluso colaboró en alguna frase. Para él constituyó una gran riqueza que su obra se representara en más de un idioma.

¿Has hecho traducciones a cuatro manos de lenguas que tal vez no dominas completamente? Háblanos de esto.

Exacto, del alemán, del noruego... Es estupendo. Se necesita una persona que sea nativa y, además, tú puedes basarte en traducciones de traducciones, aunque esto es peligroso, porque una traducción de traducción debe ser muy buena para que el resultado sea cercano al original. Si se hace una traducción de una lengua que no se domina siempre es de enorme ayuda contar con una persona nativa a quien se pueda recurrir. Puedes hacer una traducción de un texto noruego desde el francés o el inglés; es indispensable hablar de ello con una persona, por ejemplo, noruega, que podrá decir, a partir del original noruego, si en la traducción aparecen frases o palabras que no se dicen en dicha lengua o que el texto original posee una sonoridad que el traductor no ha recogido.

Por tanto, la traducción, ¿primero la haces tú?

No, a veces ocurre al revés. La traducción la realiza el nativo, casi palabra por palabra, literal, y después se le da un estilo.

¿Trabajas bien con estos traductores? ¿Ha habido algunos momentos de discrepancia?

No, porque cuando dicen que no coincide, tú lo que tienes que hacer es cambiarlo. Yo tuve una profesora de traducción del francés al castellano, aquí en la UAB, que nos prohibió utilizar el diccionario de traducción. Y creo que esa es una de las mejores cosas que me han enseñado en la vida: «Esto de español-francés, español-catalán, catalán-inglés..., ustedes cogen estos diccionarios y los tiran a la basura». Es la lección más importante que he recibido de un profesor de traducción. Primero la odiamos... Nos decía que fuéramos al diccionario monolingüe de una lengua y al diccionario monolingüe de la otra para averiguar qué significa la palabra en el idioma original y, después, en el diccionario de la otra lengua, que buscáramos una palabra que tuviera las mismas connotaciones que la original. Es un ejercicio muy difícil porque actualmente no hay nada más fácil que utilizar el Google Traductor, pero cuando se está haciendo una traducción literaria es mejor no utilizar este tipo de herramientas. No hay nada como los diccionarios de cada una de las lenguas.

Para acabar, háblanos de los procesos mentales que se dan en la escritura teatral y en su concreción escénica: ¿Cómo logra trasladar el director la idea que tiene en la cabeza al registro verbal concreto de cada actor? ¿Es quizá, en cierto modo, un proceso de traducción?

El hecho teatral es mágico. Muchas veces me preguntan cuál es la diferencia entre el teatro y la escritura. Cuando se escribe teatro, se está empezando algo. Cuando abordas cualquier género que no sea teatro, se comienza y se acaba. En el teatro, nunca terminas. Cuando se ha puesto la palabra *fin*, comienza otra cosa. Cuando escribo *fin* en una novela, significa que se acabó una cosa, se lleva a la imprenta o a un editor y se publica. Pero cuando yo pongo *fin*, *telón* u *oscuro* en una obra de teatro, comienza una aventura. Llegan primero unas personas mágicas, unas personas que son regalos de los dioses: los actores y las actrices. Los intérpretes vehiculan unas fuerzas poderosas y son vehículos de la sexualidad humana y de la fascinación, la sensualidad ejercida a través de las miradas, de la voz, del cuerpo. No digo que sean guapos, eso da igual, se trata del erotismo. Por esta razón, los chicos y las chicas tienen como ídolos a actores y actrices. Por lo tanto, el mundo que el autor establece en un texto escrito se encarna, estas personas lo construyen en un ensayo, en un local, delante del autor, durante siete horas todos los días (que es cuando trabajamos con los actores y las actrices). Y aquella escritura se convierte en carne, en algo físico, se convierte en sonido y olor, porque están enfrente. Así, allí empieza una aventura nueva. A veces, ellos son los que confieren auténtica vida a las palabras escritas. ¿Recordáis las antiguas guías telefónicas, aquellas donde se podía buscar un nombre, Martínez, por ejemplo, y se encontraban trescientas páginas con los nombres de personas que se apellidaban Martínez y al lado de cada uno figuraba un número de teléfono? Pues yo siempre digo que unos buenos actores, si leen una guía como esta con polifonía de sonidos, son capaces de convertirla en un texto maravilloso. Y Shakespeare representado por malos actores se convierte en un suplicio peor que si uno mismo leyera la guía de teléfonos. La traducción es un proceso que tiene lugar en un mismo ámbito, el escrito, mientras que la representación teatral es pasar un texto a una nueva realidad, a un ámbito diferente y no textual, donde la creatividad de todos los que participan en el proceso es básica.

COLABORACIONES

SERGI BELBEL (Terrassa, 1963) es dramaturgo, director y traductor teatral, y sus obras y montajes han recibido distinciones y premios destacados. Profesor del Institut del Teatre, fue director artístico del Teatre Nacional de Catalunya entre 2006 y 2013, y ha dirigido obras de autores clásicos y contemporáneos como Shakespeare, Calderón de la Barca, Molière, Goldoni, De Filippo, Mamet o Beckett, entre otros. Ha escrito más de veinte obras teatrales que han sido traducidas a diversos idiomas, adaptadas al cine y estrenadas por todo el mundo, de entre las que destacan *Caricies, Després de la pluja, Morir, Forasters, A la Toscana* o *Laly Simon*. Es autor de dos novelas: *Morir-ne disset* (2021) y *Acte de fe* (2024).

MARGARITA FREIXAS ALÁS (Barcelona, 1975) es profesora de Lengua Española en la Universitat Autònoma de Barcelona. Se ha especializado en distintos aspectos de la investigación histórica del léxico y de la lexicografía, en el análisis lingüístico de los medios de comunicación en contextos bilingües y en el estudio de la lengua literaria. Ha publicado *Planta y método del «Diccionario de autoridades»* (2010) y ha coordinado el volumen *El diccionario de la Academia en el siglo XIX: la 5.ª edición (1817) al microscopio* (2017). En el ámbito de la lengua literaria ha trabajado sobre escritores bilingües y ha publicado estudios sobre Quim Monzó y Carme Riera.

CRISTINA ILLAMOLA (Barcelona, 1979) es profesora de Lengua Española en la Universitat de Barcelona. Ha trabajado en el ámbito de la sociolingüística, especialmente en el estudio del contacto entre castellano y catalán, en su tesis doctoral (2015) y en diversos artículos. En el campo del análisis del contacto de lenguas en los autores literarios, es autora de los trabajos «De la oralidad a la escritura. Niveles de interferencia en la creación literaria de autores catalanes» (2003) o «Demostrativos y adverbios deícticos en la obra periodística en español de Joan Maragall» (2020), entre otros.

JORDI JULIÀ (Sant Celoni, 1972) es licenciado y doctor en Teoría de la Literatura y Literatura Comparada por la Universitat Autònoma de Barcelona, donde imparte estas materias. Especializado en la literatura contemporánea, sus últimos libros se han ocupado del exilio de 1939 y de la identidad lírica: *Poètica de l'exili* (2011), *Poesia i identitat* (2016), *L'autor sense ombra* (2016), *Els cants de l'èxode* (2017) y *L'Odissea de Mercè Rodoreda* (2022). Coautor de una reflexión sobre teoría literaria y comparatismo (*Sobre islas y penínsulas*, 2010) y de un extenso capítulo de *Pensamiento y crítica literaria en el siglo XX* (2019), junto con Dolors Poch ha editado *Escribir con dos voces* (2020) y *Salvando las distancias* (2024).

SÍLVIA MAS I SAÑÉ (Vic, 1972) es licenciada en Teoría de la Literatura y Literatura Comparada por la Universitat Autònoma de Barcelona y doctora en Hispanic Studies por la University of Birmingham. Ha sido profesora en esta última universidad, en la Universitat de Girona y en la Universitat Abat Oliba, y en la actualidad imparte docencia en la Universitat de Vic-Universitat Central de Catalunya (Campus de Manresa), donde ocupa el cargo de vicerrectora. Se ha especializado en el estudio de la literatura contemporánea y entre sus publicaciones destaca *La literatura d'exili d'Avel·lí Artís-Gener* (2008).

FABIO MORÁBITO (Alejandría, 1955) es un escritor mexicano de origen italiano cuya obra narrativa, poética y ensayística está escrita en español. Entre sus traducciones a esta lengua destaca la adaptación de la poesía de Eugenio Montale. Como poeta, en los últimos años ha editado *La ola que regresa (Poesía reunida)* (2006), *Delante de un prado una vaca* (2011) y *A cada cual su cielo* (2021). Cuentista con tres novelas publicadas, de entre sus últimos títulos destacan *Emilio, los chistes y la muerte* (2009), *Cuentos populares mexicanos* (2014), *Madres y perros* (2016), *El lector a domicilio* (2018) y *La sombra del mamut* (2022). En 2014 recogió sus breves ensayos en *El idioma materno*.

LLUÍS OLIVÁN SIBAT (Lliçà d'Amunt, 1968) es escritor de novelas y cuentos en catalán y español, y su obra ha obtenido destacados premios en ambas lenguas. Entre su producción en catalán cabe citar *El taxidermista* (2005), *El món líquid* (2006), *Un pare posible* (2007), *Parcel·les habitades* (2008), *Has marxat sense avisar* (2010) y *Vladivostok* (2021). En castellano ha editado tres volúmenes de narrativa: *El guardián de las hogueras* (2006), *Títulos robados* (2008) y *Lo que hay en el fondo* (2013). También ha escrito dos novelas infantiles: *El castell del doctor Franchini* (2012) y *La banda de l'embut* (2016).

ANDREA PEREIRA (Barcelona, 1995) es profesora asociada de Teoría de la Literatura y Literatura Comparada en la Universitat Autònoma de Barcelona y profesora de instituto. Graduada en Estudios de Francés y Español (UAB), posee un título de máster en Estudios Hispánicos (Université Paul-Valéry, Montpellier 3) y un posgrado en Literatura Contemporánea (UOC). Ha sido docente en la Université Paul-Valéry y actualmente prepara una tesis doctoral sobre la actividad crítica de poetas catalanes del siglo XX. Es miembro del Centre de Recerca en Arts Escèniques.

SANTIAGO PÉREZ ISASI (Bilbao, 1978) es doctor en Filología Hispánica por la Universidad de Deusto. Es profesor auxiliar en la Faculdade de Letras da Universidade de Lisboa e investigador integrado en el Centro de Estudos Comparatistas de esta misma institución. Sus áreas de investigación son los estudios ibéricos, las humanidades digitales y la historia literaria. Es autor de *La forja del canon. Identidad nacional e historia de la literatura española (1800-1930)* (2024) y coautor, junto con Antonio Sáez Delgado, de *De espaldas abiertas. Relaciones literarias y culturales (1870-1930)* (2018), entre otras obras.

MARTA PESSARRODONA (Terrassa, 1941) es una poeta, ensayista y traductora catalana que fue lectora de español en la University of Nottingham. Activista feminista y especialista en el Grupo de Bloomsbury, entre sus traducciones al castellano y al catalán destacan las obras de V. Woolf, D. Lessing, S. Sontag, M. Duras o S. de Beauvoir. Autora de biografías de destacadas figuras culturales y de ensayos sobre el exilio de 1939, ha publicado *Donasses* (2006), *França 1939* (2010) o *L'exili violeta* (2010). Como poeta, ha editado a lo largo de los años doce libros de poesía, agrupados en *Tot m'admira. Poesia completa (1965-2021)*.

DOLORS POCH OLIVÉ es profesora de Lengua Española en la Universitat Autònoma de Barcelona, especializada en fonética experimental. Ha sido redactora del volumen *Fonética y fonología* de la *Nueva Gramática de la Lengua Española* (2011) de la RAE. Sus ediciones de volúmenes colectivos se han ocupado de las lenguas en contacto: *El español en contacto con las otras lenguas peninsulares* (2016), *El español de Cataluña en los medios de comunicación* (2019), *Lenguas juntas y revueltas. El español y el catalán en contacto* (2020), *Escribir con dos voces* (2020) y *Salvando las distancias* (2024), estos dos últimos títulos en colaboración con Jordi Julià.

JOAN RAMON RESINA (Barcelona, 1956) es doctor en Literatura Comparada por la Universidad de California (Berkeley) y en Filología Inglesa por la Universitat de

Barcelona. Fue catedrático de Estudios Románicos y Literatura Comparada en la Universidad de Cornell y es el responsable del programa de Estudios Ibéricos de la Universidad de Stanford. Entre sus libros cabe destacar los siguientes títulos: *La búsqueda del Grial* (1988), *Un sueño de piedra: Ensayo sobre la literatura del modernismo europeo* (1990), *Los usos del clásico* (1991), *Disremembering the Dictatorship* (2000), *El postnacionalisme en el mapa global* (2005), *La vocació de modernitat de Barcelona* (2008) o *Del hispanismo a los estudios ibéricos* (2009).